本书的研究受到陕西省社科基金年度项目（项目编号：2016C006）资助，出版受到陕西师范大学优秀著作出版基金资助

丛书主编 / 袁祖社

观念会通与理论创新 丛书

江求流 著

朱子哲学的结构与义理

中国社会科学出版社

图书在版编目（CIP）数据

朱子哲学的结构与义理 / 江求流著. —北京：中国社会科学出版社，2020.6
ISBN 978 – 7 – 5203 – 7399 – 9

Ⅰ.①朱⋯　Ⅱ.①江⋯　Ⅲ.①朱熹(1130 – 1200)—哲学思想—研究　Ⅳ.①B244.75

中国版本图书馆 CIP 数据核字（2020）第 197765 号

出 版 人	赵剑英
责任编辑	朱华彬
责任校对	张爱华
责任印制	张雪娇

出　　版	中国社会科学出版社
社　　址	北京鼓楼西大街甲 158 号
邮　　编	100720
网　　址	http://www.csspw.cn
发 行 部	010 – 84083685
门 市 部	010 – 84029450
经　　销	新华书店及其他书店
印刷装订	环球东方（北京）印务有限公司
版　　次	2020 年 6 月第 1 版
印　　次	2020 年 6 月第 1 次印刷
开　　本	710 × 1000　1/16
印　　张	16.75
插　　页	2
字　　数	258 千字
定　　价	99.00 元

凡购买中国社会科学出版社图书，如有质量问题请与本社营销中心联系调换
电话：010 – 84083683
版权所有　侵权必究

"观念会通与理论创新丛书"编委会

主　编　袁祖社

副主编　许　宁　石碧球

编委会　刘学智　林乐昌　丁为祥　寇东亮

　　　　宋宽锋　戴　晖　庄振华

总　　序

哲学发展史的历程表明，任何最为抽象的哲学观念、哲学理论的提出，在归根结底的意义上，都有其深厚的人类生存与生活的根基，都是对于某种现实问题的回应、诠释和批判性反思。马克思指出："任何真正的哲学，都是自己时代的精神上的精华，……哲学不仅在内部通过自己的内容，而且在外部通过自己的表现，同自己时代的现实世界接触并相互作用。……各种外部表现证明，哲学正在获得这样的意义，哲学正变成文化的活的灵魂。"① 马克思的上述论断深刻地表明，任何一个富有时代气息和旺盛的生命力哲学，都担负着时代赋予它的使命，都必须回答时代提出的最根本问题，都必须密切关注、思考和回答现实中提出的重大问题。

置身"百年未有之大变局"，当此人类文明转型的新的历史时期，当代世界正在发生广泛而深刻的变革，当今中国也正在经历更为全面、更为深层次的社会转型。面对日益复杂的历史变迁格局，如何运用哲学思维把握和引领这个大变革、大转型时代，是重要的时代课题。

本套丛书的选题，从论域来看，涵盖了中国哲学、西方哲学、马克思主义哲学、伦理学、科技哲学等多个学科。本套丛书的作者，均是陕西师范大学哲学系一线教学科研人员，多年来专心致力于相关理论的研究，具有深厚的哲学理论素养和扎实的学术功底。

本套丛书的鲜明特点，概括起来，主要有以下四个方面：

1. 倡导中西马的辩证融通与对话。丛书编辑的主题思想，在于倡导

---

① ［德］马克思：《〈科隆日报〉第179号的社论（1842年）》，载《马克思恩格斯全集》第1卷，人民出版社1995年版，第220页。

中国哲学、西方哲学、马克思主义哲学在哲学观上的会通。随着经济全球化，哲学在精神领域从过去的各守门户、独持己见而开始走向融通、对话与和解。不容否认，中国传统哲学、西方哲学、马克思主义哲学在理解世界、认识人类发展命运上都独具自己的认识和思考。中国传统哲学、西方哲学和马克思主义哲学是横向层面的哲学形态，它们之间不是简单的相加和并列关系，而是一种"互补互用"的互动关系。中国传统哲学的整体性思维，对理解世界与科学的复杂现象提供了具有中国文化精神特质的历史思维渊源；西方哲学则从个体性、多样性，多角度地阐释科学人本内涵的复杂性和深刻性；马克思主义哲学基于"全部社会生活在本质上是实践的"的科学论断，以"问题在于改变世界"的姿态，深入而全面地阐述了人及其实践与世界关系的理论，努力推动哲学由传统向现代形态的转变。随着中国现代化步伐的加快，中国哲学界的主体意识的觉醒，迫切需要通过中西哲学的对话，以及现代与传统中国思想之间的融通，找到一条适合当代中国哲学未来发展的路径，探寻哲学创新的突破口。

2. 返本与开新并重基础上的创新努力。在研究方法上，本套丛书的作者们严格遵循"立本经"、求"本义"宗旨，力戒空疏的抽象诠释，务求"实事求是"的学风和求真、求实的治学精神，从而在新的时代和语义环境中实现返本开新意义上的当代哲学创新。创新是一个艰深的理论难题，其目的在于以新理念、新视角、新范式、新理解、新体会或新解释等形式出现的对时代精神的高度提炼和精准把握。无疑，思想、时代与社会现实是内在地统一在一起的。换言之，只有切入时代的思想，从问题意识、问答逻辑、问题表征和问题域等方面展开对问题范式内涵的分析，才能真正把握社会现实的真谛。同时，也只有反映社会现实的思想，才能真正切入时代。"问题范式"内含于"哲学范式"中之中，以问题导向展现研究者的致思路径，通过对时代问题的总结归纳，实现从不同视角表达哲学范式及范式转换的主旨。本套丛书分属不同的哲学研究领域，涉及不同的思想主题，但其共同的特点在于，所有的作者要么是基于对于特定问题研究中一种约定俗成的观念的质疑，要么是致力于核心理念、研究范式的纠偏，要么强调思维逻辑的变革与创新。

3. 敏锐的问题意识与强烈的现实关切情怀境界中的使命担当。对哲学和现实关系问题的不同回答，实质上是不同时期的哲学家各自立场和世界观的真实反映。基于现实问题的基础理论探讨，本套丛书着眼于现实问题的多维度哲学反思，致力于文明转型新时期人类生存与生活现实的深刻的哲学理论思考与精到诠释，力求在慎思明辨中实现以问题为导向的对"具体"现实问题的理论自觉。中西哲学史的演进史表明，一种具有深刻创见的哲学理论和观念的出场，都是通过回答时代提出的问题，客观地正视现实、理解现实、推动现实，务求真正把哲学创新落到实处。在这方面，马克思主义经典作家堪称典范。马克思所实现的哲学观变革，所确立的新的哲学观，是对社会现实进行无情批判的"批判哲学"，变革了以往哲学的思维范式，提升了人类哲学思维的境界，开辟了关注现实个体之生活世界的"生活哲学"；关注现实人的生存境遇与发展命运的"人的哲学"；改变现存世界的"实践哲学"；不断修正和完善自己理论的与时俱进的哲学；善于自我批判和自我超越的开放哲学。

4. "辨章学术，考镜源流"的治学规范与学术理性坚守。"辨章学术，考镜源流"出自《校雠通义序》："校雠之义，盖自刘向父子部次条别，将以辨章学术，考镜源流。非深明于道术精微、群言得失之故者，不足语此。"在中西文化交流中，梁启超有感于"中体西用论"和"西学中源论"的争辩，用于变革传统的"学术"概念，梁启超指出："吾国向以学术二字相连属为一名辞，《礼记·乡饮酒义》云：'古之学术道者。'《庄子·天下篇》云：'天下之治方术者多矣。'又云：'古之所谓道术者，果恶乎在？'凡此所谓术者即学也。惟《汉书·震光传》赞称光不学无术，学与术对举始此。近世泰西学问大盛，学者始将学与术之分野，厘然画出，各勤厥职以前民用。试语其概要，则学也者，观察事物而发明其真理者也；术也者，取所发明之真理而致诸用者也。例如以石投水则沉，投以木则浮，观察此事实，以证明水之有浮力，此物理也。应用此真理以驾驶船舶，则航海术也。"① 论及"学"与"术"之间的关系，梁启超指出："学者术之体，术者学之用，二者如辅车相依而不可离。学

---

① 《梁启超全集》第四册，北京出版社1999年版，第2351页。

而不足以应用于术者，无益之学也；术而不以科学上之真理为基础者，欺世误人之术也。"[1] 梁启超既不赞同一味考据帖括学，皓首穷经，而不能为治世所用的做法，同时也反对那种离学论术，模仿照抄他人经验的学舌之术。

袁祖社　谨识
2019 年 12 月

---

[1]《梁启超全集》第四册，北京出版社 1999 年版，第 2351 页。

序　言

作为理学的集大成者，朱熹的哲学思想在理学的衍化过程与整个中国哲学的衍化过程中留下了重要印记。

以理为第一原理，朱熹上承二程，既表现出某种构造形上世界图景的超验趋向，又延续了儒学沟通天道与人道的传统。相对于张载强调气的本源性，朱熹首先将关注之点指向理气关系。对朱熹而言，理决定了某物之为某物的本质（性），气则规定了事物形之于外的存在形态（形），具体事物的存在既依赖于理，也离不开气。在这里，理与气的关系无疑呈现了统一的一面。不过，理与气的这种统一，主要限于经验领域的具体事物：唯有既禀理，又禀气，经验对象的发生与存在才成为可能。在从经验的层面理解理气关系的同时，朱熹又从形而上与形而下的维度，对理气关系作了总体上的规定：气为形而下之器，理则是形而上之道。

作为存在的第一原理，理同时表现为必然的法则，所谓"理有必然"。当然，在朱熹那里，突出作为必然法则的理，并不仅仅在于确认天道之域中对象世界变迁的必然性，与张载、二程一样，朱熹对天道的考察最后仍落实到人道，在这方面，理学确乎前后相承。就理的层面而言，天道与人道的相关，具体表现为所以然与所当然的统一。"所以然"表示事物形成、变化的内在原因或根据，"所当然"则既指物之为物所具有的规定，也与人的活动相联系，表示广义的当然之则。以"所以然"与"所当然"为理的双重内涵，表明理既被理解为"必然"，也被视为"当然"。事实上，朱熹确乎一再地在理的层面上，将必然与当然联系起来。

较之张载以实然（气化流行）为当然之源，朱熹将当然纳入理中，似乎更多地注意到当然与必然的联系。"当然"作为行为的准则，与人的规范系统相联系。从具体的实践领域看，规范的形成总是既基于现实的存在（实然），又以现实存在所包含的法则（必然）为根据，对象世界与社会领域都存在必然的法则，规范系统一方面体现了人的价值目的、价值理想，另一方面又以对必然之道的把握为前提；与必然相冲突，便难以成为具有实际引导和约束意义的规范。朱熹肯定当然与必然的相关性，无疑有见于此。然而，"当然"同时又与人的目的、需要相联系，并包含某种约定的性质。就规范的形成而言，某一实践领域的规范何时出现、以何种形式呈现，往往具有或然的性质，其中并不包含必然性。同时，规范的作用过程，总是涉及人的选择，人既可以遵循某种规范，也可以违反或打破这种规范；这种选择涉及人的内在意愿。与之相对，作为必然的法则（包括自然法则），并不存在打破与否的问题。

规范与法则的以上差异，决定了不能将当然等同于必然。一旦以当然为必然，则"当然"往往容易被赋予某种外在命令的性质："仁者，天之所以与我，而不可不为之理也。"①作为天之所与，以"仁"的形式呈现的规范已超乎人的选择，所谓"不可不为"，便已含有必须如此之意，这种"不可不为"的外在命令，同时表现为某种强制的规定：遵循天理并不是出于自我的自愿选择，而是不得不为或不能不然的被迫之举，所谓"孝悌者，天之所以命我而不能不然之事也"即表明了此点。不难看到，在道德实践的领域，以当然为必然，总是很难避免使规范异化为外在的强制。

在朱熹那里，作为必然与当然统一的理既关乎伦理规范，也涉及对人的理解。继张载、二程之后，朱熹也对天地之性（或天命之性）与气质之性作了区分。天地之性或天命之性本于理，气质之性则源自气。作为人性之中的规定，天命之性所具之理主要以仁义礼智等社会伦理原则为其内容，这种原则体现的是人作为道德主体所具有的普遍规定，气质之性则更多地体现了感性的多样性，天命之性（天地之性）与气质之性之别，突出的是人的普遍伦理本质与多样的感性规定之间的区分。

对性（天命之性和气质之性）的辨析与定位，其意义并不仅仅限定

---

① （宋）朱熹：《论语或问》卷1，《朱子全书》第6册，上海古籍出版社、安徽教育出版社2002年版，第613页。

于心性本身，从更广的视域看，它所指向的是人的存在及其行为。作为儒学的新形态，理学关注的中心问题之一是人格的成就与行为的完善。如何成就理想的人格并达到行为的完善？在朱熹关于心性的看法中，已蕴含了回答以上问题的思路。如前所述，天命之性与以理为本，以天命之性优先于气质之性理论预设为前提，朱熹将关注之点更多地指向人的理性品格，并以致知明理为成就人格与成就行为的前提。

作为伦理的存在，人无疑包含理性的规定，明其当然并进而行其当然，构成了道德主体的内在规定。正是对当然之则的自觉把握，使人能够在不同的存在境遇中判断何者当为、何者不当为，并由此作出相应的选择，而对当然之则的自觉意识，则基于广义的认识过程。当然不同于实然与必然，但又非隔绝于后者（实然与必然），对当然之则的理解和把握，也相应地涉及以上各个方面。无论是对当然之则本身的理解，抑或对其根据的把握，都无法离开致知的过程，道德的主体也正是在这一过程中，逐渐形成了自觉的伦理意识，并由此区别于自然意义上的存在。朱熹肯定致知明理与成就人格、成就行为的内在关联，无疑有见于以上方面。

然而，在强调道德主体及道德行为应当具有自觉品格的同时，朱熹对德性形成过程及道德行为的多方面性和复杂性未能给予充分的注意。明其当然或明其理固然是成就德性的一个方面，但仅仅把握当然，并不能担保德性的成就：理或当然之则作为知识的对象，往往具有外在的性质，这一层面的知识积累与内在人格的完善之间，存在着逻辑的距离。朱熹认为一旦"知识廓然贯通"，则"意无不诚、心无不正"，既不适当地突出了理性的意义，又似乎将问题过于简单化了。从实践之域看，道德行为诚然具有自觉的品格，但过于强调理性的自觉，往往容易忽视道德行为的其他方面。对朱熹而言，知道了"合当"如此，同时也意味着"出于情愿"，这种看法或多或少将自愿纳入了自觉之中。

朱熹的以上看法既表现为哲学思维的深化，也内含着自身的问题。江求流博士的《朱子哲学的结构与义理》从较广的视域，对朱熹的相关思想作了富有理论意义的考察。

基于对朱熹著作的解读，作者具体地探讨并揭示了朱熹哲学的内在问题意识以及哲学进路。由理气之辩入手，作者分析了朱熹性即理对佛教性空之说的扬弃，并进一步对朱熹关于人性的实在性、人性在人伦活动中的作用、气禀与人性的关系、修养工夫与复性的目标等问题作了多方面的分疏。全书体现了将历史的诠释与理论的分析加以结合的努力，注重阐释朱熹哲学中相关命题的内在哲学意蕴，在不少方面提出了具有一定理论深度和新意的看法。本书原为作者的博士论文，现在经过作者的进一步修改而作为学术著作出版，作为导师，我对此甚感欣慰，也相信此书的问世有助于推进朱熹哲学的研究。

杨国荣

目　录

引　言 ·· 1

第一章　性空论的克服与目的论的消解 ·············· 8
第一节　气化与万物的生成 ································· 12
第二节　"性即理"与性空论的克服 ······················ 23
第三节　天的祛魅与目的论的消解 ······················ 36

第二章　人性与人伦日用的本体论基础 ·············· 50
第一节　感通与作为主体内在能力的人性 ············ 51
第二节　"可以为善"或人性何以是善的？ ············ 66
第三节　人伦之理：人伦秩序及其内在法则 ········· 82

第三章　气禀与人欲：抑制人性功能的双重因素 ······ 92
第一节　气禀所拘：抑制人性功能的先天因素 ······ 95
第二节　人欲所蔽：抑制人性功能的人为因素 ···· 111

第四章　修为以复性：人性的开显及其工夫进路 ····· 134
第一节　修为以复性：工夫与人性的开显 ·········· 135
第二节　涵养与察识：日常工夫的具体进路 ······· 152

第五章　格物致知：工夫进路的引导与实践盲目性的克服 ······ 176
第一节　格物致知与工夫进路的引导 ················· 178
第二节　格物致知与实践盲目性的克服 ············· 190

第六章　修身以立政：修养工夫与政治立法 ·············· 205
　第一节　历史评价与修养工夫的必要性 ················ 205
　第二节　现实批判与修养工夫的政治立法 ·············· 221

参考文献 ·· 239
后　记 ·· 252

引　言

对于宋明理学乃至整个中国哲学的研究而言，朱子无疑是一个无法忽略、无法绕过的关键性人物，正因如此，朱子哲学以及广义的朱子学的研究，一直以来都是整个中国哲学界关注的重心之一。经过几代人的辛勤耕耘，这一领域的研究成果可谓层出不穷。无论是文献的整理与编撰、生平事迹的梳理与考辨，还是思想理论的阐发与诠释，都取得了丰厚的成果①。然而，正如吴震先生最近所指出的："就大陆学界而言，自1981年张立文先生《朱熹思想研究》和1988年陈来先生《朱子哲学研究》出版以来，三十多年后的今天，以哲学史或思想史为视域的朱子学研究的专著竟然极为罕见，不免令人唏嘘。"② 即便加上吴震先生没有提及的，包括2010年蒙培元先生的《朱熹哲学十论》以及2018年吴震先生自己的《朱子思想再读》等几本以哲学视域研究朱子学的专著，他所感慨的"与阳明学以及阳明后学研究领域各种专题论著如雨后春笋般不断涌现的学术现象相比，朱子学以及朱子后学研究领域的专题论著却略显'冷清'"③这一状况并没有得到明显的改观。事实上，不仅大陆学界如此，即便是在港台与海外，对朱子的哲学理论进行系统的研究与阐释的专著也并不多见。因此在这一背景下，出版一本以朱子的哲学理论为主题的专著，似乎也是顺理成章的。

---

① 笔者在撰写博士论文期间曾经对朱子学的相关研究成果做过一个综述的工作，但没有发表。如今距离博士论文的完成已有四五个年头了，时过境迁，又涌现出了众多的新的相关研究成果。因此，笔者这里不拟重新进行一个文献综述的工作。有兴趣的读者，可以参看刘昊、吴震《十年来宋明理学研究的回顾与展望：以朱子学和阳明学为中心》，《孔子研究》2018年第4期。
② 吴震：《朱子思想再读·自序》，生活·读书·新知三联书店2018年版。
③ 同上。

本书基于对朱子著作的阅读与思考，在充分吸收已有研究成果的基础上，试图探讨朱子哲学内在的问题意识及其整体性结构，并在这一视域下，对朱子哲学中的相关哲学理论内涵加以阐发，主要涉及以下几个方面的内容：

第一章主要处理朱子哲学中的理气论问题。在本书看来，朱子的理气论实质上是针对在当时具有重要影响的佛教的性空论。而性空论又涉及真如缘起思想，即天地间的万物都是真如本心幻化而成的。在朱子看来，性空论的克服构成了理气论的核心问题，而对性空论的克服又涉及气化生物的问题。朱子认为从本源上说万物都是气化所生，而气内在地具有生理，这种生理在气化万物的过程中就内化为万物内在的性，这也就是在朱熹哲学中具有重要地位的"性即理"这一命题的基本内涵。而通过气中内在地具有理这一观念的揭示，朱子实际上对《中庸》的"天命之为性"进行了转化，从而无论是对万物生成还是对万物之性的来源问题的理解都不再诉诸神学目的论。因此，理气论也内在地包含着对目的论的消解。

对性空论的克服是第一章的主要内容，而在朱子看来，对性空论的克服所关注的核心问题是对人性实在性的论证。人性的实在性主要是涉及本体的问题，而体总是离不开用，因此比人性实在性更重要的是人性的功能是什么的问题。朱子对人性功能的论证实际上是对孟子性善论的一种继承。他认为，人性是一种感通能力，主体由于内在地具有这种感通能力，在人伦日用之中就能够自然而然地为善。因此，人性构成了人伦日用的本体论基础，或者说，人性构成了人伦秩序的内在法则。而作为主体内在的感通能力的人性之所以受到重视，也与朱子对人伦秩序的关注有关。正是因为人伦这种存在秩序非常重要，那种作为人伦秩序基础的人性才显得重要。概言之，人性的功能及其对人伦秩序的意义构成了本书第二章的主体内容。

朱子对人性功能的阐发实际上是以性善论为基本内容。但性善论必然面临性恶论、善恶混等不同人性论的挑战。在朱子看来，人性本善，但这种为善的能力会受到气禀和人欲的抑制。气禀是人生来就有的，因此是抑制人性功能的先天因素，而人欲实际上是在人性功能发用之时，主体对它的有意违背，因此是抑制人性功能的人为因素。朱子哲学中的气质之性与天命之性之间的关系主要涉及的是气禀对人性的抑制问题，而天理人欲之间的关系问题则涉及人欲对人性功能的抑制问题。朱子通过对这两个方面内容的分析，实际上既坚持了性善论，也回应了性恶论、善恶混等不同人性观的挑战。因此，本书第三章主要围绕抑制人性功能的双重因素展开。

人性受到气禀、人欲的双重抑制，因此只是以潜能的形式存在。然而，人性虽然潜能化，但它作为本体仍然具有重新发用的可能，这就涉及工夫的问题。因此工夫论之所以在朱子哲学中如此重要，就在于正是通过工夫，也就是后天的修为才能使得那种先天的人性潜能开发出来。这在朱子那里也就是复性的问题。而谈到工夫，就不可避免地涉及工夫的具体进路问题。但这一问题不同学派有着不同的理解。朱子与湖湘学派关于察识与涵养关系的辩论实际上主要涉及工夫进路的问题。而朱子心性论中的中和旧说向中和新说的转变也与工夫进路的问题密不可分。总之，修为以复性的工夫及其具体进路构成了本书第四章的主要内容。

从朱子与湖湘学派的辩论可以看到，工夫进路的恰当与否对于复性的修养目标非常重要。但工夫进路不能盲目进行，它实际上有其当然之则，即有其规范性。对朱子而言，这种规范性必须通过格物致知才能弄清。因此，朱子那里的格物致知问题所涉及的首要问题就是对工夫进路的引导问题，除此之外，还涉及实践活动如何进行的问题。这是因为，工夫问题以复性即德性的成就为目标，实际上培养的是德性主体，但朱子这些儒家学者必须面对家国天下的众多实践事务，而处理这些事务也有其规范性，否则实践活动就会陷入盲目性，故格物致知还涉及实践盲目性的克服问题。本书第五章从工夫进路的指引与实践盲目性的克服两个方面展开了对格物致知问题的分析。

无论是以涵养、察识为主要内容的尊德性工夫还是以格物致知为主要内容的道问学工夫，都属于个体层面的修养工夫，借用儒家的固有术语来说，即属于内圣之学。然而，在儒家传统之中，内圣总是关联着外王。对于朱子而言，对儒家内圣之学的阐发，实质上寄托于其外王的政治理想之中。这一点在朱子与陈亮等人之间展开的王霸之辩、皇极之辩中得到明确的体现。这些相关的辩论，既涉及对历史人物的评价，也涉及对现实政治的批判。而对历史人物的评价，又构成了对现实政治批判的历史依据。朱子试图通过相关的讨论表明，外王的政治理想的实现必须建立在内圣的修养工夫之上，从而用修养工夫对现实的政治主体进行立法。对上述相关内容的分析构成了本书第六章的内容。

正如冯友兰先生曾经指出的，中国哲学家的哲学虽然没有形式的体系，但有其实质的体系①。就朱子而言，这一点无疑也是成立的。通过以上的分析不难发现，作为没有形式上的哲学家，朱子哲学实质层面展示出了一个非常系统的、具有明确的内在逻辑结构的哲学体系。本书的写作正是试图以一种结构性的方式将朱子哲学的这一内在体系清晰地建构与呈现出来。然而，需要注意的是，朱子并非现代意义上的职业哲学家，他的哲学虽然在实质层面具有非常明确、严密的体系，但这一体系并非他的思辨构造的产物。事实上，如果说一个哲学家有其实质性的体系，那么，毋庸置疑，这一哲学家必然有其明确的问题意识，而其哲学体系实质上也就是其问题意识的展开。这一点在具有形式的思想体系的西方哲学家那里得到了明确的体现，如康德的《纯粹理性批判》作为"首尾贯穿之哲学书"，源于康德对"我能够知道什么"这一问题的追问，而以《纯粹理性批判》为核心的康德认识论哲学，实际上也就是上述问题的展开。作为没有形式的但有实质的哲学体系的哲学家，朱子所关注的核心问题是什么呢？

正如本书第六章一再指出的，作为一位儒者的朱子，其所关心的核心问题是余英时指出的"秩序重建"的问题。不过，与当代政治哲学试图通过制度建构的方式来达成秩序重建有所不同，朱子仍然是将儒家传统中的修身作为身—家—国—天下这一儒家所关注的整体性生存秩序的

---

① 冯友兰说："中国哲学家多无精心结撰，首尾贯穿之哲学书，故论者多谓中国哲学家多无系统。然所谓系统有二，即形式上的系统，与实质上的系统。中国哲学家的哲学虽无形式上的系统，但如谓其无实质上的系统，则即等于谓中国哲学不成东西，中国无哲学。"（见冯友兰《泛论中国哲学》，《三松堂全集》第11卷，《哲学文论》上，河南人民出版社2001年版，第130页）家师杨国荣老师经常提及冯友兰的这一观点，本书的写作在方法论上也自觉地接受了这一观点的指导。

基础。朱子曾言"圣贤之言本以修为为主"①。而在理学的语境中,"修为"又被赋予了"工夫"的内涵。换言之,在朱子那里,正如本书第六章指出的,以道学为核心的修养工夫,构成了秩序重建的根本性方式。事实上,通过前文对本书核心内容的介绍,也不难看出,朱子的整个哲学体系,主要涉及人性的实在性、人性在人伦日用中所承担的功能、抑制人性功能的双重因素、开发人性功能的工夫及其具体进路等问题。而这些问题无不与修养工夫这一核心问题密切相关:(1)作为一个儒家学者,朱子自觉地继承了孟子所揭橥的性善论,不过在朱子时代,性善论遭遇到佛教所提出的性空的挑战。因此朱子强调性是本体,并通过理气论对人性的实在性进行论证,无非是要强调人性本善这一本体论事实,换言之,主体内在地、先天地具有本然之善性。(2)人性的实在性并不是一个虚构的实体性存在,人性必然有其功能,否则它对主体就不具有价值意义,也就无须对其实在性加以论证。朱子通过对人性功能性的揭示,指出它是主体内在的可以为善的感通能力,它构成了人伦秩序的内在法则。(3)在上述意义上,人性的实在性与人性的功能性一起表明性善是一个本体论事实。然而,既然人性本善,那又如何解释现实中的过与恶?朱子对气禀、人欲等问题的讨论,都与这一问题有关。(4)上述讨论的结论是,性善虽然是一个本体论事实,但人性受到了气禀与人欲的双重抑制,从而对现实的主体而言,人性这一本体所具有功能只是以潜能的形式存在。需要后天的努力,使得先天的潜能得以开发。这一开发人性潜能的过程就是工夫。(5)开发人性潜能的工夫并不能盲目地进行,而是有其具体的进路,即涵养与察识。当然上述进路应当如何展开,对主体而言并不是自明的,它需要从理论上进行讨论和分析,而这一过程即是格物致知的过程。不难看出,朱子哲学的诸环节实质上都是围绕着修养工夫这一核心展开的,而修养工夫又是为秩序重建服务的。正如

---

① (宋)朱熹:《答陈才卿一》,《文集》卷59,《朱子全书》第23册,上海古籍出版社、安徽教育出版社2002年版,第2845页。按:以下凡引朱子著作,《朱子全书》简称《全书》,《朱子语类》简称《语类》,《晦庵先生朱文公文集》简称《文集》,《晦庵先生朱文公续集》简称《续集》,《晦庵先生朱文公别集》简称《别集》,版本均为上海古籍出版社、安徽教育出版社2002年版。

冯契先生所言：

> 一个思想家，如果他真切地感受到时代的脉搏，看到了时代的矛盾（时代的问题），就会在他所从事的领域里（如哲学的某个领域里），形成某个或某些具体问题。这些具体的问题，使他感到苦恼、困惑，产生一种非把问题解决不可的心情。①

在这一意义上也可以说，朱子的哲学体系并不是朱子主观的思辨构造，而毋宁是"如何实现秩序重建"这一"非解决不可的问题"逼出来的。

值得注意的是，朱子哲学中充满了理气、心性、天命之性、气质之性、涵养察识、格物致知等众多概念、范畴。当前对朱子哲学的研究，总体上都是围绕着上述概念或命题展开的，或者说，范畴论的研究方式构成了当前朱子哲学研究的主要进路。毋庸置疑，对朱子哲学的研究无法脱离对相关范畴的分析与理解。因此，这种范畴论的研究范式具有重要的意义，它在实质意义上推动了朱子哲学研究的发展与深化。不过，范畴论的研究方式也存在着明显的局限性②，即它往往纠缠于概念、命题的辨析而忽略了朱子哲学所关注的内在思想结构、问题意识以及相关问题的理论内涵。而在本书看来，只有在朱子哲学的问题意识及其整体性结构中，才能够弄清朱子在使用这些概念、范畴时所要解决的问题，以及朱子是如何运用这些概念、范畴展开其哲学思考的，也只有在这一前提之下，才能够真正穿透这些概念、范畴所具的理论内涵。

当然，本书的研究也并不能看作是对朱子哲学的还原。实际上，在

---

① 冯契：《〈智慧说三篇〉导论》，收入《认识世界和认识自己》，《冯契文集》（增订版）第一卷，华东师范大学出版社2015年版，第5页。

② 陈来先生业已注意到了范畴论的局限性，他说："在80年代早期，当代中国哲学研究中曾流行'范畴体系'的研究。这种研究可以在范畴系统的一般特征方面显现出中国哲学与欧洲哲学的不同，但范畴的研究如果离开了具体的问题的探讨，不是从具体的哲学讨论中理解范畴概念的意义，就只能停留于一般的、笼统的说法上，而无法真正促进我们对中国哲学基本概念和具体讨论的理解。"见陈来《宋明儒学的"道"、"理"概念及其诠释》，载陈来《中国近世思想研究》，生活・读书・新知三联书店2010年版，第27页。

当前朱子哲学研究成果汗牛充栋的背景下，任何对朱子哲学的研究都不得不直面已有的研究成果。本书的研究也同样是以目前已有的研究成果作为背景的——无论是正面的吸收、借鉴，还是反面的反思、批判。更为重要的是，在"中西哲学的相遇、沟通已经成为一个本体论的事实"①的背景之下，对中国哲学的研究不可能如某些学者所谓的"以中解中"，同样对朱子哲学的研究，也不可能是"以朱解朱"。事实上，近代以来的朱子哲学乃至整个中国哲学领域的研究都受到西方的学术范式与知识体系不同程度的影响。不过，这种影响在给中国学术研究带来新的理论、范式与方法的同时，也存在着遮蔽中国哲学自身的内在体系与理论内涵的问题。因此，本书的研究既自觉地将自身建立在对西方哲学的学习和消化的基础之上，另一方面，也自觉地避免套用西方哲学中某种理论框架来解释朱子哲学。对本书而言，西方哲学的参照性意义在于，通过与西方哲学中的相关理论的对比，以彰显出朱子哲学乃至整个中国哲学的独特理论内涵。

最后需要说明的是，朱子哲学的相关文献中有着丰富的概念、范畴，但由于他没有有意识地去构建一个哲学体系，他对这些概念、范畴往往都没有进行明确、系统的定义，特别是如《朱子语类》这类"著作"又是弟子所记录，在概念、范畴的使用，乃至观念表达方面都存在诸多不明确、不严谨的地方，因而导致在当代的朱子哲学研究中，相关的概念、范畴的考证、辨析往往成为学者们关注的重要内容。不过，由于本书定位于揭示朱子的基本问题意识，以重构朱子的内在哲学结构，并在这一哲学结构的观照下阐述朱子相关观念的理论内涵，这一工作也不可避免地要对相关概念、范畴进行辨析，故为了避免影响到全书整体行文的连贯与流畅，笔者尽量更多地将相关的辨析以及对当代相关工作的回应等内容放在注释中进行，导致本书的注释非常之多，有的注释内容也非常之长，注释的总字数居然占全书总字数的 1/3 左右。但这也是不得已而为之，还请读者理解！

---

① 杨国荣：《哲学的建构与现代性的反思》，《上海师范大学学报》（哲学社会科学版）2003 年第 3 期。

第一章　性空论的克服与目的论的消解

众所周知，朱子哲学一般被定性为理学，然而此处的"理"并不能在理性的意义上加以理解，其实质的内涵是"性理"①。正如后文所论，性理问题所涉及的实质问题是性与天道。然而，正如子贡指出的那样，性与天道在孔子那里尚未成为一个被广泛讨论的课题②，因此其所涉及的实质内涵并不明确。在后孔子时代，孟子、告子、荀子，乃至扬雄、韩愈等虽然都对此有所讨论，但这些讨论所涉及的主要是其中的人性问题，特别是人性的善恶问题，如性善、性恶、性无善无恶、性三品等。但在朱子及其理学前辈那里，对性与天道问题的思考面临着更为复杂的理论背景。朱子曾经指出，宋代理学家们对这一问题的讨论具有不得已而然的特点，换言之，它是受到特定形势推动的时代性课题：

> （问）：然则孔子之所罕言者，孟子详言之，孟子之所言而不尽者，周、程、张子又详言之，若是何耶？曰：性学不明，异端竞起，时变事异，不得不然也。③

---

① 事实上，自宋代理学诞生之后，出现了众多以"性理"命名的书。不仅宋代就有程端蒙的《性理字训》出现于世，后世更有明代韩邦奇的《性理三解》、钟人杰的《性理会通》、胡广的《性理大全》等，此外，清代李光地等纂修有《御纂性理精义》，甚至民国时期的唐文治尚且著有《性理学大义》一书。这一现象表明理学之"理"必须在"性理"的意义上加以理解。正如后文将进一步指出的，"性理"所涉及的实质问题是人与万物的本性及作为其天道根源的气中之理。

② 子贡说的"夫子之文章，可得而闻也；夫子之言性与天道，不可得而闻也"（《论语·公冶长》）就表明了这一点。

③ （宋）朱熹：《孟子或问》，《全书》第6册，第938页。

这种不得不然，意味着相对于孔子、孟子等人而言，在朱子等理学家看来，儒学面临着特殊的理论挑战，从而不得不对孔子所罕言的性与天道问题进行详尽的探讨。众所周知，这一挑战主要是佛教思想提出的。

作为一种发源于印欧文化传统的包含着丰富的内涵的思想体系，佛教自汉代传入中土以来就对作为中国文化主体的儒家思想构成了多方面的挑战：既涉及人们的心性修养的进路，也涉及社会生活的秩序以及政教结构的基础等。但对朱子而言，佛教对儒学的最根本性的挑战是其所主张的性空论①。他曾经谈道：

> 陆子静从初亦学佛，尝言："儒佛差处是义利之间。"某应曰："此犹是第二着，只它根本处便不是。当初释迦为太子时，出游，见生老病死苦，遂厌恶之，入雪山修行。从上一念，便一切作空看，惟恐割弃之不猛，屏除之不尽。吾儒却不然。盖见得无一物不具此理，无一理可违于物。佛说万理俱空，吾儒说万理俱实。从此一差，方有公私、义利之不同。"②

在这里可以看到，与陆九渊将公私、义利等问题上的不同立场看作是儒佛之辩的根本所在不同，朱子认为，正是理的"实"与"空"上的不同立场③，才是儒学与佛教走上不同的思想道路的根本所在，而其他所谓的公私、义利等问题，相对而言，则是派生性的问题。正是在这个意义上，他将儒佛之辩概括为"释氏虚，吾儒实"④，在佛教看来"万理俱空"，其实质内涵就意味着，万物之性是空无的，即不具有实在性。但对

---

① 历史地看，佛教具有不同的流派，各派的理论主张也不尽相同，性空论并不是所有佛教流派的共同主张，不过正如后文所指出的，性空论却是朱子等理学家们的思想视野中最具挑战性的主张。
② （宋）朱熹：《语类》卷14，《全书》第14册，第581页。
③ 这里的"无一物不具其理"不过是"天下无无性之物"［（宋）朱熹：《语类》卷4，《全书》第6册，第182页］的另一种表达。性与理的具体内涵及二者之间的关系，后文将有进一步的分析。
④ （宋）朱熹：《语类》卷126，《全书》第18册，第3933页。事实上张载已经将佛教的相关思想概括为"以虚空为性"［（宋）张载：《正蒙·太和篇第一》，《张载集》，中华书局1987年版，第8页］。

朱子而言，则是"万理俱实"："无一物不具此理，无一理可违于物。"正如后文所要进一步指出的那样，这里的"理"也就是万物内在的本性（性），而其根源则在于那种能够化生万物的气中本有的生理、生意，是气中本有之理（天道）。因此，在朱子那里，性与天道实质上涉及的是万物的本性及其天道根源的问题。不难看出，朱子对性与天道的关注，或者说对性理之学的探讨是在儒佛之辩的背景下得以主题化的。

然而，正如在朱子看来，万物内在的本性有其天道根据，佛教认为，性空论也同样是建立在一套佛教的天道观的基础上的。张载的高足范育曾经将佛教对儒学的挑战概括为"以心为法，以空为真"①。事实上，"以心为法，以空为真"的实质源于隋唐以来在佛教中具有重大影响的《大乘起信论》所倡导的"真如缘起"思想。"真如缘起"中的"真如"指的是"心真如"（又被称为"众生心"或"如来藏"），"缘起"则是说真如不守自性，忽然起念，从而幻化出生灭变化、万象森罗的万物。由此可见，"真如缘起"的实质是将佛教早期的缘起性空思想和唯识宗的万法唯识思想加以综合，其基本内涵就在于现象界的所有存在者都是从真如本心幻化而来，因此是没有自性的，也就是性空的②。在这里可以看到，对以《大乘起信论》为代表的佛教思想而言，"以空为真"是建立在"以心为法"的前提之下的，换言之，性空论是建立在具有创生能力的真如本心存在的前提之下的——天地间的万物都是真如本心幻化的产物。

对于朱子而言，"性空论"的挑战具有如此显著的地位，他曾经与李伯谏辩论道："天命之谓性，公以此句为空无一法耶，为万理毕具耶？若

---

① 引文出自范育为张载《正蒙》所作的序言，见（宋）张载《张载集·范育序》，第5页。
② 对《大乘起信论》基本思想以及理论缘起、影响等的分析，可以参看高振农先生为《大乘起信论校释》（中华书局1992年版）一书所作的序。此外李存山先生在《从性善论到泛性善论》（载李存山《气论与仁学》，中州古籍出版社2009年版）一文中对"真如缘起"思想及其与理学思潮之间的关系也有精到的分析。需要进一步指出的是，《大乘起信论》的真伪在今天仍然是一个聚讼不已的问题，但从效果历史的角度看，即便它是一部伪经，仍然不能抹杀它在隋唐以降的佛教界甚至整个知识界的影响。而在宋代，很多佛教化的儒家知识分子也深受其影响。这种影响，作为一种历史的事实，并不因《大乘起信论》自身的真伪而改变。当然，不仅《大乘起信论》的真如缘起思想在当时具有重大的影响，实际上《华严经》的"一切唯心造"等观念也具有重要的影响，朱子曾经就直接对"一切唯心造"的观念提出了批评［参见（宋）朱熹《答王子合十》，《文集》卷49，《全书》第22册，第2254页］。

空则浮屠胜，果实则儒者是，此亦不待两言而决矣。"① 然而，如果要阐明人性的实在性，并不能简单地以一句"天命之谓性"作为根据。事实上，一方面，如果以"天命之谓性"这一经典中的名言作为理论依据，则必然会陷入一种经学的独断论之中；另一方面，正如后文所表明的，朱子对"天命之谓性"这一命题本身也具有不同的理解。更进一步而言，由于佛教的性空论实质上是建立在"真如本心幻化万物"这一对万物生成的理解的前提之下的，因此要更为充分有力地克服佛教的性空论，就必须首先消解佛教的这一观念。

事实上，张载业已对佛教所倡导的"以心为法"的万物生成观提出了激烈的批判，他说："释氏不知天命而以心法起灭天地，以小缘大，以末缘本，其不能穷而谓之幻妄，真所谓疑冰者与！"② 然而，张载的上述批评并没有产生充分的理论效应，以至于那种"以心法起灭天地"的观点不仅在当时的佛教界仍然具有重要的影响，而且也为众多的儒学知识分子所接受。相对于佛教而言，在朱子生活的时代，佛学化的儒学在当时儒学知识分子之中更具有影响。当时一些深受佛学熏染且具有重要影响的儒学知识分子不仅主张"心"能够"生天生地，化育万物"，甚至主张圣人能够"造化天地"。针对这种佛教化的儒学所说的心能"生天生地，化育万物"的观点，朱子指出："天地乃本有之物，非心所能生也。若曰心能生天地，乃释氏想澄成国土之余论，张子尝力排之矣。"③ 而针对那种认为圣人能够造化天地的看法，他则进一步指出："圣人之于天地，不过因其自然之理以裁成辅相之而已。若圣人反能造化天地，则是子孙反能孕育父祖，无是理也。凡此好大不根之言，皆其心术之蔽，又

---

① （宋）朱熹：《答张敬夫十二》，《文集》卷31，《全书》第21册，第1331页。
② （宋）张载：《正蒙·大心篇第七》，《张载集》，第26页。根据范育的理解，对佛教"以心为法，以空为真"的批判在实质上构成了张载哲学的逻辑起点："浮屠以心为法，以空为真，故《正蒙》辟之以天理之大，又曰'知虚空即气，则有无、隐显、生化、性命通一无二。'"[见（宋）张载《张载集·范育序》，第5页] 事实上，唐君毅已经注意到这一点，他说："理学家中反对佛学而有一套哲学理论者首为张横渠。佛家喜言幻化、缘生、性空，横渠则虽言太虚而为虚中有实（气），故亟反对佛家之幻化、性空之说。"（见唐君毅《略论宋明儒学与佛学之关系》，见李景明、唐明贵主编《儒释比较研究》，中华书局2003年版，第122—123页）这正表明，对佛教"以心为法，以空为真"的批判在实质上构成了张载哲学的逻辑起点。
③ （宋）朱熹：《记疑》，《文集》卷70，《全书》第23册，第3403页。

源于释氏心法起灭天地之意,《正蒙》斥之详矣。"① 事实上,对佛教特别是佛学化的儒学所进行的批判,作为一种时代性的机缘,也进一步触发了朱子对万物从何而来这一问题的思考。逻辑地看,也只有更为充分而合理地回答这一问题,才能有效地回应佛教以及佛学化儒学的上述挑战,并进一步为克服性空论奠定理论基础。

第一节　气化与万物的生成

柏格森在思考存在与虚无之间的关系时曾经提出了这一问题:"任何存在的东西从何而来?如何理解它?"② 这一追问所涉及的实质问题在于:经验世界中的万物从何而来?在佛教以及佛学化儒学所提出的"以心为法""心生万法"的理论挑战下,柏格森的上述追问在朱子那里就不可避免地成为具有根本性地位的哲学问题,它迫使朱子不得不思考和回答万物从何而来这一本源性的哲学问题。

事实上,在《仁说》一文的开篇,朱子开宗明义地提出"天地以生物为心"③ 这一命题以直面万物从何而来这一问题。面对张栻等人对这一命题的批判,朱子明确地反驳道:"天地之间,品物万形,各有所事,惟天确然于上,地隤然于下,一无所为,只以生物为事。"④ 这就意味着,对朱子而言,万物不是那种超验的真如本心幻化而来的,而是天地造化的产物。

将万物生成的本源归结为天地的造化在先秦时代即是一个重要观念,《周易·系辞》有"天地之大德曰生"的表述,《荀子·王制篇》更为明确地指出"天地者,生之始也"。而在朱子看来,"天地以生物为心"的观念更为明确的源头是《复》卦中的"复其见天地之心乎!"《复》卦的这一表述在宋代理学中具有重要的意义,不仅在北宋的二程、邵雍等人那里得到关注,在南宋的朱子与张栻、吕祖谦等众多学者之间都有广泛

---

① (宋)朱熹:《杂学辨》,《文集》卷72,《全书》第23册,第3490页。
② [法]亨利·柏格森:《创造的进化》,肖聿译,译林出版社2014年版,第256页。
③ (宋)朱熹:《仁说》,《文集》卷67,《全书》第23册,第3279页。
④ (宋)朱熹:《答张钦夫四十三》,《文集》卷32,《全书》第21册,第1408页。

的讨论。事实上，二程曾经明确将"复其见天地之心"解释为"天地以生物为心"①。二程的这一诠释构成了朱子思考万物生成这一问题的重要理论依据。然而，问题的关键在于天地是如何生成万物的呢？将万物的生成理解为天地造化的结果，虽然与那种预设超验心体的佛学思想具有本质的不同，但这种能够造化生物的天地似乎又具有人格的神秘色彩。特别是，"以……心"这一习惯性表达所具有的"思虑""谋划"等内涵，使得"天地以生物为心"这一命题传达出一种有意志、有目的地进行创生的内涵，从而使"天地以生物为心"这一观念与那种建立在具有创造权能的造物主的宗教神学很难区分开来，并具有导向神学目的论的倾向。事实上，上述困境在朱子与学生之间已经展开过讨论：

> 道夫言："向者先生教思量天地有心无心。近思之，窃谓天地无心，仁便是天地之心。若使其有心，必有思虑，有营为。天地曷尝有思虑来！然其所以'四时行，百物生'者，盖以其合当如此便如此，不待思维，此所以为天地之道。"②

天地"有心""无心"的问题所涉及的实质就在于天地生物是不是一个有意志、有目的的创生行为③。毋庸置疑，这种宗教神学意义上的创生行为在朱子那里是很难被接受的。对朱子而言，"天地以生物为心"的实质是一种无心之心："程先生说'天地以生物为心'，最好，此乃是无心之心也。"④ 这里的"无心之心"首先否定了天地生物是一种有意志、有目的的创生行为，而他的如下表述更是耐人寻味：

---

① 见（宋）程颢、程颐《河南程氏外书》卷3，《二程集》上，中华书局2004年版，第366页。
② （宋）朱熹：《语类》卷1，《全书》第14册，第171页。
③ 这种有意志与目的的创生行为在基督教神学中得到最为明显的体现。在《旧约·创世记》的第一章，可以看到"神说，要有光，就有了光"，"神说，诸水之间要有空气，将水分为上下"，"神说，天下的水要聚在一处，使旱地露出来，事就这样成了"，等等。这里众多的"神说""要"的表达就表明这种创生行为是一位具有创生能力的造物主有意志、有目的的行为。
④ （宋）朱熹：《语类》卷98，《全书》第17册，第3312页。

> 天地以生物为心。中间钦夫以为某不合如此说。某谓天地别无勾当，只是以生物为心。一元之气，运转流通，略无停间，只是生出许多万物而已。①

在这里可以看到，朱子一方面说，"天地别无勾当，只是以生物为心"，这就意味着天地显然不是基督教中上帝那般无所不知、无所不能的存在；另一方面他紧接着说："一元之气，运转流通，略无停间，只是生出许多万物而已。"由此可见，在朱子看来，天地生物的实质是气化万物。以气化对天地生物所做的转化在如下的表述中得到更为明确的体现：

> "天地以生物为心"。譬如甑蒸饭，气从下面滚到上面，又滚下，只管在里面滚，便蒸得熟。天地只是包许多气在这里无出处，滚一番，便生一番物。他别无勾当，只是生物，不似人便有许多应接。所谓"为心"者，岂是切切然去做？如云"天命之，岂谆谆然命之"也？但如磨子相似，只管磨出这物事。②

不难看到，这里所要揭示的实质内涵正在于，"天地以生物为心"并不是上帝创造万物那样的有目的、有意志的行为，而是气化运行过程中的自然而然的过程。万物的生生不息也是气化不已的自然而然的结果。

在上述论述中，不难发现，对"天地以生物为心"的理解所涉及的首要问题是天地与气之间的关系。事实上，对于朱子而言，天地总是与气密不可分：

> 天地初间只是阴阳之气。这一个气运行，磨来磨去，磨得急了，便拶许多渣滓；里面无处出，便结成个地在中央。气之清者便为天，为日

---

① （宋）朱熹：《语类》卷1，《全书》第14册，第171页。
② （宋）朱熹：《语类》卷53，《全书》第15册，第1757页。

月，为星辰，只在外，常周环运转。地便只在中央不动，不是在下。①

以"初间"所展现的这一开端之思表明，朱子认为，从存在论的角度看，天、地不过是气的不同形态：天是气的轻清的形态，地为气的重浊的形态，正因如此，朱子说："轻清者为天，重浊者为地。"② 进一步而言，如果地尚且是气结聚而成的某种具有形体的存在，那么天不过是气的另一种称呼③，正是在这一意义上，朱子曾经对天地作了如下界定："天地者，阴阳形气之实体。"④ 由此可见，天地的实质正是阴阳之气。换言之，在朱子看来，天地本身并不是一种实体化的存在，天地无体而是以气为体，换言之，在存在论的意义上，天地的实质就是气。

对朱子而言，天地以气为体更为重要的意义在于，当由气结聚而成的大地形成之后，天地之间并不是虚空，而是由气弥漫、充盈于其间的⑤。事实上，上文所引的"天地初间只是阴阳之气"已经表明了这一

---

① （宋）朱熹：《语类》卷1，《全书》第14册，第119页。
② 同上书，第119页。在《易学启蒙》中朱子更为明确地说："所谓天者，阳之轻清而位乎上者也。所谓地者，阴之重浊而位乎下者也。"见（宋）朱熹《易学启蒙》卷1，《全书》第1册，第212页。
③ 事实上，张载已经明确指出了这一点，"由太虚，有天之名"〔（宋）张载：《正蒙·太和》，《张载集》，第9页〕这一论述就表达了这一点，而且他还更为明确地指出"阴阳，气也，而谓之天"〔（宋）张载：《正蒙·大易》，《张载集》，第48页〕，这里的"谓之"一词就充分表明，作为概念的"天"不过是对"气"的一种称呼和命名。因为在中国古典汉语中，"谓之"一词的实质内涵就涉及主体对事物的称谓、命名。值得进一步指出的是，在古典汉语中，"谓之"与"之谓"是不同的，这一点王夫之、戴震等人都有所分析。事实上，朱子自己也曾明确提出了这种区分，他说："谓之，名之也；之谓，直为也。"〔（宋）朱熹：《语类》卷138，《全书》第18册，第4267页〕这也就很明确地指出了"谓之"与主体的命名之间的关系。关于"谓之"与"之谓"的差异的详细分析，参见陈赟《形而上与形而下：后形而上学的解读——王船山的道器之辨及其哲学意蕴》，《复旦学报》（社会科学版）2002年第4期。
④ （宋）朱熹：《周易本义》，《全书》第1册，第123页。在朱子那里，甚至整个中国古典哲学中，阴阳并不是两种气，而是同一种气的两种不同形态，朱子曾经明确指出这一点："'阴阳'虽是两个字，然却只是一气之消息，一进一退，一消一长。进处便是阳，退处便是阴；长处便是阳，消处便是阴。只是这一气之消长，做出古今天地间无限事来。所以阴阳做一个说亦得，做两个说亦得。"〔见（宋）朱熹《语类》卷74，《全书》第16册，第2503页〕此外，五行也同样是气的不同形态，而不能理解为五种不同的气，这一点后文还将进一步分析。
⑤ 事实上，张载所提出的"太虚即气"这一命题的实质内涵就在于：主体立足于大地之上来观看天空，这天空似乎是一个虚空，里面无物存在，但对张载而言，这个虚空并不空，而是由气所弥漫、充盈的。在这一点上，朱子分享着与张载同样的观念。

点，而在如下的表达中这一观念也一再得到体现：

> 天只是气。①
> 苍苍之谓天。②
> 天地一元之气。③
> 天地间只是一个气。④

实际上，气充盈、弥漫于天地之间的观念在中国哲学史上是一个基本共识，不仅在《庄子·知北游》那里有"通天下一气耳"的说法，甚至在作为心学传统总结者的黄宗羲那里也同样有"盈天地间皆气也"⑤的表述。而通过上述对天地与气之间的关系的分析可以看到，对朱子而言，从存在论上说，天地的实质就是气，气在存在论上具有更为本源的地位⑥，进一步而言，那些充盈于天地之间的每一个具体的存在者，从本源上说，都是气化的产物，朱子说"人、物之始，以气化而生者也"⑦，就充分表明了这一点。

朱子认为，从存在论上说，天地或天的实质就是气，在经验世界的具体存在者尚未生成之前，充盈、弥漫于天地之间的正是气。因此，在万物生成之先，并不存在某种超验的心体，也不存在具有创造权能的、

---

① （宋）朱熹：《语类》卷18，《全书》第14册，第602页。
② （宋）朱熹：《语类》卷1，《全书》第14册，第119页。
③ （宋）朱熹：《论语或问》，《全书》第6册，第708页。
④ （宋）朱熹：《语类》卷65，《全书》第16册，第2157页。
⑤ （清）黄宗羲：《蕺山学案》，《明儒学案》下册卷62，中华书局2008年版，第1514页。
⑥ 当蒙培元先生说朱子那里存在气本论时，他已经有见于此。但在他看来："这是朱熹理学观中的一个深刻的内在矛盾。"（参见蒙培元《理学范畴系统》，人民出版社1989年版，第21页）因为他同时发现，在朱子那里理常常比气具有更为根本的地位。但后文的分析将表明，在朱子那里，这种矛盾并不存在。
⑦ （宋）朱熹：《太极图说解》，《全书》第13册，第74页。在类似的意义上，朱子还说："事物都是那阴阳做出来。"〔（宋）朱熹：《语类》卷74，《全书》第16册，第2522页〕当然，从本源上说，万物是由气化而成，但这并不意味着每一个物都是气化的产物。正因如此，朱熹区分了"形化"和"气化"："人、物之始，以气化而生者也。气聚成形，则形交气感，遂以形化，而人物生生，变化无穷矣。"如果说"形化"指向的是生物的代际生殖、繁衍，那么，"气化"则指向了那未始有物的初始状态。毋庸置疑，无论是气化之物，还是形化之物，作为一个具体的存在者，都是气性的存在。

实体意义上的天或天地，乃至神或上帝。万物的生成都是气化的产物，气化生物的过程也不是一种有意志、有目的的创造性的行为，而是气的自然结聚的过程，同理，万物的消亡实质上也就是气的自然消散的过程。事实上，对朱子而言，气本身就内在地具有化生万物的能力："物之生，必因气之聚而后有形。"① 正是通过气的"结聚"②，一个具有广延性的物的形成才得以可能。事实上，无论是"天地以生物为心"，还是"天以阴阳五行化生万物"③，作为气化生物的过程，都是建立在气自身所具有的造化生物的权能之上的，正因如此，朱子才一再地说，"气则能凝结造作"、"气则能酝酿凝聚生物"④，这些表述在实质上都可以看作是对气自身就具有造作生物的权能或能力这一观念的强调。更进一步而言，"此气结聚，自然生物"⑤，"此气流行不息，自是生物"⑥，"天地之化，生生不穷"⑦，正是气本身所具有造作生物的权能担保了万物的生生不息。朱子曾经形象地将这一点表述为："天地之间，二气只管运转，不知不觉生出一个人，不知不觉又生出一个物。即他这个斡转，便是生物时节。"⑧万物就是在气的运行流转过程中不知不觉、自然而然地生成的。人类的极端行为即便导致万物消尽，但因为气的存在，一个新的生机盎然的世界也会重新建立起来：

> 问："自开辟以来，至今未万年，不知已前如何？"曰："已前亦须如此一番明白来。"又问："天地会坏否？"曰："不会坏。只是相将人无道极了，便一齐打合，混沌一番，人物都尽，又重新起。"问："生第一个人时如何？"曰："以气化。二五之精合而成形，释家

---

① （宋）朱熹：《语类》卷98，《全书》第17册，第3330页。
② （宋）朱熹：《语类》卷1，《全书》第14册，第114页。
③ （宋）朱熹：《中庸章句》，《全书》第6册，第32页。
④ （宋）朱熹：《语类》卷1，《全书》第14册，第116页。
⑤ （宋）朱熹：《语类》卷94，《全书》第17册，第3132页。
⑥ 同上书，第3217页。
⑦ （宋）朱熹：《中庸或问》，《全书》第6册，第576页。
⑧ （宋）朱熹：《语类》卷98，《全书》第17册，第3298页。

谓之化生。如今物之化生甚多，如虱然。"①

这一论述表明，对朱子而言，天地的毁坏不过是天地间有形的存在物的生灭，但作为具有化生万物能力的气本身并不存在生灭的问题②。换

---

① （宋）朱熹：《语类》卷1，《全书》第14册，第121页。需要注意的是，朱子借用了佛教的"化生"一词，但其内涵已经有所不同。佛教的"化生"实际上仍然是前文所说的幻化的意涵，与朱子所说的气化是不同的。

② 对于整个中国古典哲学，特别是张载、王夫之等理学家而言，气的存在只有聚散、隐显的问题，而不能说有无或在不在的问题。这一点张载曾经明确地指出："气聚则离明得施而有形，气不聚则离明不得施而无形。"他对那种持有无之说的异端思想进行了批判："气之聚散于太虚，犹冰凝释于水，知太虚即气，则无无。故圣人语性与天道之极，尽于参伍之神变易而已。诸子浅妄，有有无之分，非穷理之学也。"[（宋）张载：《正蒙·太和篇》，《张载集》，第9页]事实上，作为后张载时代的朱子，气不能以有无论实际上已经是一个基本前提。此外，程颐曾经提出"动静无端，阴阳无始"这一命题［见（宋）程颢、程颐《河南程氏经说》，《二程集》，第1029页］。朱子在《太极说》一文中开篇即指出"动静无端，阴阳无始，天道也"［见（宋）朱熹《文集》卷67，《全书》第23册，第3274页］，而在其他场合，他也说过"气无始无终"［（宋）朱熹：《语类》卷86，《全书》第17册，第2264页］。这里的"阴阳无始""气无始无终"的实质就在于气的存在没有开端的问题，没有有无的问题。逻辑地看，天地之间的每一个具体存在者都是气化的产物，换言之，气的存在构成了万物生成的前提条件，那么就可以进一步追问气从何而来的问题。但对张载、二程、朱子、王夫之乃至整个儒家哲学而言，气的本源性存在是一个基本前提，因此，就气而言，从有无的角度加以提问是不合法的。另一个值得一提的问题是，众多的学者会以朱子所说的"万一山河大地都陷了，毕竟理却只在这里"[（宋）朱熹：《语类》卷1，《全书》第14册，第116页]来论证。在朱子那里，理是一种实体性、存在于彼岸世界的存在，从而理与气是二元的。实际上，这一理解，当朱子说"万一山河大地都陷了，毕竟理却只在这里"时，这里的山河大地并不能等同于"气"，因为山河大地实际上已经是气聚而成的有形之物。凡是有形之物，就存在着聚散、生灭，但那种弥漫充盈于宇宙之中的无形之气，并不存在"有无"的问题。而这条语录之所以说"毕竟理却只在这里"，一方面是因为它是以气的无所不在为前提的，由于那种无形之气无所不"在"，理自然也就永远是"在"场的。朱子在这里之所以说"毕竟理却只在这里"，却没有说"毕竟气却只在这里"，主要是因为，对朱子而言，理是气内在的生机性、动力性的机能，因此，这一说法不过是对理的重要性的一种强调而言。只可惜，后世学者往往望文生义，同时用强调程朱理学的"理本论"来与张载、王阳明的"气本论""心本论"相区分，故而不仅非要强调朱子那里理的本体地位，甚至进一步因此将朱子那里的理理解为创生实体。而实际上，正如本书所指出的，在涉及万物生成这一根本问题时，无论是张载、程朱还是王阳明，其实都是气本论的。关于张载的气本论自不待言，关于阳明哲学中的气与万物生成的关系，可以参看前面提到的拙文《良知与气：再论阳明学中良知的创生性问题》。实际上，气本论、理本论、心的本论的划分是以唯物主义、唯心主义以及客观唯心主义与主观唯心主义区分为依据的，即气本论是唯物主义，理本论是客观唯心主义，心本论是主观唯心主义，但将马克思主义的上述区分套用到宋明理学的研究中，将宋明理学划分为三大学派，显然是对马克思主义的教条式运用，因此，这种运用必然遮蔽宋明理学自身的问题意识与理论内涵。

言之，在存在论的意义上，具有凝结生物能力的气具有根本性的地位，而对气所具有的生生不息的权能的揭示则构成了消解佛学以及佛学化的儒学所倡导的"以心为法""心生万法"的理论的首要前提。另一方面，正是基于对气自身所具有的化生万物的权能的确信，朱子在理解万物生成时也没有诉诸宗教神学。这在如下的对话中可以看出：

> 问："劫数如何？"曰："他之说，亦说天地开辟，但理会不得。某经云，到末劫人皆小，先为火所烧成劫灰，又为风所吹，又为水所淹。水又成沫，地自生五谷，天上人自飞下来吃，复成世界。他不识阴阳，便恁地乱道。"①

所谓的"不识阴阳"实质上就在于没有发现阴阳之气自身所具有的造化生物的能力。事实上，对朱子而言，任何诉诸超验心体或造物主的宗教神学思想，都是没有发现气自身所具有的化生万物的权能②。

当然，以气化来理解本源意义上的万物的生成，在宋代理学中是一种集体性的思想运动。这一点在周敦颐那里就已经得到明确的体现。事实上，周敦颐的《太极图说》的重要内涵之一就在于阐发万物从何而来这一问题，这在如下的表述中可以明确地看到：

> 五行之生也，各一其性。无极之真，二五之精，妙合而凝。乾道成男，坤道成女。二气交感，化生万物。万物生生而变化无穷焉。③

可以看到，对周敦颐而言，万物的生成是"二气交感"的结果。在这个意义上，万物实际上也就是气化的产物。而在张载那里，正如前文所指

---

① （宋）朱熹：《语类》卷126，《全书》第18册，第3946页。
② 丁为祥先生业已注意到朱子哲学中的气论所承载的万物生成、生存动力等多方面内涵。参见丁为祥《从生存基础到动力之源：朱子哲学中"气"论思想》，《北京大学学报》（哲学社会科学版）2012年第2期。
③ （宋）周敦颐：《太极图说》，《周敦颐集》，中华书局1990年版，第5页。周敦颐的《太极图》以及《太极图说》本身并不容易理解。尤其是太极、阴阳、五行之间的关系更是十分复杂。但就气化生物这一点而言，则是没有问题的。

出那样，他曾经对佛教的"以心为法"思想提出了尖锐的批评，这也促使他进一步思考万物生成的问题。毋庸置疑，这位被奉为气学宗主的学者，自然也是从气化生物的角度来展开自己对万物生成的理解的。他说：

> 天地之气，虽聚散、攻取百涂，然其为理也顺而不妄。气之为物，散入无形，适得吾体；聚为有象，不失吾常。太虚不能无气，气不能不聚而为万物，万物不能不散而为太虚。循是出入，是皆不得已而然也。①

在这一论述中，一方面"太虚不能无气"意味着气在存在论上的本源性的地位。万物的生成是以气在存在论上的优先性为前提的。另一方面，"气不能不聚而为万物"，这里的"不能不"意味着一种必然性。万物的生成都是气聚而成的，或者说是气化的产物。此外，他说"游气纷扰，合而成质者，生人物之万殊"②，明确表达了这一点。更有甚者，他曾明确提出了"气化"这一概念来阐明万物的本源性生成："天地之始，固未尝先有人也，则人固有化而生者矣。盖天地之气生之也。"③ 由此可见，气化生物构成张载思考万物生成的基本观念。令人惊讶的是，不仅主张气本论的张载如此，即便是被人们通常认为是主张理本论的二程，也同样认为万物从本源上说是气化的产物，如他们说："万物之始，皆气化。"④ 他们甚至思及那种荒远的海岛上何以有人存在这一问题，并且认为那是气化的产物⑤。从这里也可以看出，从气化的角度思考万物的本源性生成实际上是理学思潮中的一种集体性行动。朱子对这一问题的思考

---

① （宋）张载：《正蒙·太和》，《张载集》，第7页。
② 同上书，第9页。
③ 引自（宋）朱熹《诗集传》，《全书》第1册，第675页。此条不见今本《张载集》，但朱子明确指出这是张载的话，可见朱子那个时代或许还有很多张载的文献今天已经失传了。
④ （宋）程颢、程颐：《河南程氏遗书》卷5，《二程集》上册，第79页。
⑤ "陨石无种，种于气。麟亦无种，亦气化。厥初生民亦如是。至如海滨露出沙滩，便有百虫禽兽草木无种而生，此犹是人所见。若海中岛屿稍大，人不及者，安知其无种之人不生于其间？若已有人类，则必无气化之人。"见（宋）程颢、程颐《河南程氏遗书》卷15，《二程集》上册，第161页。

正是在上述脉络下进行的。当然，以气化来理解万物的生成，在中国思想中具有根本性的地位，这一点先秦的《易传》《礼记》等都有所表达①。而在朱子等理学家们那里，面对新的思想所带来的挑战，先秦的这种思想得以重新激活。②事实上，在朱子等人看来，正是通过对气自身所具有的这种造作生物的权能的揭示，才得以消解那种以心为法、心生万法的万物生成观的。

以气化来理解万物的生成，关键就在于朱子等人认为，气不是那种质料化的存在，而是内在地具有生机与活力的。正如日本学者山井涌所指出的那样，在中国思想中，气"是生命力、活力的根源。甚至可以认为，气具有生命力和活动力"③。事实上朱子虽然明确说"五行阴阳，七者滚合，便是生物底材料"④，但这里的"材料"并不能在亚里士多德哲学中的质料因的意义上加以理解，也不能在机械唯物论的物质的意义上加以理解。正如韩国学者金永植所指出的："很清楚，朱熹对'气'的看法与西方关于物质的概念完全风马牛不相及。两者相异的关键之一便是'气'的'非惰性'或活泼性。"⑤事实上，那种将气理解为质料化存在学说最终都必然会诉诸一种外在于质料的超验存在。这一点在希腊哲学

---

① 《周易·咸·彖》说："天地感而万物化生"，这里的天地感，正是"二气感应以相与"，即阴阳二气之间的感应化生了万物。因此，《系辞》中的"天地之大德曰生"的实质也就是气化生物。而《礼记·礼运》则将万物看作"阴阳之交"的产物。顺便提一下，中国思想中的气化论对达尔文以来的进化论实际上可以构成某种补充。达尔文的进化论是建立在已经有某种或某几种物已经存在的前提下的，他"只是评论说生命已经从一种或几种形式演化至今"（[美]迈克尔·鲁斯：《达尔文主义者可以是基督徒吗？》，董素华译，山东人民出版社2011年版，第54页）。而当达尔文思及物从何而来这一更为本源性的问题时，他在某种程度上与中国思想中这种气化万物的观点十分接近，他甚至"猜测过蛋白质可能是如何从闪电等的行为中'在某一个富含各种氨气和磷盐的温水小池塘里'形成的"（《达尔文主义者可以是基督徒吗？》，第54页）。

② 杨儒宾先生业已指出，对于中国古典时代的学者来说："不管他的思想属于什么形态，只要一言及创作、变化、生成，其间总有气的元素。"（杨儒宾：《异议的意义》，"国立台湾大学"出版中心2012年版，第197页）当然，可以进一步指出的是，这一点正是建立在气在存在论上的根本性地位之上的。关于气在中国哲学中的重要性可以参看李存山《气论对于中国哲学的重要意义》，《哲学研究》2012年第3期。

③ [日]小野泽精一、福永光司、山井涌编：《气的思想：中国自然观与人的观念的发展》，李庆译，上海人民出版社2007年版，第336页。

④ （宋）朱熹：《语类》卷94，《全书》第17册，第3118页。

⑤ [韩]金永植：《朱熹的自然哲学》，潘文国译，华东师范大学出版社2003年版，第43页。

和希伯来思想中都具有明显的体现。对于亚里士多德而言，由于质料本身并没有内在的生机，因此由质料所构成的万物也没有内在的活力。在他看来万物的生机与活力最终只能来源于一种外在的、超验的存在者。更为确切地说，万物都是以上帝为最后的推动者的。亚里士多德的这一理解在西方哲学传统中具有根本性的地位和影响，以至于在以继承和复活西方古典思想为志业的怀特海那里，仍然为作为"不动的推动者"的上帝保留了位置。① 而在希伯来思想中，这一点得到更为明显的体现："神用地上的尘土造人，将生气吹在他的鼻孔里，他就成了有灵的活人。"② 这就意味着，由尘土所造之"人"实际上还只是一种质料化的存在，还不具有生机和活力，只有当上帝将一口"生气"赋予他之后，他才作为一个活生生的人。事实上，西方思想中那种根深蒂固的二元论思想的根源就在于，在他们那里，质料是一种惰性的、死的存在，因此，它自身不具有结聚而生物的内在活力，从而必须诉诸一种超验的存在，而作为造物主的上帝正是这种超验存在的典型形态。③ 而那种预设超验的、

---

① 参看［古希腊］亚里士多德《形而上学》，苗力田译，中国人民大学出版社2003年版，第254页。另参见［美］阿弗烈·诺夫·怀特海《过程与实在：宇宙论研究》，李步楼译，商务印书馆2011年版，第516—520页。在这里也可以看到，借用亚里士多德的形式因和质料因来理解朱子的理与气之间的关系并不恰当。因为对于亚里士多德而言，形式因实质上指向的是事物的形状。亚里士多德明确指出："形式的图象称作形状。"（见《形而上学》，第129页）质料因指的则是构成物的材料，形式因和质料因并不能脱离动力因来理解。特别是，对于亚里士多德而言，如果言及自然物，则最终必须要追溯到最后一个动力因，即不动的动者（unmoved mover），而"不动的动者是指上帝讲的。上帝推动一切，但它后面却再无推动之者"（参见牟宗三《四因说讲演录》，上海古籍出版社1998年版，第6—7页）。但在朱子那里，气自身就内在地具有生机与动力，而这种生机与动力，正如后文所指出的，就是理，理是气内在的生机与动能。在这个意义上，正如牟宗三所指出的："平常拿亚里士多德的质料、形式拿来比附理学家的理、气，这是似是而非的。"（牟宗三：《四因说讲演录》，第43页）

② 《旧约全书》（和合本），《创世纪》2：7。值得注意的是，这里的"生气"实质上是灵魂。冯象就将其译为"生命之气"。参见《摩西五经·创世纪》，冯象译，牛津大学出版社（中国香港）2006年版，第3页。

③ 康德曾经指出："一个有生命的物质的可能性就连设想一下都不可能。"因为在他看来，"无生命性、惰性［intertia］构成物质的本质特征"（［德］康德：《判断力批判》，邓晓芒译，杨祖陶校，人民出版社2002年版，第246页）。康德的这一观念仍然是建立在西方哲学对物质的质料化理解的基础上的，即物质是没有生命力、没有活力的惰性物质。而他说物质要成为动物等生命体只能是"一种被灌注生气的物质"（《判断力批判》，第246页），仍然是基督教那种上帝一口灵气使得被造物成为有灵的活物的翻版。

具有创生能力的心体的佛教思想，与西方思想中的那种上帝之思也正是相隔一间。作为一种超验的存在，这种具有创生能力的心体仍然是外在于万物自身的，二者之间是一种截然两分的二元性关系。也正是在这个意义上，朱子曾经将儒佛之间的差异概括为"释氏二，吾儒一"①。在这里也可以看到，就对万物生成问题的理解而言，中国哲学特别是朱子哲学，展现了一种与上述思想具有本质性差异的思想道路。

最后值得一提的是，对中国哲学中的气所进行的机械化唯物主义理解，也同样未能注意到中国哲学对气的理解并不同于那种惰性的、没有生机与活力的质料或物质。然而，从根本上说，中国哲学中对气的理解，与经典意义上的马克思主义并不相悖。事实上，在马克思那里，唯物主义这一观念所针对的是唯心主义，而唯心主义又分为主观的唯心主义和客观的唯心主义。前者的代表性观点是贝克莱式的"存在即是被感知"，即在主体的主观感觉之外无物存在；后者则以宗教神学为代表，它认为经验世界的存在是一种超验的造物主（上帝）从无中创造出来的产品。在这里可以看到，经典唯物主义所反对的是将经验世界的存在诉诸主体的内在知觉或者诉诸外在的超验性精神实体。在排除了这两种情况之后，经典唯物主义对物质自身的理解已经与西方古典思想中将物质理解为一种惰性的存在有根本的区别②，因为它认为经验世界的存在是物质自身运动、发展、变化的结果。在这一意义上，物质就与中国古典思想中的气具有相通之处，即是内在地具有能量、动能、活力的存在，而非惰性的、质料化的存在。

第二节 "性即理"与性空论的克服

正如前文所论，在那些以《大乘起信论》为基础的佛教流派那里，

---

① （宋）朱熹：《语类》卷126，《全书》第18册，第3933页。
② 事实上，在柏格森、怀特海等现代西方哲学家那里，已经展现出了一种不同于西方古典思想的关于物质或质料的观念，他们已经不再将物质或质料仅仅看作一种惰性的存在，而是内在地具有生机与活力。就此而言，他们那里的物质观念与中国哲学中气的观念具有相近之处。参看李健民《怀特海式的过程泛心论》，《自然辩证法研究》2019年第1期。

"以空为真"的性空论是建立在"以心为法"万物生成观的前提之下的，而在朱子那里，以气化万物所达成的对"以心为法"的万物生成观的消解，内在地关联着对性空论的克服。这在他对《中庸》首章中"天命之谓性"的注释中可以清楚地看到：

> 命，犹令也。性，即理也。天以阴阳五行化生万物，气以成形，而理亦赋焉，犹命令也。于是，人、物之生，各得其所赋之理，以为健顺五常之德，所谓性也。①

在这里可以看到，如果说"天以阴阳五行化生万物"涉及万物的生成，从而是对"以心为法"的万物生成观的消解，那么"人、物之生，各得其所赋之理，以为健顺五常之德，所谓性也"，则意味着万物之性的天道根源，从而是对"以真为空"所达成的性空论的克服，它意味着万物具有天之所赋的本性，从而万物之性具有实在性而不是性空的。问题的关键在于，朱子的这一论述似乎意味着，天是一种人格神般的存在，其创生万物的过程，是一方面用气创造万物的形体，而另一方面又将一种独立自存的理赋予气之中以构成万物之性。倘若如此，则朱子的上述观念与基督教的创始说就没有实质的差别了。然而，正如前文的分析所表明的那样，在朱子看来，天（地）无体而是以气为体，天（地）生物的过程实质上不过是气的自生、自化的过程。因此，从逻辑上说，这里所涉及的天、气与理三者之间的关系，具体而言，即天与气、天与理以及气与理之间的关系，实质上也就转化为气与理之间的关系。因此，对性空论的克服，所涉及的核心问题就在于气与理之间的关系问题。然而，正如上述引文所表明的那样，在朱子那里，作为概念的气与理有其更为具体的内涵，就气而言则是"阴阳五行"，而就理而言，则是"健顺五常"。换言之，气与理之间关系的更为具体的内涵则涉及阴阳五行与健顺五常之间的关系。更进一步而言，朱子认为，阴阳五行与健顺五常之间的关系，所涉及的实质内涵就在于作为五行的木火金水土与作为五常的

---

① （宋）朱熹：《中庸章句》，《全书》第6册，第32页。

仁义礼智信之间的关系①。于是朱子对性空论的克服，所涉及的实质问题就在于木火金水土与仁义礼智信之间的关系。

木火金水土与仁义礼智信之间能够有什么关系，这对现代哲学而言是很难理解的。从现代哲学的角度说，木火金水土作为气的不同形态，从本质上说属于物理学范畴，而仁义礼智信则具有道德的内涵。前者属于事实性存在，后者则是价值性存在。在现代哲学中，事实与价值的两分几乎是一个不言自明的前提。因此，试图对木火金水土与仁义礼智信之间的关系有所言说，是不具有合法性的。然而，如下的对话表明，仁义礼智信在朱子看来首先不能从价值的意义上理解②：

> 问："阴阳五行健顺五常之性。"曰："健是禀得那阳之气，顺是禀得那阴之气，五常是禀得五行之理。人、物皆禀得健顺五常之性。"③

"五常是禀得五行之理"意味着五常的仁义礼智信是作为五行的木火金水土之理。朱子曾经明确指出了这一点："仁义礼智信之性，即水火木金土之理。"④ 由此可见，五常之性的实质内涵乃是五行之气的理。然而，这里需要进一步追问的是，五行之气的理的内涵又何在呢？

---

① 事实上，阴阳与五行、健顺与五常之间的区分只是一种分合的关系，而并不意味着在本质上是不同的实体化的存在物。就阴阳二气而言，朱子指出："大抵阴阳只是一气，阴气流行即为阳，阳气凝聚即为阴，非直有二物相对也。"[（宋）朱熹：《答杨元范》，《文集》卷50，《全书》第22册，第2289页] 就阴阳与五行之间的关系而言，朱子指出："阴阳之为五行，有分而言之，有合而言之。"而这种分合之间的实质内涵在于："就原头定体上说，则未分五行时，只谓之阴阳，未分五性时，只谓之健顺；及分而言之，则阳为木、火，阴为金、水；健为仁、礼，顺为智、义。"[（宋）朱熹：《答李晦叔六》，《文集》卷50，《全书》第22册，第3013页] 这就表明，在朱子看来，阴阳五行与健顺五常的关系可以更进一步地概括为五行与五常之间的关系。

② 不过正如后文所指出的，仁义礼智信作为人性的具体内容，构成了人伦日用的本体论基础，作为一种功能性存在，最终是以价值的形式在人伦日用中展现其意义的。

③ （宋）朱熹：《朱子语类》卷17，《全书》第14册，第575页。

④ （宋）朱熹：《答方宾王三》，《文集》卷56，《全书》第23册，第2659页。这一表达中仁义礼智信与木火水金土之间在顺序上并没有完全对应，读者不可以辞害意。

对上述问题的回答必须放在前文所论的气化生物这一背景下才得以可能。正如前文所言，朱子认为，气不同于那种惰性的质料，它是内在地具有生机和活力的。这种具有内在生机与活力的气，朱子称之为"生气"，而那种内在于生气之中的生机与活力，朱子则称之为"生意"。正是因为气内在地有生意，才能具有化生万物的能力。正如朱子自己所说："生物皆能发动，死物则都不能。譬如谷种，蒸杀则不能生也。"① 那种被蒸杀、煮熟的种子就是生意已绝之物，故而不再具有生机与活力。对朱子而言，"万物得这生气方生"②，正是因为充盈、弥漫于天地之间的气都内在地具有生生之意的生气，这个世界才生机勃勃、生生不息。在朱子看来，前文所说的作为木火金水土之理的仁义礼智信，实质上也就是这里所说的气内在具有的生意。这在如下论述中可以得到明确的体现：

> 统是个生意。四时虽异，生意则同。劈头是春生，到夏长养，是长养那生底；秋来成遂，是成遂那生底；冬来坚实，亦只坚实那生底。草木未华实，去摧折他，便割断了生意，便死了，如何会到成实！如谷有两分未熟，只成七八分谷。仁义礼智都只是个生意。③

事实上，在朱子看来，作为五行之气的木火水金土，它们之间的差异的实质在于：它们是气在春、夏、秋、冬四时往复运行过程中的不同形态④，而春生、夏长、秋收、冬藏无不是生意的具体展现，这种差异的实质不过是生意的作用方式、表现形式有所不同罢了。在朱子看来，由于气在四时中所具有的木火水金土五行之间存在差异，气的生意的不同

---

① （宋）朱熹：《语类》卷20，《全书》第14册，第691页。
② 同上书，第696页。
③ （宋）朱熹：《语类》卷95，《全书》第17册，第3180页。
④ 这一观念最为直接地体现在如下论述中："水而木、木而火、火而土、土而金、金而复水，如环无端，五气布、四时行也。"从这里可以明确地看到，水木火金土之间的转变与四时的运行之间的关联。见（宋）朱熹《太极图说解》，《全书》第13册，第70页。

形态也具有了不同的命名，这就是仁义礼智（信）——这也就是上述引文中所说的"仁义礼智都只是个生意"的实质内涵所在①。正是在这一意义上，朱子又说：

> 春为仁，有个生意；在夏，则见其有个亨通意；在秋，则见其有个诚实意；在冬，则见其有个贞固意。在夏秋冬，生意何尝息！本虽雕零，生意则常存。大抵天地间只一理，随其到处，分许多名字出来。②

不难看到，对朱子而言，无论是以木火金水土为具体内容的五行之间，还是以仁义礼智信为具体内容的五常之间，其差异从本质上都与那种弥漫于天地之间的生生之气在春、夏、秋、冬往复运行的过程有密切关系——在这一循环往复的过程中生气所内在的生意具有不同的表现形式，故而可以有不同的命名。然而，就其本质而言，它们是一个东西，而不是不同的独立自存的实体性存在。也正因如此，朱子说："天只是一元之气。春生时，全见是生；到夏长时，也只是这底；到秋来成遂，也只是这底；到冬天藏敛，也只是这底。仁义礼智割做四段，一个便是一个；浑沦看，只是一个。"③

从以上论述不难看出，仁义礼智信作为五行之气的理，其实质不过是气的内在的生机、生意。无论被称为生机、生意还是被称为理，不过是命名上的差异而已，在实质内涵上并无差异。事实上，在朱子那里，

---

① 需要指出的是，在中国古代思想中，四时与五行之间的关系，实质上表现为气在春、夏、秋、冬这四个时间阶段运行时所展现出来的不同形态。当然，这种四时与五行之间的不对应性给思想家们造成了很大的困扰，一般的解释是五行中的土是"寄王"于其他四行之中的，与此相应，仁义礼智信常常也被简略为仁义礼智，故而这里只说"仁义礼智都只是个生意"，而没有提到信。正因如此，朱子也明确说："五行之土，无定位、无成名，无专气，而水、火、金、木，无不待是以生者。故土于四行无不在，于四时则寄王焉。其理亦犹是也。"［见（宋）朱熹《孟子集注》，《全书》第6册，第290页］事实上，"气则为金木水火，理则为仁义礼智"［（宋）朱熹：《朱子语类》卷1，《全书》第14册，第115页］等表述作为一种省略性的表达，都是建立在这一背景下的。

② （宋）朱熹：《语类》卷6，《全书》第14册，第244页。
③ 同上书，第247页。

理又被称为"生之理"①或"生理"②，朱子还说"至妙之理，有生生之意焉"③，这也充分表明生机、生意与生理之间的差异只是命名上的。进一步而言，从理与气之间的关系来看，理也就是内在于气之中的生机、生意的另一种称谓，它实质上不过是气的一个层面、一种属性，或者更为确切地说，是内在于气之中的机能或性能。换言之，理与气虽然作为两个概念出现，但在存在论上二者是一体的，理是内在于气之中的④。理在概念层面上从气之中"独立"出来，实质上是主体对气的内在的机能、性能的强调与命名所造成的，借用黄宗羲的话说，"理、气之名，由人而造"⑤，正是通过主体的认知与命名，理在名言的层面从气中得以独立，这一点在如下的论述中得到明确的体现：

> 才说太极便带着阴阳。才说性，便带着气。不带着阴阳与气，太极与性哪里收附。然要分的明，又不可不拆开说。⑥

从逻辑上看，如果两个事物永远处于相互的关联之中，就表明它们

---

① （宋）朱熹：《语类》卷5，《全书》第14册，第230页。

② 参见（宋）朱熹《中庸章句》，《全书》第6册，第45页；《语类》卷71，《全书》第16册，第2390、2392页。类似的例子还有很多。

③ （宋）朱熹：《语类》卷125，《全书》第18册，第3909页。事实上，在宋代理学的谱系中，对"生"或"生意"的关注是一个值得注意的集体性现象。最为人们所熟知的是周敦颐的"窗前草不除"。实际上程颢也不除窗前草，而且他还喜欢观鸡雏、养小鱼，张载则喜欢听驴鸣，而朱子喜欢那些"初的""嫩小的"事物，二程提出的"万物之生意最可观"也一再被他提及。杨儒宾先生指出："北宋五子的雅好自然生意在理学传统中并非特例，恰恰相反，喜好自然生意几乎是理学家共享的生活常态。"杨先生将这种想象与宋代理学的形态关联起来，并指出，宋代理学展现了一种新的生命哲学（参见《理学的仁说——一种新生命哲学的诞生》，《台湾东亚文明研究学刊》2009年第6卷第1期）。事实上，正是因为气是生气，气内在地具有生机、生意、生理，故而，气化所生之物才是"生物"，故而在万物上才有生意可观。

④ 在这一意义上不难看出，在朱子那里，理气实际上是一种一元的关系，而非一些论者所谓的理气二分。

⑤ （清）黄宗羲：《诸儒学案上二》，《明儒学案》下册卷44，第1061页。

⑥ （宋）朱熹：《语类》卷94，《全书》第17册，第3123页。在朱子看来，"太极只是一个理字"[（宋）朱熹：《语类》卷1，《全书》第14册，第114页]；"理即是性"[（宋）朱熹：《语类》卷5，《全书》第14册，第217页]，"性只是理"、"性只是理而已"[（宋）朱熹：《语类》卷20，《全书》第14册，第690页]，因此，这里所说的太极与阴阳的关系、性与气的关系，实质上也就是理与气之间的关系。

第一章 性空论的克服与目的论的消解

本身必然就内在地是一体的①。因此，作为两个概念而出现的理与气，实质上是主体在认知过程中对同一个事物的不同层面进行分析、命名的结果。借用布鲁门伯格的话来说，这一分析、命名的过程实际上也就是"命名闯入无名的混沌"②的过程。命名的行为总是包含着巨大的权能，它对于我们更好地认识和理解事物具有难以替代的意义。布鲁门伯格在进一步思及"命名"的作用时指出："给世界命名，就意味着将未区分者分门别类，让不可触摸者可以触摸（greifbar），甚至让尚未理解者得以理解（begreifbar）。"③而当朱子说"要分的明，又不可不拆开说"时，这里的"拆开说"就是主体运用自身的认识、思维能力，对一个浑沦的状态进行分析、命名的过程，而这一过程的真正意义在于能够更好地、更明确地、更清晰地理解和认知对象。事实上，名言的辨析是朱子哲学的一大特色④，而通过上述对命名行为的作用的分析不难发现，理、气等概念是在名言的层面上才真正向主体的认知敞开。换言之，在存在的秩序上，理与气是一体的，理和气的区分实质上只是存在于主体的认识秩序之中⑤。理与气在概念层面的分离，实质上是"专言理"⑥的结果。然而"专言理，气亦包含在其中"⑦，换言之，当主体在名言层面"专言理"

---

① 朱子还经常说理"搭挂"在气上，如"理又非别为一物，即存乎是气之中；无是气则是理亦无搭挂处"[（宋）朱熹：《语类》卷1，《全书》第14册，第115页]。很难设想一个独立自存的事物是永远"搭挂"在另一个事物之上的，除非二者之间不过是同一事物的不同面向，或一个事物是另一事物的内在成分或属性。
② [德]汉斯·布鲁门伯格：《神话研究》（上），胡继华译，上海人民出版社2012年版，第36页。
③ 同上书，第45页。
④ 朱子经常使用"已合而析言之""剖判"等语词，都表明名言的辨析在他那里的重要性。事实上，《语类》的第5、6两卷就题为"性情心意等名义""仁义礼智等名义"。后来朱子的高足陈淳所著的《北溪字义》（中华书局1983年版）可以被看作对朱子所进行的名言辨析的工作的自觉继承。
⑤ 吕思勉曾经指出："朱子之所谓道者，乃系就人之观念，虚立一名，而非谓实有其物。"（吕思勉：《理学纲要》，东方出版社1996年版，第46页）
⑥ （宋）朱熹：《语类》卷62，《全书》第16册，第2016页。
⑦ 同上书。理与气在概念层面上的分离以及在存在层面上的一体性关系，从朱子对周敦颐《太极图》的解说可以看得很清楚："此所谓无极而太极也，所以动而阳、静而阴之本体也。然非有以离乎阴阳也，即阴阳而指其本体，不杂乎阴阳而为言也。"[见（宋）周敦颐《周敦颐集》，中华书局2009年版，第1页]在这一论述中，朱子很明确地指出，一方面，太极是"非有以离乎阴阳"的，也就是说，太极与阴阳在存在论上是一体的；另一方面，对太极（转下页注）

之时，理与气在存在层面并没有真正分离，正因如此，朱子说："天下未有无理之气，亦未有无气之理。"①总之，理与气都不是独立自存的实体，而是本来就内在地一体的，理与气之间的"分离"是主体分析、命名的结果，而之所以会有这种分析、命名，则缘于主体理解对象的需要。

朱子认为，之所以要对作为气中本有之生机、生意的理加以强调，其根源在于理是气中的生机、活力，是气的能动性的承载者，气化运行的过程之所以"流行天地之间，无一处之不到，无一时之或息"②，是因为这种气内在地具有动能。这一点前文已经有所论述，而在如下的论述中则可以得到更进一步的体现：

> 问："昨谓未有天地之先，毕竟是先有理，如何？"曰："未有天地之先，毕竟也只是理。有此理，便有此天地；若无此理，便亦无天地，无人无物，都无该载了！有理，便有气流行，发育万物。"曰："发育是理发育之否？"曰："有此理，便有此气流行发育。理无形体。"③

这里的关键是如何理解"有理，便有气流行，发育万物"？正如前文已经指出的那样，在朱子看来，气并不存在有无的问题。那么，这里所说的"有理，便有气流行"并不意味着理在存在论上是独立地先于气而存在的：因为先有理，然后出现了气，再发育万物；而是在强调理的存在是气能够流行、发育万物的条件。更为明确地说，朱子的意思是：如果气是"无理之气"，或者气没有内在的生机，那它就是一种惰性的、质料化的存在，从而其就不具有结聚、发育的可能，从而也就不能

（接上页注⑦）的言说，是"即阴阳而指其本体"，也就是说，太极和阴阳的分离，是在言说层面，即在主体的认识层面发生的，因此他进一步强调，这不过是"不杂乎阴阳而为言耳"。
① （宋）朱熹：《语类》卷1，《全书》第14册，第114页。
② （宋）朱熹：《论语或问》，《全书》第6册，第746页。
③ （宋）朱熹：《语类》卷1，《全书》第14册，第116页。

化生万物。① 事实上，朱子在注释"一阴一阳之谓道"时说："阴阳，气也，形而下者也；所以一阴一阳者，理也，形而上者也。道即理也。"② 这也同样意在表明理是气化运行的所以然者。因此这里的"所以然"也不能从今天人们熟悉的因果律意义上理解，它的实质内涵就在于理是气内在的动能或活力。正是阴阳之气内在地具有其理，才能够流行、运化。换言之，正是由于气内在地具有理、具有生机与活力，这种永无止

---

① 然而，虽然理构成了气的生机性、动力性的因素，但就万物的生成而言，只能说是气化生成的，而不能说是理生成的，因为在存在论的意义上，理作为生意、生机，不过是气的本性，如同寒是水的性质、热是火的性质〔"火性本热，水性本寒"，见（宋）朱熹《朱子语类》卷120，《朱子全书》第18册，第3784页〕。这里值得一提的是，牟宗三先生批评朱熹的理是只存有而不活动的。但对牟宗三而言，活动性的更为具体的内涵是创生性。当他判朱熹为"别子"，而以程颢、陆九渊、王阳明等一系的心学为正宗时，实际上他真正批判的是朱熹那里的理不具有创生能力。而在牟宗三那里，所谓的性体、心体、道体、诚体，甚至神体都是"即活动即存有"的"创生实体"，既能够起宇宙生化作用，又可以起道德创造作用的"创造实体"。基于上述前提，在他看来程颐、朱熹那里的理不具有这种创化的动能，因此是不符合儒家正统的。而陆九渊、王阳明等人所倡导的心体则是具有创生性的。（上述观点的简要概括可以参见牟宗三《心体与性体》上册，上海古籍出版社1999年版，综论部分第一章的第三、四节）杨儒宾先生曾经将牟宗三的上述观点更为明确地概括为："陆象山的'本心'或王阳明的'良知'都有乘体起用的创造功能。"（见杨儒宾《异议的意义》，第230页）如果牟宗三对陆王心学中的本心、良知的理解是对的（实际上象山、阳明那里的本心、良知是否可以这样理解也是可以讨论的。事实上，在笔者看来，牟宗三对阳明学中良知的创生性的诠释是建立在对王阳明思想中良知与气之间的关系的误解之上的。关于这一点，可以参看拙文《良知与气：再论阳明学中良知的创生性问题》，《王学研究》2018年第1期），那么这种具有创生能力的本心或良知，实质上正是《大乘起信论》那种能生天生地的心体的一种翻版，从本质上看，这是一种佛学化了的儒学思想，也是朱子所要坚决拒绝的东西。因为对于朱子而言，理是内在于气之中的，是气所本有的一种机能，它连实体都不是，更不可能是具有创生能力的实体。事实上，牟宗三所理解的"既存有又活动"的理，既有用大乘佛学中的超验心体来诠释中国思想中的理或性体等的因素，又有黑格尔主义的影子：在黑格尔那里，所谓的绝对精神正是"既存有又活动"的，正是在这一意义上，黑格尔说："一切问题的关键在于：不仅把真实的东西或真理理解和表述为实体，而且同样理解和表述为主体。"（〔德〕黑格尔：《精神现象学》序言，贺麟、王玖兴译，商务印书馆1979年版，第10页）而黑格尔的上述观念又与其基督教神学的思想背景密不可分，因为在他那里，所谓真理、绝对精神与神（上帝）的实质内涵是一致的。而基督教神学中的神观念显然是"既存有又活动"的。事实上，这一点在斯宾诺莎那里就已经有明确的表述，他说："神的力量不是别的，只是神的主动的本质，所以认神不动作与认神不存在，在我们是同样不能设想的。"（〔荷兰〕斯宾诺莎：《伦理学》，贺麟译，商务印书馆1983年版，第46页）这里的"不动作"与"不存在"的反面，正是牟宗三所谓的"既存有又活动"。然而，无论是大乘佛学那里的超验心体，还是基督教神学那里的神，实质上都是一种超验的创生主体。不难发现，牟宗三从"既存有又活动"的角度所达成的对理或性体等的理解恰恰与中国思想完全异质。

② （宋）朱熹：《通书注》，《全书》第13册，第98页。

息的运化、流行才得以可能。正是在这一层意义上，朱子说："未动而能动者，理也。"① 理"未动而能动"，并不是说理如同一个物体一样，虽然此时并不处于运动的状态但具有运动的能力和可能性；而是说，理是气之动的内在依据，正是因为有理，气才具有能动性。也正是在这层意义上，当朱子的学生借周敦颐《太极图说》中的"太极动而生阳，动极而静，静而生阴"追问"太极，理也，理如何动静？有形则有动静，太极无形，恐不可以动静言。南轩云太极不能无动静，未达其意"时，朱子说："理有动静，故气有动静；若理无动静，则气何自而有动静乎？"② 这就清楚地表明，理是气化运行的内在动力，气的运行之所以可能，则在于其内在地具有理（太极），从而具有生机、活力。换言之，是理为气的动静提供了可能，借用黄宗羲之子黄百家的话说，理是气的"能运行者"③。

更进一步而言，在朱子看来，之所以要"专言理"，在于在气化万物的过程中，气之理也就内化为人与万物之性。事实上，正如前文所说的那样，理与气之间的关系问题，最终关涉性空论的克服，而性空论的克服所要回答的首要问题就在于万物之性从何而来。这一点在如下的论述中得到更为明确的体现：

> 天地之间，有理有气。理也者，形而上之道也，生物之本也；

---

① （宋）朱熹：《语类》卷5，《全书》第14册，第232页。
② 见（宋）朱熹《答郑子上十四》，《文集》卷56，《全书》第23册，第2686—2687页。
③ 见（清）黄宗羲原著、（清）全祖望补修《宋元学案》第1册卷15，《伊川学案》上，中华书局1986年版，第611页。黄百家针对程颐所说的"所以阴阳者，是道也"，指出："'所以阴阳者，是道也'，犹云'阴阳之能运行者，是道也'，即《易》'一阴一阳之谓道'之意。'所以'二字要善体会。"（同上）不难看出，朱子所说的"所以一阴一阳者，理也，形而上者也。道即理也"与黄氏的上述论断在内涵上是一致的。正是在这一意义上，朱子说"天地之所以生物者，理也；其生物者，气与质也"[（宋）朱熹：《论语或问》，《全书》第6册，第875页]。类似的表达还有很多，这类表述似乎与本章前面的结论有所不同：在前文论述中，曾经指出朱子思及万物生成时总是诉诸气化，而这里则说"天地之所以生物者"是理，似乎理是万物生成的最高根源。事实上，这一矛盾是表面上的，其原因实质就在于，万物虽然是气化所生，但气化之所以可能就在于气内在地有其理，因为理是气内在的动力性因素，是气化所以可能的根源。实际上，"天地之所以生物者，理也"这一表达，也是在强调理是气化所以可能的根据，这也就是"所以"一词的内涵所在。

气也者,形而下之器也,生物之具也。是以人、物之生,必禀此理然后有性,必禀此气然后有形。其性其形虽不外乎一身,然其道器之间分际甚明,不可乱也。①

事实上,理与气的上述区分,是为了进一步从由气化所生产的存在者身上更为明确地区分出身体与本性的差异。而这一点尤其关系到朱子对人性问题的关注。对于朱子而言,人性构成了人伦日用的本体论基础,佛教所提出的性空论给朱子造成的最大困扰就在于这一命题意味着人性缺乏实在性,人性是空无的,从而人伦日用也就没有内在于主体自身的依据②。而对气之理的强调,正在于,正是这种气中之理,构成了气化所生之人的内在的本性(人性),并进一步构成了人伦日用内在的根据。这也就是朱子"专言理",即对五行之气本有的生理进行强调的根本原因。

通过以上的论述,可以很清楚地看到,在朱子看来,气是内在地具有生机与生意的,而被称为理的仁义礼智信,其实质也正是这种内在于气中的生机与生意。事实上,这一理解在中国古代哲学中是一个十分古老的观念,《礼记》的如下论述已经明确涉及这一点:

> 天地严凝之气,始于西南而盛于西北,此天地尊严气也,天地之义气也。天地温和之气,始于东北而盛于东南,此天地之盛德气也,此天地之仁气也。③

这里的天地之"仁"气、天地之"义"气中的仁、义作为一种修饰性的表达,意味着仁、义正是气之性、气之理。而汉代纬书《孝经说》则更为明确地概括了仁义礼智信与五行之气的关系:"木性则仁,金性则义、火性则礼、水性则知、土性则信。"④ 对于朱子而言,上述对五行之

---

① (宋)朱熹:《答黄道夫一》,《文集》卷58,《全书》第23册,第2755页。
② 参考本书第二章。
③ 《礼记·乡饮酒义》,转引自(清)王夫之:《礼记章句》,岳麓书社1988年版,第1520页。
④ [日]安居香山、中村璋八辑:《纬书集成》,河北人民出版社1994年版,第486页。

气及其内在之性的理解，在他的理学前辈那里也有所体现。事实上，周敦颐在《太极图说》中有"五行之生也，各一其性"的说法①。按照朱子的理解，这一表述的实质内涵是："五行，谓水、火、木、金、土耳。各一其性，则为仁义礼智信之理，而五行各专其一。"② 这里的仁义礼智信之性正是从水火木金土之气的内在本性或机能的角度说的。更有甚者，程颐则明确从气化生物的角度指出："天地储精，得五行之秀者为人。其本也真而静，其未发也五性具焉，曰仁义礼智信。"③ 程颐的这一论述虽然没有明确指出仁义礼智信是作为五行的金木水火土之性或理，但这一内涵实际上是不言自明的。然而，相对于这些理学先驱而言，朱子的上述理解更为直接的理论前导则是郑玄对《中庸》"天命之谓性"的注，朱子曾经明确指出这一点，他说："汉儒解'天命之谓性'，云'木神仁，金神义'等语，却有意思，非苟言者。"④

通过以上的分析，可以看到，在朱子看来，一方面，性或理是内在于气之中的，另一方面，对应于气在四时运行中所展现出来的木金火水土五种形态，气之理（性）也相应地表现为仁义礼智信五种形态。而正如在前一节中所一再指出的，对朱子而言，作为经验世界中具体存在者的人与万物既不是超验心体幻化的结果，也不是具有创造权能的天或神的创造的产物，而是气化的结果。因此，在气化的过程中，气之性也就自然而然地内化为人与万物之性。正是在这一意义上，朱子说："盖人之性皆出于天，而天之气化必以五行为用。故仁义礼智信之性即水、

---

① （宋）周敦颐：《太极图说》，《周敦颐集》，第5页。
② （宋）朱熹：《答黄道夫二》，《文集》卷58，《全书》第23册，第2756页。
③ （宋）程颢、程颐：《河南程氏文集》卷8，《二程集》（上），第577页。
④ （宋）朱熹：《语类》卷5，《全书》第14册，第225页。按：郑玄注释"天命之谓性"的原文为："天命，谓天所命生人者也，是谓性命。木神则仁，金神则义，火神则礼，水神则信，土神则知。"（见《礼记正义》卷53，《十三经注疏》标点本第6册下，北京大学出版社1999年版，第1422页）这里所说的"神"实质上也就是气之理，气之性。事实上，张载曾经明确指出，"气之性本虚而神，则神与性乃气所固有"[（宋）张载：《正蒙·乾称篇第十七》，《张载集》，第63页]，而朱子也说："气之精英者为神。金木水火土非神，所以为金木水火土者是神。在人则为理，所以为仁义礼智信者是也。"[（宋）朱熹：《语类》卷1，《全书》第14册，第123页] 事实上，在朱子那里，气之性、气之理、气之神的实质内涵是一致的，都是指气中内在的生机、生意。

火、木、金、土之理也。"① 当然，不难理解，这句话对人之外的其他存在者也同样适用。对朱子而言，正是因为作为五行之气的木金火水土内在地具有仁义礼智信之理，因此由气化而生的每一个存在者也自然内在地具有仁义礼智信之性。换言之，对朱子而言，《中庸》所谓的"天命之谓性"并不意味着，人与万物之性是人格神般的天赋予的结果，其实质不过是在气化生物的过程中从气中"带来"的。正如朱子自己所言："佛也只是理会这个性，吾儒也只理会这个性，只是他不认许多带来底。"② 由此可见，朱子认为，对气化生物以及气内在所具有的生机、生意、生理的揭示，作为一种天道观，实质上构成了朱子克服性空论的天道基础，因此上述论述所展现的实质上也就是性与天道之间的贯通，或者说是人与万物之性的天道根源。这也就是朱子哲学中的"性即理"这一核心命题的真正内涵所在③，概言之，"性即理"这一命题的实质内涵即在于性空论的克服与性与天道的贯通，这也是它之所以在朱子哲学中具有如此重要地位的根源所在。

最后值得一提的是，朱子对人与万物之性的实在性的论证，并不仅仅针对佛教的性空论，也包含对道教以无为本的批判，正因如此，他说："释氏便只是说'空'，老氏便只是说'无'，却不知道莫实于理。"④ 当然，由于佛教性空论构成了朱子主要的挑战，因此，对佛教的批判构成

---

① （宋）朱熹：《答方宾王三》，《文集》卷56，《全书》第23册，第2659页。
② （宋）朱熹：《语类》卷124，《全书》第18册，第3875页。这句引文在上下文的语境中本来是说，仁义礼智之性是存在者生来就有的。然而在朱子那里，万物都是气化所生，生来就有的自然也就是由气带来的。
③ "性即理"这一命题首先是由程颐提出的："问：'性如何？'曰：'性即理也，所谓理，性是也。'"［见（宋）程颢、程颐《河南程氏遗书》卷22，《二程集》上册，第292页］在对《中庸》"天命之谓性"章的注释中，朱子引用了这一命题，可见这一命题的重要性。实际上，朱子在多处对这一命题给予了极高的评价，如"颠扑不破""无一人说道此""极有功于圣门"，等等。而"性即理"的实质内涵，概括地说，即万物内在之性就是在气化生物的过程中从气中带来的气本身所具有的生生之理。在此也可以看到朱子何以在诠释"天命之谓性"这一命题时开篇即说"性，即理也"，实际上，"性即理"这一命题的引入本身也构成了对"天命之谓性"这一命题的诠释和转化。当然，"性即理"这一命题还涉及气中之理与内在于万物之中的性理在命名上的差异，关于这一点，笔者在《天道根源与价值意义：朱子〈仁说〉的核心问题》（《朱子学刊》第24辑）一文中有更详细的探讨。
④ （宋）朱熹：《语类》卷95，《全书》第17册，第3204页。

了他的主要关注之点。

第三节　天的祛魅与目的论的消解

如同在宗教神学中如何理解神或上帝一样，在中国古典哲学中，如何理解"天"一直是一个具有重要意义和吸引力的课题，同时也是哲学家们所无法回避的课题。这在朱子哲学中也同样如此。从前文的论述可以看到，天这一概念在朱子那里一再出现。无论是他自己提出的"天以阴阳五行化生万物"这一命题，还是他对《中庸》中"天命之谓性"这一论述的诠释都表明了这一点。然而，正如前文所论，在朱子那里，通过对气自身所具有的生机与活力、气的凝结生物的权能的揭示，"天以阴阳五行化生万物"实质上不过是气的自生、自化，从而天也就不意味着是一种具有创生权能的超验存在者，进一步而言，作为概念的天，在存在论的意义上不过是气，天本身不是一种实体性的存在，更不是一种具有创生能力的存在。不难看出，这一由天到气的转化，实质上意味着对天的祛魅。事实上，对儒学传统中的天具有的神学色彩的祛魅，在朱子哲学中确实占有重要的地位，而对天的祛魅也内在地意味着目的论的消解。

从前文的分析可以看到，如果说，本章第一节对气的结聚生物的权能的揭示构成了对天的祛魅和目的论的消解的基本前提，那么本章第二节对气中本有之理、本有之性的揭示，则在克服"以空为真"这一性空论命题的同时，也同样关联着天的祛魅和目的论的消解。事实上，相对于"以心为法"对朱子所造成的困扰而言，由"以空为真"所达成的性空论则构成了更为直接而重要的挑战，因为性空论进一步关联着佛教所倡导的"作用是性"这一命题，而后者更为直接地关联着主体的伦理、政治实践，从而也意味着其现实危害更大。因此，如何克服"性空论"所带来的思想挑战在宋代构成了一个集体性思潮。虽然欧阳修对此提出过不满，但杨时、朱子都对欧阳修所说的"圣人之教人，性非所先"① 提出了批判。然而，克服性空论的关键就在于如何理解性的实在性及其根源。在宋代理学中，学者们主要是诉诸《中庸》所提出的"天命之谓性"——这也构成了《中庸》在宋代能够从《礼记》中的一篇升格为"四书"这一新的经典体系中的一部的关键所在。然而，在"天命之谓性"这一表述中，"天"仍然具有极其强烈的宗教神学色彩：在这里，天被理解为具有神或上帝般权能的超验存在，从而"天命之谓性"这一表达就意味着"性"是天所赋予的结果，是天给予之物。这一观念从张载所言"天授于人则为命，人受于天则为性"② 可以看到。在这一表述中，"性"构成了天与人两种不同的存在者之间互相授受的一种存在物，因此这一表述内在地蕴含着天的超验化、神秘化，同时也意味着性的实体化：性如同一物，由处于彼岸世界中的天安置于处于此岸世界中的人这一存在者之中。上述观念在邵雍那里也同样可以看到，他所说的"天使我有是之谓命，命之在我之谓性"③ 即明确体现了这一点。而即便在明末清初的王船山那里，性仍然被理解为天命之物，这在如下的论述中可以清楚地看到：

> 凡言理者有二：一则天地万物已然之条理；一则健顺五常、天以命人而人受为性之至理。④

可以看到，王船山对人性的来源的理解仍然诉诸天人之间的授受关系，从而也就仍然诉诸具有神学目的论色彩的天。由此可见，无论是"天命之谓性"在《中庸》那里的本来内涵，还是张载、邵雍、王船山等人对这一命题的诠释都是建立在具有意志与目的的天这一超验存在基础

---

① （宋）朱熹：《孟子序说》，《四书集注》，《全书》第6册，第245页。朱子在《孟子序说》中引用了杨时所说的"欧阳永叔却言'圣人之教人，性非所先'，可谓误矣"。朱子对杨时之言的引用实际上也就代表了他自己的观点。此外，陆九渊也"不喜人说性"，朱子亦对此提出严厉的批判："怕只是自理会不曾分晓，怕人问难，又长大了，不肯与人商量，故一截截断了。然学而不论性，不知所学何事？"［见（宋）朱熹《语类》卷124，《全书》第18册，第3882页］

② （宋）张载：《张子语录》（中），《张载集》，第324页。

③ （宋）邵雍：《观物外篇》，《邵雍集》，中华书局2010年版，第163页。

④ （清）王夫之：《读四书大全说》（上），中华书局1975年版，第324页。

之上的，从而带有浓厚的神学目的论色彩。朱子曾经对这类观念提出了明确的批判："夫性者，又岂块然一物，寓于一处，可抟而置之躯壳之中耶？"① 而对朱子而言，正如前文所论，性之为性首先是内在于气之中的生理，因此，既然人与万物从本源上是气化的产物，也自然就内在地具有这种气所固有的生理。故而，性不是天命、天授、天赋的结果，实质上不过是从气中"带来"的，正因如此，朱子说，"天命之谓性""要从气说来方可"②。"从气说来"的实质内涵，正是前文所说的，性是从气中带来的，而不是某种超验的存在者（天、神或上帝）赋予的结果。因此，对朱子而言，对气中所本有之理的揭示意味着对天的进一步祛魅和对目的论的进一步消解。

然而，通过对气中本有之性、本有之理的揭示所达成的对性空论的克服，将面临如下问题：既然从本源上说，人与其他存在者都是气化的产物，因此，不仅人禀得阴阳五行之气，从而禀得健顺五常之理，其他的所有种类的存在者也同样如此。正如前文所论，佛教的性空论是将"一切作空看"，它不仅意味着人性为空，而且也意味着万物之性为空。因此，对朱子而言，性空论的克服，如果仅仅意味着对人性实在性的论证，那就是"太人性的"（借用尼采的术语）。实际上，在朱子看来，性空论的克服所达成的结论内在地意味着不仅人性是实在的，而且万物之性也不是空无的。这在前文所引的"人、物之生，各得其所赋之理，以为健顺五常之德，所谓性也"中已经可以看到。而在如下的论述中，这一点得到更为明确的体现："人、物之生，同得天地之理以为性，同得天地之气以为形。"③ 朱子曾经将这一观点概括为"天下岂有性外之物哉"④，并在对周敦颐的《太极图说》的注释中对这一命题进行了更为详细的论述：

> 人、物之始，以气化而生者也。气聚成形，则形交气感，遂以

---

① （宋）朱熹：《杂学辨·张无垢〈中庸解〉》，《文集》卷70，《全书》24，第3474页。
② （宋）朱熹：《语类》卷62，《全书》第16册，第2017页。
③ （宋）朱熹：《孟子集注》，《全书》第6册，第358页。
④ （宋）朱熹：《太极图说解》，《全书》第13册，第73页。

形化，而人、物生生，变化无穷矣。自男女而观之，则男女各一其性，而男女一太极也。自万物而观之，则万物各一其性，而万物一太极也。盖合而言之，万物统体一太极也；分而言之，一物各具一太极也。所谓天下无性外之物，而性无不在者，于此尤可以见其全矣。①

正如前文所指出的，在朱子看来，太极是理的另一种称呼，而"性即理"是朱子哲学中的一个基本命题。因此，就其内在于每一个具体存在者而言，太极实质上也就是性的另一种称呼。因此"盖合而言之，万物统体一太极也；分而言之，一物各具一太极也"要表达的实质内涵也就是无一物不具其性，或者说"天下无性外之物"②。

如果说"天下无性外之物"意味着人与万物都有内在的本性，这一点并不令人难以理解和接受；那么，正如前文所论，朱子认为，性具有其具体的内涵，即仁义礼智信，从而也意味着人与万物都具有仁义礼智信之性，这就很难为人所理解和接受了。确实，朱子的上述论断不仅很难为现代人所接受，在古代学者那里也是存在争议的话题。相对而言，荀子的如下论断似乎容易接受和理解，他说：

> 水火有气而无生，草木有生而无知，禽兽有知而无义。人有气、有生、有知、亦且有义，最为天下贵也。③

在荀子的上述论述中，人与万物具有根本的差异，即只有人才具有"义"。对于现代人而言，无论是荀子这里的"义"还是朱子那里的"仁义礼智信"都意味着一种道德性或精神性，是为人这种特殊的存在者所独有的。而荀子所说的气、生、知尚且还只是人与其他物种所共有的层面上的生理性特征，因此不能作为人之为人的根本性规定。但对朱子而

---

① （宋）朱熹：《太极图说解》，《全书》第13册，第73页。
② （宋）朱熹：《语类》卷4，《全书》第14册，第189页。
③ 《荀子·王制》，转引自（清）王先谦《荀子集解》（上），中华书局1988年版，第164页。

言，人之为人的独特性并不体现在只有人才具有仁义礼智信之性，他认为万物都有。这一点在当时就遭到彪居正的质疑：在彪居正看来，《中庸》虽说"天命之谓性"，但"天命惟人得之，而物无所与"①；而且几百年后，王船山更是对此表示强烈反对：在船山看来，"所谓性、道者，专言人而不及物"②。彪居正和王船山的上述论断所要传达的实质内涵，就在于仁义礼智信之性是人类这一特有存在者的专有之物，是人之为人的根本性规定，也是人这种存在者区别于其他存在者的根本所在。

然而对朱子而言，上述理解必然将导致某种形式的神学目的论。正如前文所言，《中庸》的"天命之谓性"这一表述就具有较为明显的神学目的论色彩，而彪居正的上述论断也正是建立在"天命"这一基础之上的，从而在他看来，"天命"仍然被理解为一种有意志、有目的的天的付命、降命的活动。而王船山对朱子的批判最终也同样诉诸作为超验存在者的天，从而诉诸神学目的论，这在船山的如下论述中得到明确的体现：

> 天之所以生此一物者，则命是已，夫命也而同乎哉？此一物之所以生之理者，则性也，性也而同乎哉？异端之说曰"天地与我同根，万物与我共命"，故狗子皆有佛性，而异类中可行也。使命而同矣，则天之命草木也，胡不命之为禽兽；其命禽兽也，胡不一命之为人哉？使性而同矣，则犬之性犹牛之性，牛之性犹人之性矣！③

在这里可以看到，船山出于一种严厉的判教立场，不能接受人与草木、禽兽等具有相同的性，他认为这与佛教（即船山所说的"异端"）所倡导的"天地与我同根，万物与我共命"这类思想无法划清界限，而佛教所说的"狗子皆有佛性"的观念更是他所不能接受的。然而当他要论证人与万物之间绝对的差异性时，却不得不诉诸神学目的论意义

---

① （宋）朱熹：《答张敬夫十》，《文集》卷30，《全书》第21册，第1326页。
② （清）王夫之：《读四书大全说》（上），中华书局1975年版，第324页。
③ 同上书，第727页。

上的天①。

事实上，正如前文所展示的，通过"天命之谓性"这一来自《中庸》的命题，将性与"天命"关联起来，是朱子与胡居正、王船山等人共享的观念，然而，朱子认为，天本身不再是一种实体性的存在，而只是以气为体。从本源上说，万物也不是天或神的创造，而是气化的产物。人与万物内在的本性只不过是气中本有之理在具体存在物上的展现。因此，性之在人或在物，就不是一种有目的、有意志的赋予行为，而是气化过程中自然而然的获得性的结果，这在下面这段话中得到明确的体现：

> 问："命之不齐，恐不是真有为之赋予如此。只是二气错综参差，随其所值，因各不齐。皆非人力所与，故谓之天所命否？"曰："只是从大原中流出来，模样似恁地，不是真有为之赋予者。哪得个人在上面分付这个！"②

对朱子而言，天命并不是一个人格神般的天"在上面分付"，因此，在造化生物的过程中，成为人还是成为草木、禽兽并不如王船山所言，是天有意使之、命之的有意志、有目的的结果，而不过是"二气错综参差，随其所值"③的。换言之，对朱子而言，万物都是贯通天地的气这一"大原"中化生而来的，但气化为人，还是气化为物，并不是天或上帝有意分付安排的，而是气化过程中的偶然性结果，朱子曾经将这一点概括

---

① 这一论断可能受到学者们的质疑，不过这一论断所要强调的是，王船山对"天"的理解具有目的论的倾向，而并不是将王船山的整个哲学系统理解为宗教神学的。实际上只要追问如下问题，即：如果在船山那里，天不是一个具有意志、目的的存在，它何以仅仅将性"命"给人这种特殊的存在者，而没有"命"给人之外的其他存在者？显然，在船山的上述理解中，只有将天的将命过程理解为一个有意志、有目的的过程，这一问题才能得到回答。而一旦从这一角度回答上述问题，又如何能够与神学目的论划清界线呢！而正如本书第三章所指出的，朱子那里也言说"天命"，但在他那里，"天命"是从主体权能的界限这一角度言说的，因此，在他那里虽然仍然给《中庸》所说的"天命之谓性"留下了位置，但实际上也对其内涵进行了转化。

② （宋）朱熹：《语类》卷1，《全书》第14册，第190—191页。

③ 这里的所"值"的意涵是偶然"遇到""碰上"，如诸葛亮《出师表》中有"值河间岁试"的表述，就是在上述意义上说的。

为"是偶然相值着，非是有安排等待"①。

更为关键的问题在于，虽然在朱子看来，没有具有意志与目的的天或上帝，人之为人或物之为物并不是天或上帝有意作为的结果，但人与草木、禽兽的差异是一个经验性的事实，即便人与万物"同得天地之气以为形""同得天地之理以为性"，但人与万物之间的差异性既然是一个既存的经验性事实，因此这种差异的根源何在就仍然是有待进一步解释的②。事实上，朱子在《大学或问》中对此有较为明确的论述，他说：

> 天道流行，发育万物，其所以为造化者，阴阳五行而已。而所谓阴阳五行者，又必有是理而后有是气，及其生物，则又必因是气之聚而后有是形。故人物之生必得是理，然后有以为健顺仁义礼智之性；必得是气，然后有以为魂魄五脏百骸之身。周子所谓"无极之真，二五之精，妙合而凝"者，正谓是也。然以其理而言之，则万物一原，固无人物贵贱之殊；以其气而言之，则得其正且通者为人，得其偏且塞者为物，是以或贵或贱而不能齐也。③

从这里可以看到，人、物之殊，或者说人与万物之间的差别性是从气上说的。正是在万物生成的过程中所禀之气的差别才是人与人、人与万物之间差别的根源所在。因此，这里就涉及如何理解气的差异的问题。从前文的分析可以看到，从本源上说，通天地一气，气弥漫、充盈于天

---

① （宋）朱熹：《语类》卷55，《全书》第15册，第1790页。陈来先生业已指出："这个过程是一个自然的、无意识、无目的的过程。"（见陈来《朱子哲学研究》，华东师范大学出版社2000年版，第199页）

② 这里需要一提的是，在朱子那里，人与万物之间的差别以及人与人之间的差别所涉及的并不是生物学意义上的差异，它最终涉及的是本性的发用，这一点后文将作更为具体的阐述。概言之，如果人与万物同具仁义礼智信之性，那么这种本性在发用上何以有如此大的差异？彪居正正是立足于这一经验的事实，对朱子所说的人与万物同具此理提出了质疑，但他又未能很好地解释这种差异，而只能将这种差异诉诸神学目的论意义上的天。后来王夫之也没有很好地理解朱子的思路，因此对朱子提出了批判，但他也未能很好地解决这一问题，从而也不得不诉诸神学目的论意义上的天。因此，本书的目的在于弄清朱子是如何解释这一问题，而又没有诉诸神学目的论的。

③ （宋）朱熹：《大学或问》，《全书》第6册，第507页。

地之间。虽然，在朱子看来还有阴阳、五行之气的不同说法，但那不过是这种弥漫于天地之间的气在春、夏、秋、冬不同时位运行中所表现出来的不同形态，因而正如前文所论，阴阳、五行之气的差异，实质上是气化运行的过程中，气之性呈现出了不同的形态，换言之，气之为阴阳五行是由其健顺仁义礼智信之性决定的，因此气的差异并不能在性上加以理解——这也是为什么人与万物的差别不能在性上加以理解的本体论根源。事实上，从上述引文可以明确地看到，朱子并没有从阴阳、五行的差异上来理解气的差异。当然，也可以明确地看到，朱子对气的差异的理解的实质是，气有正且通、偏且塞等方面的差异。当然，从《大学或问》还可以进一步看到，如果说人与物之间的差异尚且只是类存在上的差异，那么人与人之间所呈现出来的智慧、愚昧、贤德、不肖等品性则是人类这种特定存在内部的不同个体之间的差异，而朱子对这种差异的理解也同样是建立在气的差异的基础上的，他说：

> 彼贱而为物者，既梏于形气之偏塞，而无以充其本体之全矣。唯人之生乃得其气之正且通者，而其性为最贵，故其方寸之间，虚灵洞彻，万理咸备，盖其所以异于禽兽者正在于此，而其所以可为尧舜而能参天地以赞化育者，亦不外焉，是则所谓明德者也。然其通也或不能无清浊之异，其正也或不能无美恶之殊，故其所赋之质，清者智而浊者愚，美者贤而恶者不肖，又有不能同者。必其上智大贤之资乃能全其本体，而无少不明，其有不及乎此，则其所谓明德者已不能无蔽而失其全矣。①

而从这一论述可以看到气的差异不仅有上述的正与通、偏与塞等方面的差异，而且还有清与浊、美与恶的差异，等等。而在其晚年所著的《经筵讲义》中，朱子将《大学或问》中的相关论述作了更为简洁清晰的概括：

---

① （宋）朱熹：《大学或问》，《全书》第 6 册，第 507—508 页。

> 天道流行，发育万物，而人、物之生，莫不得其所以生者，以为一身之主。但其所以为此身者，则又不能无所资乎阴阳五行之气。而气之为物，有偏有正，有通有塞，有清有浊，有纯有驳。以生之类言之，则得其正且通者为人，得其偏且塞者为物。以人之类言之，则得其清且纯者为圣、为贤，得其浊且驳者为愚、为不肖。①

在这里可以看到，朱子明确指出气自身所具有的差异："气之为物，有偏有正，有通有塞，有清有浊，有纯有驳。"正是气自身的这种差异构成了存在者在类上的差异，"以生之类言之"即体现了这一点；还构成了同类存在者之间个体的差异，"以人之类言之"即体现了这一点。事实上，如果说，前文所论的健顺仁义礼智信之性是气之性或气之理，那么这里所论的偏正、通塞、清浊、纯驳等则是气之质。在《论语或问》中朱子已经较为明确地提出了"气质"这一概念："所谓气质者，有偏正、纯驳、昏明、厚薄之不齐。"② 这里的"气质"或者说气之质的实质内涵是气的品质。由此可见在朱子那里，对气的理解存在两个不同的角度，即气之性（理、本性）或气之质（品质）③。对朱子而言，无论气的品质如何，气都有其内在的性："不论气之精粗而莫不有是理焉。不当以气之精者为性、性之粗者为气也。"④ 因此，无论气化所生之物所得之气的品质如何，都内在地具有其性。正因如此，万物的差别性就不能从性上加以理解：因为从本源上说万物都是气化的产物，故而都内在地禀有阴阳

---

① （宋）朱熹：《经筵讲义》，《文集》卷15，《全书》第20册，第693页。
② （宋）朱熹：《论语或问》，《全书》第6册，第875页。
③ 值得注意的是，现代汉语中往往用"性质"来指称事物的本性，但通过以上的分析可以看到，性与质是具有本质区别的。这里涉及现代汉语与古典汉语之间的差异问题，现代汉语往往使用合成词（词语），而古典汉语一般是一个字便是一个意思，最明显的一个例子是，在古代汉语中声、音、乐具有不同的内涵，如《礼记·乐记》就说"知声而不知音者，禽兽是也；知音而不知乐者，众庶是也；唯君子为能知乐"，在这里声、音、乐是严格地区分开来的，但在现代汉语中只能使用合成的声音、音乐才能表达一个对象，于是声、音、乐就不能再单独使用，而必须两两搭配。"性"与"质"的区分也同样如此，在现代汉语中"性质"一词的内涵与古代汉语中的"性"比较接近，而古代汉语中的"质"则与现代汉语中的"品质""质量"比较接近。
④ （宋）朱熹：《答刘叔文二》，《文集》卷46，《朱子全书》第22册，第2147页。

五行之气，而有气必有性，故而都禀有健顺五常之性。但气之质上的偏正、通塞、清浊、纯驳等差异则使得万物在类上以及在同一种类的个体之间呈现为千差万别。正是在这一意义上，朱子说："性同气异，只此四字包含无限道理。"①

对气之质的揭示构成了朱子消解神学目的论的另一个关键性环节。这在如下的论述中得到明确的体现：

> "无极二五，妙合而凝。"凝只是此气结聚，自然生物。若不如此结聚，亦何由造化得万物出来？无极是理，二五是气。无极之理便是性。性为之主，而二气、五行经纬错综于其间也。得其气之精英者为人，得其渣滓者为物。生气流行，一滚而出，初不道付其全气与人，减下一等与物也，但禀受随其所得。物固昏塞矣，而昏塞之中，亦有轻重者。昏塞尤甚者，于气之渣滓中又复禀得渣滓之甚者尔。②

这里朱子意在进一步表明，在气化的过程中，生而为人或生而为物，只是一个偶然的过程。换言之，就人类这一物种而言，出现于天地之间就不是天或上帝有意作为的结果。而人与万物作为不同的类，以及同一类中作为不同个体出现在天地之间乃是因为其所禀之气的不同造成的。但之所以禀得不同的气同样是一个偶然的事件，这里仍然没有天或上帝等超验存在者的目的与意志。因此，人与人、人与万物即便同具仁义礼智信之性，也并不意味着，如同彪居正、王船山所理解的，是天命的结果，而实质上是在气化生物的过程中，不同的存在者所禀之气在品质上的差异造成的。正是在这一意义上，朱子说："天之生物不容有二命，只是此一理耳。物得之者，自有偏正之不同，乃其气禀使然。"③

---

① （宋）朱熹：《答徐元聘二》，《文集》卷39，《全书》第22册，第1858页。事实上，张载曾经指出"性者万物之一源，非有我之得私也"［（宋）张载：《正蒙·诚明》，《张载集》，第21页］，也意在表明人与万物之"性同"。

② （宋）朱熹：《语类》卷94，《全书》第17册，第3132页。

③ （宋）朱熹：《答林一之一》，《文集》卷57，《全书》第23册，第2696页。

最后值得一提的是，从以上的分析也可以看到，对朱子而言，在气化生物的过程中成为人还是成为草木、禽兽等其他类型的存在者只不过是一个偶然性的结果。因此，如果说在彪居正、王船山等人那里尚且还可以嗅到某种人类中心主义的味道；那么，在朱子这里，人类中心主义的观念就根本不会出现。事实上，人类中心主义的观念与神学目的论思想具有根本性的关联，这一点在基督教神学那里具有更明显的体现。对于基督教而言，人类是上帝的特殊造物，是上帝按照自己的形象，也就是按照神性所造的，因此，人分享了神性，但其他的物种则没有。但这种理解是建立在预设一种超验的、具有创造权能的、有意志、有目的的上帝这一超验存在者的基础之上的。正如尼采曾经嘲讽道："人常常通过指出人的神圣起源来唤起人类主宰世界的情感。"① 然而，一旦上帝自身的存在被动摇，那么这种人类中心主义也就失去了其建立的基础。这一点在蒙田那里得到明显的体现。作为一位前启蒙时代的思想家，蒙田对基督教的这种人类中心主义具有清醒的认识和深刻的批判，他说：

> 让人用理性的力量来使我懂得，他把自认为高于其他存在物的那些巨大优越性建立在什么基础上。谁又能使他相信——那苍穹的令人赞叹的无穷运动，那高高在他头上循环运行着的日月星辰之永恒的光芒，那辽阔无边的海洋的令人惊骇恐惧的起伏——都应该是为了他的利益和他的方便而设立，都是为了他而千百年生生不息的呢？这个不仅不能掌握自己，而且遭受万物的摆弄的可怜而渺小的尤物自称是宇宙的主人和至尊，难道能想象出比这个更可笑的事情吗？其实，人连宇宙的分毫也不能认识，更谈不上指挥和控制宇宙了。②

在蒙田这里可以很明显地看到，对基督教思想传统而言，人类中心主义的立场是建立在神学目的论的基础之上的。因此，一旦上帝存在这

---

① 转引自赵偞《动物（性）：传统与现代之间的人性根由》，北京大学出版社2013年版，第8页。事实上，这种对人类起源的神圣性的理解正是建立在基督目的论神学的基础之上的。

② ［法］蒙田：《散文集》（*Essais*），第2部分，第12章。转引自［德］恩斯特·卡西尔《人论》，甘阳译，上海译文出版社2003年版，第24页。

一前提受到质疑，神学目的论所奠定的人类中心主义就不再具有其合法性。而在朱子看来，人的起源与万物的起源一样，并不存在任何神圣的意味，只不过是气化过程中的自然而然，同时也是偶然的结果，故而，人类中心主义的观念在朱子那里就缺乏其存在的基础。

当然，在朱子那里虽然没有基督教传统中那种强烈的人类中心主义倾向，但他还是为人类在万物中的独特性甚至优越性保留了位置。只不过，对于基督教而言，人成为人是上帝有意按照自己的形象进行创造的结果。但对于朱子而言，人成为人并不是天或上帝的有意志的行为结果，当然，更不是人自身的意志的结果。朱子说"人之生，适遇其气"①，这就意味着，人作为人出现这一事件的真实内涵是，在气化的过程中，那种清通之气恰好遇到一起，人才以人的形象出现在大地之上。这在如下的对话中得到更为明确的体现：

> 问："《或问》'气之正且通者为人，气之偏且塞者为物'，如何？"曰："物之生，必因气之聚而后有形，得其清者为人，得其浊者为物。假如大炉熔铁，其好者在一处，其渣滓又在一处。"②

换言之，气化万物的过程就如同铁匠冶炼金属的过程，气之通者聚而为人，气之塞者聚而为物，不过如同熔炉中的好的金属聚在一起，渣滓聚在一起一样。在这一过程中，没有任何超验存在者有意地让不同的气聚在一起，如同铁匠不会有意地让不同的金属分化一样。这种聚在本质上是自然而然的过程，也是一个偶然的过程。换言之，朱子认为，"人在宇宙中的位置"③ 仍然具有其特殊性，但这仍然不是诉诸神学目的论的结果，而归根结底还是气化过程中自然而然的结果。

---

① （宋）朱熹：《语类》卷1，《全书》第14册，第122页。
② （宋）朱熹：《语类》卷17，《全书》第14册，第575页。朱子的这一论述使得我们想到了《庄子·大宗师》中的一个寓言："今大冶铸金，金踊跃曰：'我且必为镆铘！'大冶必以为不祥之金。今一犯人之形而曰：'人耳！人耳！'夫造化者必以为不祥之人。今一以天地为大炉，以造化为大冶，恶乎往而不可哉！"朱子在说这段话时，或许心中想的正是庄子的这段话。
③ 这是借用舍勒的用语，见［德］马克斯·舍勒《人在宇宙中的位置》，李伯杰译，刘小枫校，贵州人民出版社1989年版。

通过以上的论述可以看到，在朱子看来，如果说气化生物构成了对佛教所倡导的"以心为法"的消解，那么对气中本有之理或性的揭示则构成了对"以空为真"的克服。而另一方面，对气自身所具有的化生万物的权能的揭示以及对气之理、气之质这两个不同层面及其内涵的分析也意味着对天的祛魅，而其实质内涵则在于对儒学传统中的某些具有神学目的论色彩的思想倾向的消解。由此可见，后朱子时代为学者们所广泛讨论且争论不休的理气论问题，所涉及的实质问题即是性空论的克服和目的论的消解[①]。当然，值得进一步指出的是，无论是性空论的克服还是目的论的消解，在朱子那里都不仅仅是一种理论的、思辨的兴趣，在实质的意义上，上述理论思辨都与朱子所关注的工夫论有关：性空论的克服实质上意味着人性具有实在性，而人性的实在性不仅构成了人伦日用的本体论基础，也构成了工夫得以可能的本体论基础；而目的论的消解，则意味着将主体的工夫从信仰、祈祷等宗教神学中常见的修养方式中解放出来。正因如此，在注释《论语》中的王孙贾问曰："'与其媚于奥，宁媚于竈'，何谓也？"子曰："获罪与天，无所祷也"时，朱子说：

> 天，即理也，其尊无对，非奥、竈之可比也。逆理，则获罪于天矣，岂媚于奥、竈所能祷而免乎？言但当顺理，非特不当媚于竈，亦不当媚于奥。[②]

如果"天"还是神学目的论意义上的天，那么天就构成了主体信仰、祈祷的对象；但在朱子看来，"天，即理也"这一命题实质上意味着对天的转化[③]，这一转化，一方面，消解了天的目的论色彩，从而也就使得天

[①] 通过以上分析可见，后朱子时代为学者们所广泛讨论且争论不休的理气论问题，所涉及的实质问题即是性空论的克服和目的论的消解，而所谓的理气孰先孰后、理气谁动谁静、理气一元还是二元等问题则只是派生性的。那种执着于理气谁动谁静、理气一元还是二元、气含理还是理生气等理与气之间关系辨析的研究，实质上都遮蔽了朱子理气论的真正问题意识与理论内涵。

[②] （宋）朱熹：《论语集注》，《全书》第6册，第88页。

[③] 值得注意的是，从前文的论述可以看到，朱子那里是由天向气的转化，与这里由天向理的转化似乎并不一致。但"天者，理也"与"天者，气也"二者之间并不矛盾。因为，理是气中之理，从而"天者，理也"实际上是对气中之理的强调，也就是前文所说的"专言理"。

不再是主体信仰、祈祷的对象；另一方面，也就确立了理，即主体内在的仁义礼智信之性的根本地位（"其尊无对"），从而主体的工夫进路也就转化为"顺理"而为，即听从主体内在的天理、良知的指引①。因此，无论是性空论的克服，还是目的论的消解，都与主体的工夫进路具有密切的关联。

---

① 关于这一点可以参看本书第四章的相关论述。

第二章 人性与人伦日用的本体论基础

前文的论述表明，在朱子看来，如果说气化生物构成了对佛教所倡导的"以心为法"的消解，那么对气中本有之理（或性）的揭示，则构成了对"以空为真"的克服。另一方面，由气化所达成的对万物生成的理解意味着，从本源上说，天地间的所有存在者都是气化的产物①，而天地间的每一个存在物都内在地禀有气化过程中所带来的仁义礼智信之性作为自己的本性。由此可见，无论是对万物从何而来这一问题的回答，还是对性空论的克服都并不仅仅涉及人类这种特定的存在者，还关联到天地间的所有存在者的。然而，任何哲学问题的追问最终都关系到发问者对自身的关怀，对朱子而言，对上述问题的思考并不仅仅是一种抽象的玄思，也是与他对人类自身的关切密不可分的，而其中的核心问题则涉及他对人性的思考。这在"盖人之性皆出于天，而天之气化必以五行为用。故仁义礼智信之性即水、火、木、金、土之理也"②这一论述中就可以看出——在这一表述中只言及"人之性"而不再涉及人之外的其他存在者。事实上，朱子的高足陈淳在《北溪字义》的"仁义礼智信"条曾经明确地使用了"人性"一词，他说："五者谓之五常，亦谓之五性。就造化上推原来，只是五行之德。仁在五行为木之神，在人性为仁；义在五行为金之神，在人性为义；礼在五行为火之神，在人性为礼；智在

---

① 即便就一个具体的个体而言，是其"父母"所生，然而作为一个具身化（embodied）的存在者，它仍然受到天地之气的滋养。正如朱子所指出的那样："人自方生，而天地之气只管增添在身上，渐渐大，渐渐长成。"[（宋）朱熹：《语类》卷63，《全书》第16册，第2087页] 这一论述形象地指出了天地之气对每一个存在者生长发育的重要性。

② （宋）朱熹：《答方宾王三》，《文集》卷56，《全书》第23册，第2659页。

五行为水之神，在人性为智。"①可以看到，对陈淳而言，仁义礼智信之性所涉及的核心正是人性②。不难看出，由气化生物以及气中本有之理所达成的天道观所涉及的实质问题正是对人性实在性的奠基。

然而，对人性实在性的奠基尚且停留于存在论的层面，这一意义上的人性还尚且只能对主体的思辨能力开放，它还没有抵达朱子人性论的核心问题，即人性何以是善的？正如亚里士多德所言："每物的本性是由其活动能力决定的；因为每物的真实存在表现在它动作的能力上。"③亚氏的上述论断虽然是针对具体的存在物而言，但它具有重要的提示性意义，即：对人性的理解不能脱离人性的功能性④内涵来加以理解。如果没有其现实的功能，人性对主体而言也就是没有价值的，那么朱子对性空论的克服也就不过是一种理论的思辨而没有其现实的关怀。但事实并非如此，朱子对人性实质性的论证，正是因为人性在人伦日用之中承担着重要的功能，从而具有其重要的价值意义。那么，人性的功能何在呢？

第一节　感通与作为主体内在能力的人性

对于朱子而言，"性无形影可以摸索，只是有这理耳。惟情乃可得而见，恻隐、羞恶、辞逊、是非是也"⑤。这表明对人性的理解并不能脱离对这里所说的"情"的理解，而这又进一步导向如下问题：性与情的区别与关联何在？为什么通过情可以更好地理解性？朱子对性与情的区分与他对《孟子》中相关内容的诠释具有密不可分的关联。在注释孟子所

---

① （宋）陈淳：《北溪字义》，中华书局1983年版，第18页。
② 事实上，朱子所关心的核心问题是人性问题，但由于佛教性空论的观念不仅意味着人性是空的，也意味着万物之性是空的，因此，对性空论的克服就不可能仅仅关注人性问题，而将万物之性置于不顾。另外，在朱子那里，由于从源头上说，人与万物都是气化的产物，因此，人性的天道根源也自然构成了万物之性的天道根源。
③ （古希腊）亚里士多德：《天象学》，徐开来译，苗力田主编：《亚里士多德全集》第2卷，中国人民大学出版社1991年版，第601页。
④ 这里的"功能"一词的内涵在朱子曾经用"功效"一词加以表达：在"性情功效"[（宋）朱熹：《中庸章句》，《全书》第6册，第41页]。这一表述中的"功效"一词显然与"功能"一词在内涵上具有一致性。
⑤ （宋）朱熹：《语类》卷6，《全书》第14册，第247页。

说的"恻隐之心，仁之端也；羞恶之心，义之端也；辞让之心，礼之端也；是非之心，智之端也"时，朱子说：

> 恻隐、羞恶、辞让、是非，情也；仁、义、礼、智，性也。心统性情者也。端，绪也。因其情之发，而性之本然可得而见，犹有物在中而绪见于外也。①

与孟子有所不同的是，朱子对性与情加以区分，并明确将孟子所说的恻隐、羞恶、辞让、是非归属于情，仁义礼智归属于性，而以"心统性情"这一命题对二者加以关联②。很显然，对朱子而言，上述论述中的关键在于"因其情之发，而性之本然可得而见"，因为这意味着"恻隐、羞恶、辞让、是非"作为"情"具有"发"而"见于外"的特点，从而构成了理解人性的仁义礼智的恰当通道。

需要追问的是，朱子这里所说的"情之发"的实质内涵是什么？对这一问题的回答，首先涉及对"情"的理解。朱子曾经指出："说仁义礼智，却说恻隐、羞恶、恭敬、是非去。盖性无形影，情却有实事，只得从情上说入去。"③ 这里朱子再次指出"性无形影"，但与性的"无形影"不同，情则是"有实事"，所谓"实事"的实质内涵即情具有经验性的特征：与性的不可"摸索"不同，情作为一种经验性事实是可以为主体所察识和体验的，或者说，情具有实然的特点④，主体可以实实在在地感受到它的存在。因此，这里所谓的"情之发"实质上就是作为"情"的

---

① （宋）朱熹：《孟子集注》，《全书》第6册，第289—290页。
② 这里涉及"心统性情"这一命题的内涵问题，关于这一点，本书第四章将有进一步的探讨。
③ （宋）朱熹：《语类》卷95，《全书》第17册，第3194页。
④ 在中国古典哲学中，"情"的本意实际上就包含着"实然"的内涵，如《周礼·天官疏》中就说："情，谓情实。"事实上，现代汉语中的事情、实情等都传达着"情"与"实然"之间的这种原始关联的古老消息。伍晓明曾经通过对《尚书》《论语》《孟子》《荀子》等文献中"情"字内涵的分析指出了"情"与"实"之间的关联（不过，他没有提到《周礼·天官》中"情，谓情实"这一明确的用例），他还进一步指出，"感情"中的"情"字正是"实情"意义上的"情"字的衍生与转化。参见伍晓明《情与人性之善》，载《文本之"间"：从孔子到鲁迅》，北京大学出版社2012年版，第178—221页。

"恻隐、羞恶、辞让、是非"以一种能为主体所察识、体验的经验性事实的方式向主体自身呈现出来①。

众所周知,"恻隐、羞恶、辞让、是非"通常被称为四端,当主体与孺子入井等相应的情境相遭遇时,四端之情就会不由自主地流露出来。换言之,当主体处于"孺子入井"等情境之下,四端之情总是油然而生,这一现象作为一种事实,似乎是自然而然的。事实上,对于孟子而言,四端的呈现是一种良知良能,而这种良知良能从何而来则是"莫之为而为","莫之致而至的"②,这似乎意味着四端之情的流露是自然而然的,作为一种自发性的现象,它出现就出现了,不需要再去追问其何以可能③。然而,对朱子而言,四端之情的流露并不那么自然,而是有"自"而"然"④的,他曾指出,"不求其所以然,只说个自然,是颠顸也"⑤,因此,不能仅仅停留在情的层面,而需要进一步追问其根据何在。

正如前文所指出的,四端之情作为一种能够为主体自身所察知、感受的现象,具有实然的特点。对于朱子而言,任何实然的事物,无论它是一种物理存在还是心理存在,都可以追问其所以然,或者说,作为一种经验性事实,它必然有其得以出现的根据。而在朱子那里,一旦涉及所以然,实际上就指向了理——这也是"天下之物,则必各有所以然之故,与其所当然之则,所谓理也"⑥的内涵之一。问题的关键是,四端之情的所以然之故是什么呢?毋庸置疑,前文所引的"因其情之发,而性之本然可得而见"之说已经表明,四端之情的所以然之故正是仁义礼智

---

① 这里不难联想到熊十力与冯友兰之间关于良知是一种"呈现"还是一种"假设"的辩论。值得一提的是,朱子常常使用"发见"一词来表达这里的"呈现"之意。如"四端在我,随处发见"[见(宋)朱熹《孟子集注》,《全书》第6册,第290页],"四端便是情,是心之发见处"[见(宋)朱熹《语类》卷5,《全书》第14册,第225页]。

② "莫之为而为者,天也。莫之致而至者,命也。"见(宋)朱熹《孟子集注》,《全书》第6册,第376页。

③ 实际上,汉语中的"自发性"一词本身就试图将对问题的追问奠定在一个不再追问的基石上:既然是自发性的,就是没有原因的,因此也就此为止,无须再继续追问。

④ 这是借用王夫之的说法:"自然者,有自而然也。"见(清)王夫之《张子正蒙注·参两篇》,中华书局1975年版,第38页。

⑤ (宋)朱熹:《朱子语类》卷140,《全书》第18册,第4341页。

⑥ (宋)朱熹:《大学或问》,《全书》第6册,第512页。

之性。换言之，正是内在于每一个存在者之中的仁义礼智之性构成了恻隐、羞恶、辞让、是非之情的可能性依据。然而，问题的关键是这种可能性到底意味着什么？要回答这一问题还需要对前文所说的四端之情做进一步的分析。

正如前文所指出的，在朱子那里，四端之情具有实然的特点，作为一种经验性事实，其实质是主体与相应情境之间相感通的结果。这在如下的对话中得以体现：

> 先生问节曰："孺子入井，如何不推得羞恶之类出来，只推得恻隐出来？"节应曰："节以为当他出来。"曰："是从这一路子去感得他出来。"①

在"孺子将入于井"的情境下，之所以会有恻隐之情不由自主地流露出来，实质上是与主体与这一情境感通的结果。相应地，羞恶、辞让、是非之情同样也是主体与相应情境感通而流露出来的。正如朱子所言：

> 如孺子入井，如何不推得其它底出来，只推得恻隐之心出来？盖理各有路。如做得穿窬底事，如何令人不羞恶！偶遇一人衣冠而揖我，我便亦揖他，如何不恭敬！事有是非，必辨别其是非。试看是甚么去感得他何处，一般出来。②

不难看出，无论是恻隐之情，还是羞恶、辞让、是非之情，作为一种经验性的事实，都是主体与相应情境相感通的结果。在日常生活中，主体所遭遇的具体情境不同，四端之情就会以不同的形式呈现出来。在这一意义上，四端之情作为一种情，实质上是一种感情，这种感情的古典内涵在于因感而发，感而生情。感情的呈现，作为一种经验性的事实，实质上是主体被外在情境感动的结果。然而，外在的情境不过是四端之

---

① （宋）朱熹：《语类》卷59，《全书》第16册，第1758页。
② （宋）朱熹：《语类》卷53，《全书》第15册，第1759页。

第二章 人性与人伦日用的本体论基础

情呈现的一种触发性媒介，主体内在的仁义礼智之性，才是这种"感情"得以可能的内在根据：正是外在情境触动了主体内在的仁义礼智之性，才会有作为感情的四端呈现①。正因如此，朱子说：

> 仁、义、礼、智同具于性，而其体浑然莫得而见。至于感物而动，然后见其恻隐、羞恶、辞逊、是非之用，而仁、义、礼、智之端于此形焉，乃所谓情。②

在这里可以看到，四端之情的呈现正是仁义礼智之性"感物而动"的结果。正是内在于每一个存在者之中的仁义礼智之性构成了这种感应的可能性，从而才会有四端之情的流露或呈现。因此，说仁义礼智之性构成了四端之情的"所以然之故"，其实质的内涵在于，仁义礼智之性构成了主体能够在"孺子将入于井"等情境下不由自主地流露出四端之情的一种内在的、本有的能力。

事实上，在朱子看来，理是内在于气之中的，是气内在的生机与动能，而所谓人性的实质内涵正是这种气的内在的机能在人这种具身化的（embodied）存在者身上的展现。因此，进一步而言，这种主体身体中内在的机能的实质内涵即是一种与外在情境相感通的能力。朱子认为，气中之理、人性以及感通能力之间的关系在如下的论述中得到明确的体现：

> 人禀五行之秀以生，故其为心也，未发则具仁、义、礼、智、信之性，以为之体；已发则有恻隐、羞恶、恭敬、是非、诚实之情，以为之用。盖木神曰仁，则爱之理也，其发为恻隐；火神曰礼，则敬之理也，而其发为恭敬；金神曰义，则宜之理也，而其发为羞恶；

---

① 韩愈曾经指出："性也者，与生俱生也；情也者，接于物而生也。"[（唐）韩愈：《原性》，《韩愈全集·文集》卷1，上海古籍出版社1997年版，第122页] 性"与生俱生"意味着性是主体生来就有，是主体内在的本有之性，而不是后天的、外铄的，而情"接于物而生"则意味着情是主体与外物相接，主体内在的人性在与相应的情境相感通后才会出现的经验性的情感。韩愈的上述观念无疑与朱子是一致的。这一点也显示出韩愈作为理学思潮的先驱，已经涉及理学中的一些核心问题。

② （宋）朱熹：《答方宾王三》，《文集》卷55，《全书》第23册，第2659页。

水神曰智，则别之理也，而其发为是非；土神曰信，则实有之理也，而其发为忠信。是皆天理之固然，人心之所以为妙也①

在这里可以清楚地看到，仁义礼智信之性作为人性的具体内容，正是作为五行之气的木火金水土的内在的生机、生理，在人身上则表现为一种身体的内在的机能，它能够与外在的情境相感通而呈现为恻隐、羞恶、辞让、是非、诚实等不同的情感状态。

从现代汉语中的"性能"一词，不难看到性与能之间的隐秘关联。从能力的角度来理解人性，在朱子看来似乎是一个不言自明的东西，因为，他认为，理是气的内在的机能，由气带来的人性是身体中的内在机能、能力，这一点似乎并不难理解，只是在今人这里，所谓的理、理与气之间的关系、人性的具体内涵与功能已经不再明确，故而对朱子的很多相关文献理解起来就相对困难。然而一旦明确人性作为身体的内在的感通机能，很多论述的内涵就显得十分清晰了。例如：

> 恻隐自是情，仁自是性，性即是这道理。仁本难说，中间却是爱之理，发出来方有恻隐；义却是羞恶之理，发出来方有羞恶；礼却是辞逊之理，发出来方有辞逊；智却是是非之理，发出来方有是非。仁义礼智，是未发底道理，恻隐、羞恶、辞逊、是非，是已发底端倪。②

由于何谓"道理"或"理"的内涵在朱子看来是不言自明的，因此，他并没有交代清楚这里的"道理"或"理"的内涵与功能。而一旦明确所谓的"理"或"道理"的实质内涵不过是身体中内在的机能，或者说是人与外在情境感通的能力，那么所谓的"爱之理""义却是羞恶之理""智却是是非之理""未发底道理"等看似晦涩的表述都可以得到清楚的理解。

---

① （宋）朱熹：《论语或问》，《全书》第6册，第613页。
② （宋）朱熹：《语类》卷53，《全书》第15册，第1764页。

第二章　人性与人伦日用的本体论基础

当然，人性作为一种感通能力、作为人身体中的内在机能，在朱子看来似乎是不言自明的，因此他对此没有进行过多的论述，但他仍然在一些论述中透露出某些更为直接的信息。如朱子说："仁义礼智，性也。然四者有何形状，亦只是有如此道理。有如此道理，便做得许多事出来，所以能恻隐、羞恶、辞让、是非也。"① 在这一表述中，一个"能"字便明确地表明前文一再出现的"理"或"道理"的实质内涵即是一种能力。而从能力的角度理解人性，在"仁者，爱之理"这一命题中也得以体现。众所周知，朱子曾经提出一个著名的命题即"仁者，爱之理"②，而在《论语或问》中朱子对这一命题作了进一步的解释："人能事亲而孝，从兄而弟，则是吾之所谓爱之理者"③，这里再次明确出现了"能"字，从而也明确表明，所谓"仁者，爱之理"的实质内涵就在于"仁"作为人性是主体内在的一种能力，主体正是内在地具有仁，所以也能亲亲、仁民、爱物。也正是在这一意义上，朱子指出："'仁'字固不可专以发用言，但却须识得此是个能发用底道理始得。不然，此字便无义理，训释不得矣。"④ 这里所谓的"能发用的道理"的实质内涵正是一种能够感通、发用的能力，正是因为主体内在地具有"仁"、具有这种与外在情境感通的能力，才能够在"孺子将入于井"等情境中发出"爱"或"恻隐"之情：这在前文所引的"仁本难说，中间却是爱之理，发出来方有恻隐"这一表述已经可以看到⑤。事实上，朱子高足陈淳曾经有如下的论述：

> 恻隐者，气也；其所以能是恻隐者，理也。盖在中有是理，然

---

① （宋）朱熹：《语类》卷4，《全书》第14册，第191—192页。
② 见（宋）朱熹《论语集注》，《全书》第6册，第68页。众所周知，朱子曾经将"仁"定义为"仁者，爱之理，心之德也"。这里出于行为的连贯性，不对"心之德"展开论述，有兴趣的读者可以参看拙文《天道根源与价值意义：论朱子〈仁说〉的核心问题》，《朱子学刊》第24辑。
③ （宋）朱熹：《论语或问》，《全书》第6册，第615页。
④ （宋）朱熹：《答吕子约二十五》，《文集》卷47，《全书》第22册，第2199页。
⑤ 在朱子那里"爱"和"恻隐"就其本源意义上的内涵而言都是作为人性的仁感通后发出来的情感状态，这在"恻隐本是说爱，爱则是说仁"[（宋）朱熹：《语类》卷53，《全书》第15册，第1763页] 等论述中可以明确地体现出来。

后能形诸外为是事。外不能为是事，则是其中无是理矣。此能然处也。①

朱子曾经对这一论述给予了高度的赞赏②，而陈淳的这一论述实际上已经非常明确地将"理"理解为一种内在于主体之中的能力：正是因为主体内在地具有这种能力，才能够在"孺子将入于井"的情境下发出恻隐之情——这正是"盖在中有是理，然后能形诸外为是事"的实质内涵所在。

通过以上分析，可以明确地看出，在朱子看来，以仁义礼智（信）为具体内涵的人性，实质上是主体内在的一种机能，是主体与外在情境相感通的一种能力。因此，仁义礼智之性与恻隐、羞恶、辞让、是非之情相区分的实质内涵就是主体内在的能力与其发用之间的区分。这在如下的论述中得到明确的体现：

性、情一物，其所以分，只为未发、已发之不同耳。若不以未发已发分之，则何者为性，何者为情耶？③

从未发和已发的角度看，仁义礼智之性是未发，恻隐、羞恶、辞让、是非之情是已发④。作为未发的仁义礼智之性是主体内在的一种感通能力，而恻隐、羞恶、辞让、是非之情则是这种能力的发用，或者说是这种能力在特定情境之下的一种展现。这就如同语言能力是主体内在的一

---

① （宋）朱熹：《答陈安卿三》，《文集》卷57，《全书》第23册，第2736页。"安卿"为陈淳的字。这里值得注意的是"恻隐者，气也"这一表述，这一表述与前文所论的气似乎有所不同。事实上，在理学中，气与理往往具有复杂的内涵。这里的"气"意在表明，恻隐之情是一种能够为主体所察知、感受到的情感，从而具有前文所论的经验性的特点，而理作为一种内在能力，并不能为主体所直接察知。
② （宋）朱熹：《答陈安卿三》，《文集》卷57，《全书》第23册，第2737页。
③ （宋）朱熹：《答何叔京十八》，《文集》卷40，《全书》第22册，第1830页。
④ "未发""已发"这对范畴来自《中庸》中的"喜怒哀乐之未发谓之中，发而皆中节谓之和"。朱子这里是借用"已发""未发"这对范畴来理解性与情之间的关系。在这一意义上，"已发""未发"构成了一对解释性范畴，因此这里不必纠缠于喜怒哀乐等七情与恻隐、羞恶等四端之间，即所谓的四端与七情之间的关系问题。

种能力，但说话则是这种能力的具体展现。仁义礼智之性与作为其经验性显现的恻隐、羞恶、辞让、是非之情虽然有所不同，但也并非如牟宗三所言，是"异质的两物"①，而实际上是"一物"的不同形态，借用现象学术语，情是性的"显示自身"②，这也就是"性、情一物"的实质内涵所在。正因如此，朱子又说："四者未发时，那怵惕恻隐与孩提爱亲之心，皆在里面了。少间发出来，即是未发底物事。静也是这物事，动也是这物事。"③然而，朱子对性与情的区分曾经给后人在理解上造成了重大的困难。王阳明曾经指出："未发之中，即良知也。无前后内外，而浑然一体者也。"④很明显这是针对朱子对已发、未发的区分而言的。而黄宗羲更是对朱子的上述区分进行了直接的批判，他说：

> 孟子曰："恻隐之心，仁也；羞恶之心，义也；恭敬之心，礼也；是非之心，智也。"盖因恻隐、羞恶、恭敬、是非而后见其为仁义礼智，非是先有仁义礼智而后发之为恻隐、羞恶、恭敬、是非也。人无此心，则性种断灭矣。⑤

在朱子看来，仁义礼智之性与恻隐、羞恶、辞让、是非之情之间的区分，是从能力与能力的发用的角度说，因此"有性而后有情""先有仁义礼智而后发之为恻隐、羞恶、恭敬、是非也"这类表述的实质内涵就在于：主体内在地具有仁义礼智之性、具有这种感通的能力，只有这样，才能够在相应的情境中呈现出这种情感来。正如朱子所指出的那样：

---

① 牟宗三：《心体与性体》下册，第220页。
② 海德格尔曾经指出现象学中"现象"一词在希腊人那里的原始含义即"显示自身"。（参见［德］马丁·海德格尔《存在与时间》，陈嘉映等译，生活·读书·新知三联书店2006年版，第33页）实际上，清儒童能灵曾将朱子那里的情与性之间的关系概括为"用即体之现者"（转引自唐文治《紫阳学术发微》，华东师范大学出版社2014年版，第27页），这一理解业已洞察了性情之间的现象学式的内涵。
③ （宋）朱熹：《语类》卷55，《全书》第15册，第1791页。
④ 王阳明：《传习录》卷中，转引自陈荣捷《王阳明传习录详注集评》，华东师范大学出版社2009年版，第131页。
⑤ 见（清）黄宗羲原著、（清）全祖望补修《宋元学案》第1册，卷15，《伊川学案》上，第617—618页。

> 未发时无形影可见，但于已发时照见。谓如见孺子入井，而有怵惕恻隐之心，便照见得有仁在里面；见穿窬之类，而有羞恶之心，便照见得有义在里面。盖这恻隐之心属仁，必有这仁在里面，故发出来做恻隐之心；羞恶之心属义，必有这义在里面，故发出来做羞恶之心。……然而仁未有恻隐之心，只是个爱底心；义未有羞恶之心，只是个断制底心。惟是先有这物事在里面，但随所感触，便自是发出来。①

由此可见，在朱子看来，在"有性而后有情""先有仁义礼智而后发之为恻隐、羞恶、恭敬、是非也"这类表述中，性与情，或者说仁义礼智与恻隐、羞恶、辞让、是非之间的"先后"关系并不能理解为因果性意义上的时间先后关系②，它的实质的内涵是性或者说仁义礼智作为主体内在的能力，构成了情或者说恻隐、羞恶、辞让、是非得以呈现的内在依据，这就如同语言能力作为主体的一种内在的能力，构成了说话这一经验性事实的内在依据。然而黄宗羲的上述理解则一方面将性与情理解为两种截然无关的存在③，另一方面又将性发而为情这种先后关系理解为一种时间意义上的先后关系，因此他对朱子的批判似乎并不恰当。

从上述论述不难看出，在朱子那里，性与情之间的关系，实质上就是主体的内在感通能力与这种能力的发用之间的关系。从能力及其发用的角度来理解和阐发性与情之间的关系，虽然给后世造成了理解上的困难。然而，这并不是朱子故意将问题复杂化，作为一位述而不作型的哲学家，朱子之所以要作这种区分，首先是更好地理解和诠释孟子的需要。正如前文所引，在孟子那里有"恻隐之心，仁之端也；羞恶之心，义之端也；辞让之心，礼之端也；是非之心，智之端也"这一著名的论述，但

---

① （宋）朱熹：《语类》卷59，《全书》第16册，第1765—1766页。
② 关于因果关系与时间之间的关系，可以参考［德］康德《纯粹理性批判》，邓晓芒译，杨祖陶校，人民出版社2004年版，第75—90页。
③ 可以看到，当牟宗三将性与情理解为"异质的两物"时，他与黄宗羲的理解具有相近之处。这或许也与他认同陆王一系的心学传统是密切相关的。

这一论述中恻隐、羞恶、辞让、是非与仁义礼智之间的关系究竟该如何理解并不明确。朱子通过性与情的区分，并进一步通过已发、未发等范畴对二者之间的关系进行阐释，从而表明性与情的实质内涵是一种内在于主体的感通能力与这种能力的发用之间的关系，这就使得恻隐、羞恶、辞让、是非与仁义礼智之间的关系得到明确的定位与恰当的诠释。当然，在朱子那里，之所以要进行这种区分，更为重要的是与佛教、禅学所谓的"作用是性"所带来的思想挑战具有重要的关联，因此，它也构成了朱子回应这一挑战的重要环节。这在如下的表述中可以明确地看到：

释氏专以作用为性。如某国王问某尊者曰："如何是佛？"曰："见性为佛。"曰："如何是性？"曰："作用为性？"曰："如何是作用？"曰云云。禅家又有偈者云："当来尊者答国王时。"国王何不问尊者云："未作用时，性在甚处？"①

引文中的"曰云云"的具体内容是："在目曰见，在耳曰闻，在鼻嗅香，在口谈论，在手执捉，在足运奔。"②而"当来尊者答国王时"这一偈语则表明禅学将说话这一经验性的现象与主体内在的说话能力完全等同。进一步而言，"作用是性"也就意味着，人性不过是视、听、嗅、说话、执捉、运奔等经验性的活动。而当朱子追问"未作用时，性在甚处"时，他意在表明，性只能从内在能力的角度加以理解，这种能力的现实发用则不能称之为性。如果将性等同于其发用，那么，未发用时是否意味着性就不存在呢？如同不说话时，说话的能力仍然存在一样，对朱子

---

① （宋）朱熹：《语录》卷126，《全书》第18册，第3941页。朱子对禅宗"作用是性"的批判涉及多方面的内容，后文还将进一步论及。
② 见（宋）朱熹《语类》卷124，《全书》第18册，第3941页。按照陈淳的说法，"作用是性"之说来自达摩："达摩答西竺国王作用之说曰：'在目能视，在耳能闻，在手执捉，在足奔运，在鼻嗅泹，在口谈论，偏现俱该法界，收摄在一微尘，识者知是道性，不识唤作精魂。'"[见（宋）陈淳《北溪字义》，第10页] 临济宗的（义玄）慧照曾经对"作用是性"作过完整的表述："心法无形，通贯十方，在耳曰闻，在鼻嗅香，在口谈论，在手执捉，在足奔运。本是一精明，分为六和合。一心既无，随处解脱。"[（宋）颐藏主编：《古尊宿语录》卷4，中华书局1994年版，第58页] 朱子这里实际上应该就是对达摩、慧照之语的转述。

而言，四端之情即便从未具有流露的机会，作为其内在根据的仁义礼智之性仍然存在，这就如同，一个僧人枯坐深山（如达摩面壁十年），从来不会碰到孺子入井之类的情境，因此他内在的仁义礼智之性从未有"作用""发用"之时，但这并不意味着他就没有这种内在的能力。正如亚里士多德曾言："人在睡觉时也是拥有德性的，或者说，拥有德性的人甚至可能一辈子都不实行它。"① 如果将这里的"德性"替换为朱子那里的"人性"，那么亚氏的这一观念对朱子而言也完全适用。但如果按照"作用是性"的说法，在四端之情不呈现的情况下，则意味着人性不存在，而这实质上正是朱子所批判的"性空论"。事实上，"作用是性"与性空论密不可分，而其更为深层的根源则又与真如缘起的万物生成论密不可分：因为万物只是真如本性忽然起念幻化而成，因此是性空的；因为性空，所以必然将知觉运用理解为性，而不再追问"未作用时，性在甚处"。

在上述论述的基础上，我们就不难理解，朱子何以一方面从体与用的角度对性与情之间的关系加以界定；另一方面又对这种作为本体的仁义礼智之性加以强调②。事实上，在朱子那里，乃至在整个理学那里，体用这一范畴之所以得到广泛的运用，正是与对作为本体的仁义礼智之性的强调密不可分的③。对朱子而言，仁义礼智之性是主体内在的感通能力，因此并不是一种超验的、实体化的存在，但之所以要将作为主体的内在能力的仁义礼智之性称为本体，其根源在于：情是性在特定情境下

---

① ［古希腊］亚里士多德：《尼各马可伦理学》，邓安庆译，人民出版社 2010 年版，第 47 页。当然，需要注意的是，在亚里士多德那里，"德性"（virtue）的实质内涵是人或物天生的某种卓越的能力或潜能，与现代汉语中的"德性"一词具有本质的不同。
② 在朱子那里，对本体的强调，具有多方面的原因，就本书前章所论的性空论的克服而言，对本体的强调，正是对人性实在性的强调，而这是针对性空论而言的；就这里所论的性与情的区分而言，对本体的强调，正是对作为本体的仁义礼智之性的强调，而这是针对禅学的"作用是性"而言的；在第三章，本书还将表示，对本体的强调，又与本然之善性与现实人格的不完善的对比有关。由此可见，朱子对本体的强调，核心就在于对人性本善的强调。当然，在朱子那里，对本体的强调，具有多方面的针对性，并不尽于上述几个方面，但上面几个方面是主要的。
③ 需要注意的是，现代学者常常从本质与现象的关系等角度来展开对理学"体用论"的讨论，但这类讨论往往都忽略了理学家们为何要使用"体用"这一范畴，以及为何要强调"本体"等问题。

的发用，具有经验性的特点，它会在特定的情境下产生，时过境迁后，它也就泯灭无迹了；但性作为主体的内在能力，则具有恒定性，它即便永远没有发用，但也并不意味着它不存在。由此可见，作为本体的仁义礼智之性与作为其现实发用的恻隐、羞恶、辞让、是非之情的差异与前文从已发、未发的角度所达成的对性与情的区分是一致的。这在如下的论述中可以得到明确的体现：

> 盖仁则是个温和慈爱底道理，义则是个断制裁割底道理，礼则是个恭敬撙节底道理，智则是个分别是非底道理。凡此四者，具于人心，乃性之本体，方其未发，漠然无形象之可见；及其发而为用，则仁者为恻隐，义者为羞恶，礼者为恭敬，智者为是非。随事发见，各有苗脉，不相淆乱，所谓情也。①

又如：

> 恻隐、亲亲固仁之发，而仁则恻隐、亲亲之未发者也。未发者，其体也；已发者，其用也。以未发言，则仁义礼智浑然在中，非想象之可得，又不见其用之所施也。指其发出而言，则日用之间，莫非要切，而其未发之理，固未尝不行乎其间。要之，体用未尝相离，故孟子因用以明体，正欲学者即是而默识耳。②

在这里我们可以清楚地看到，从体与用或者说本体及其发用的角度所达成的对性与情的区分，实质上与从未发、已发的角度所达成的性与情的区分是一致的。因此体与用或者说本体及其发用这一区分中的体或本体，并不是一种超验本体，而实质上是内在于主体之中的。就仁义礼智之性而言，它是主体内在的感通能力；而就性与情之间的关系而言，体与用的实质内涵就在于上述所论的主体内在的感通能力与这种能力的

---

① （宋）朱熹：《玉山讲义》，《文集》卷74，《全书》第24册，第3588—3589页。
② （宋）朱熹：《孟子或问》，《全书》第6册，第1000页。

发用之间的关系①。

最后需要进一步指出的是,在朱子看来,人性作为一种与外在情境感通的能力,实质上是主体内在的能力。而作为一种能力,它本身就是身体的一种机能,而不是以一种实体化的方式存在于身体之中。虽然朱子对人性的很多表述常常给人一种人性是一种实体化的存在映象的感觉,这种实体化的存在被安置在人的身体中,如同一个物体放置在另一个物体之中一样。特别是在《太极图说解》的如下论述中,这一映象得到进一步强化:

> 人、物之始,以气化而生者也。气聚成形,则形交气感,遂以形化,而人、物生生,变化无穷矣。自男女而观之,则男女各一其性,而男女一太极也。自万物而观之,则万物各一其性,而万物一太极也。盖合而言之,万物统体一太极也;分而言之,一物各具一太极也。所谓天下无性外之物,而性无不在者,于此尤可以见其全矣。②

在朱子的观点中,理与性、太极等所指的内涵是一致的。而这里的论述所要传达的实质内涵也就是从本源上说,人与万物都是气化所生,

---

① 需要指出的是,当不涉及体用的具体内容时,体用实质上是一种解释性的范畴。在朱子那里,当他使用体用这一范畴来理解性与情时,事实上是为了使得性与情之间的关系更为容易理解。这是因为在当时的语境中,体用关系更能为人们所理解。因此,可以看到,在朱子与弟子之间,经常使用体用范畴来理解和分析某些问题,但体用这一范畴本身并没有成为他们之间分析和讨论的对象,但在后世,体与用的内涵何在已经不为人们所理解了,因此才有众多对体用的分析与辩论。需要进一步指出的是,理学家们对"体用"这一范畴的使用常常被看作"阳儒阴释"的体现,但体用作为一个范畴,不过是解释性的,或者说它是主体用来阐释问题的需要,借用黑格尔的话说,"只是就研究哲学的主体的方便而言"(见[德]黑格尔《小逻辑》导言,贺麟译,商务印书馆1986年版,第59页)。事实上,魏了翁已经注意到这一点,他说:"《六经》、《语》、《孟》发多少义理,不曾有体、用二字,逮后世方有此字。先儒不以人废言,取之以明理,而二百年来,才说性理,便欠此二字不得。亦要别寻一字换,却终不得似此精密。"(魏了翁:《师友雅言》,转引自《宋元学案》第4册,卷80,《鹤山学案》,第2652页)实际上,思想的发展总是与语言的发展、词汇的丰富密不可分,现代汉语吸收了大量的西方语言因素,但并不妨碍现代人运用现代汉语去思考古典哲学中的问题。

② (宋)朱熹:《太极图说解》,《全书》第13册,第74页。

都内在地具有气中所带来的理,因此万物都内在地具有性或太极。但后人却很容易从中读出太极如同一物、太极是一种实体性存在的味道。事实上,当戴震批评"自宋以来始相习成俗,则以理为'如有物焉,得于天而具于心'"① 时,正是以一种不点名的方式对朱子提出批评。

然而,在朱子看来,对性或太极的理解不能脱离其具体内容,即仁义礼智信。所谓性或太极不过是对仁义礼智信的一种称呼或命名。正如前文所论,从弥漫于天地之间的气的角度说,仁义礼智信是气中内在的机能,而非一种实体化的存在。就人这种具体的存在者而言,人的身体是气聚而成的,因此,气中内在的机能也就构成了人身体的内在机能。在这一意义上,这种机能是弥漫于全身的,而不是如同一个实体化的物体一样安置于身体的某个位置。上述观念在朱子对"满腔子是恻隐是心"的理解中得到明确的体现。众所周知,二程曾经提出了"满腔子是恻隐之心"② 的命题,朱子就此指出,"恻隐之心,浑身皆是"③,不仅如此,他还进一步指出:"不特是恻隐之心,满腔子是羞恶之心,满腔子是辞逊之心,满腔子是是非之心。弥满充实,都无空阙处。"④ 这里朱子就进一步确认了四端之心与身体之间的关系。在他看来,四端之心都是身体性的⑤。不难理解,朱子所要传达的实质内涵就在于作为四端之心的内在根据的仁义礼智之性实质上是一种身体性的机能,而非一种与身体相分离

---

① (清)戴震:《孟子字义疏证》卷上,中华书局1961年版,第4页。
② (宋)程颢、程颐:《河南程氏遗书》卷3,《二程集》上册,中华书局2004年版,第62页。在注释《孟子·公孙丑上》中的"所谓人皆有不忍人之心者,今乍见孺子将入于井,皆有怵惕恻隐之心,非所以内交于孺子之父母也,非所以要誉于乡党朋友也,非恶其声而然也"这一段话时,朱子引用了二程的这一说法,并在《语类》第53卷对此进行了较为详尽的考察。
③ (宋)朱熹:《语类》卷53,《全书》第15册,第1760页。这里所说的"恻隐之心""羞恶之心"等在朱子那里,作为一种非严格意义上的表达,是可以成立的。而如果在严格的意义上,恻隐、羞恶等都只能被称为情。
④ 同上书,第1761页。
⑤ "满腔子是恻隐之心"的实质内涵涉及对"腔子"一词的理解。在朱子的时代,出生于东南地区的南宋学人对北方地区的方言并不熟悉,因此"腔子"一词的实质内涵是什么对朱子及其弟子而言具有一定的困难。朱子曾指出:"'满腔子是恻隐之心',腔子,犹言郛郭,此是方言,指盈于人身而言",他并进一步指出:"方言难晓,如横渠语录是吕与叔诸公随日编者,多陕西方言,全有不可晓者。"(同上书,第1762页)

的实体性的存在①。

第二节 "可以为善"或人性何以是善的?

正如本章开头所言,朱子对人性的关注,其核心在于对性善这一儒学核心命题的思考②。然而,从上一节的分析可以看到,朱子认为,人性的实质是一种内在于主体之中的机能,是主体与外在情境感通的内在能力,因而,人性实质上是内在于主体之中的一种功能性的存在。那么,需要追问的是,作为一种功能性存在的人性与性善之间有怎样的关联?

实际上,性善的实质内涵就是人性本善,或者说,人的本性是善的。然而,抽象地谈论人的本性是善的还是恶的,是一件令人费解的事情。人的日常存在总是具有多重的维度,很难以善恶这一单一的标准来加以界定——当一个人在吃饭或走路时,说人的本性是善的还是恶的不仅并不恰当,而且也是没有必要的。因为善恶作为一种评价总是对主体的某种行为进行的评判,在通常意义上,一个利他的行为被称为善的,反之,一个自私自利的行为则是恶的。但行为作为一种外在的活动,离不开主体的内在意识的引导。因此外在行为的善与内在意识的善并不能截然分开。更进一步而言,外在行为的善必然是内在意识的善的外在体现,否则就是伪善。在近代西方道德哲学中,主体内在意识的善往往被概括为动机的善。这一点在康德那里得到最为明确的体现:

> 在世界之中,一般地甚至在世界之外,唯一除了一个善良意志(guter Wille)以外,根本不能设想任何东西有可能无限制地被视为

---

① 关于"心"何以是身体性,在朱子所说的"心者,气之精爽"〔(宋)朱熹:《语类》卷5,第219页〕等表述中已经可以看到。如果说身体是气性的存在,那么作为气之精爽的心显然就是身体性的机能,从而是身体性的。

② 李明辉先生指出:"尽管宋、明儒者对心性的理解以及对道德工夫的体会不尽相同,但几乎均承认孟子底性善说;朱子亦不例外。"见李明辉《朱子论恶之根源》,载钟彩钧主编《国际朱子学会议论文集》(上册),"中央研究院"中国文哲研究所1994年版,第554页。

善的。知性、机智、判断力及像通常能够被称作精神上的才能的东西，或下决心时的勇敢、果断、坚毅，作为气质上的属性，无疑从多方面看是善的、值得希求的；但它们也可能成为极其恶劣和有害的，假如想运用这些自然禀赋并由此而将自己的特有性状称为性格（Charakter）的那个意志并不是善良的话。①

在这里可以看到，对康德而言，无论是知性、机智、判断力等能力，或者是勇敢、果断、坚毅等品格都不能被看作本身就是善的，除非运用这些能力或品格的意志是善的。对康德而言，真正意义上可以被称为善的东西只能是善良意志，这里所谓的意志实质上就是主体的内在动机。因而，在康德看来，善恶的问题总是涉及意志与动机，善恶的区分也必须从意志或动机加以理解。然而，在这里也可以看到，善良意志作为一种意志或动机，实质上是为了完成特定的目的而产生的。对康德而言，善良意志虽然是以善的行为本身为目的，但不难发现，善良意志或善的动机仍然是为了完成特定的目的而产生的。在这一层意义上，出于义务或为义务而义务的为善行为表现出一种有意为善的特点，而以完成道德义务而产生的意志或动机则是一种意向性②的意识，善的行为正是在这种意向性的意识的引导下完成的。

---

① ［德］康德：《道德形而上学奠基》，杨云飞译，邓晓芒校，人民出版社 2013 年版，第 11 页。值得一提的是，亚里士多德已经谈到"善良意志"的问题，并给予其很高的定位。他说："既然伦理德性是意志抉择的品质，那么，只有意志是善良的，那么理性的考虑必须是真实的，意志欲求必须是正当的，而且由理智思考所肯定的和由欲求所追求的，就必定是同一个东西。"（见［古希腊］亚里士多德《尼各马可伦理学》，第 208 页）

② 对康德而言，善之为善必须是建立在主体意志自觉的基础之上的。换言之，善之为善总是具有自由意志的主体自身有意而为的。当然不难理解，恶之为恶，也同样是主体有意而为的。在这一意义上讲，善与恶都是目的性的。本书将这种有意识、有目的的为善或为恶称之为意向性的。事实上，在康德那里，以及在古希腊以来的整个西方理性主义传统中，由于将主体之为主体理解为一种理性主体，因此，所谓善就必然只能是主体的有意为善，或者说，必然是意向性的。在苏格拉底所谓的"没有人有意为恶或无意为善"中已经可以看到意志自觉对善、恶的重要性。不难理解，从意向性或有意而为的角度所达成的对善、恶的理解构成了西方传统中对善、恶的主导性理解。需要指出的是，"意向性"这一来自于经院哲学的术语，自从布伦塔诺和胡塞尔哲学兴起之后，似乎已经成为现象学的专属之物，成为现象学"不可或缺的起点概念和基本概念"，它意味着意识作为一种心理现象而区别于物理现象所具有的本质特征在于，"所有的意识总是关于某物的意识"［参见倪梁康《胡塞尔现象学概念通释》，生活·读书·新知三联书店（转下页注）

与以康德为代表的西方近代道德哲学家们从意向性或有意而为的角度所达成的对善的行为的理解有所不同，在朱子看来，善的行为在其本源的意义上，从来不是主体有意而为的。这一点在他对《中庸》所说的"率性之谓道"的诠释中得到较为明确的体现：

> 率，循也。道，犹路也。人、物各循其性之自然，则其日用事物之间，莫不各有当行之路，是则所谓道也。①

这里"道"作为"日用事物之间"的"当行之路"必然更为具体地表现为外在的具体行为，这些日用常行之中的具体的善的行为，并不是主体有意而为的结果，在《中庸或问》中，朱子进一步指出：

> 率性之谓道，言循其所得乎天以生者，则事事物物，莫不自然各有当行之路，是则所谓道也。盖天命之性，仁、义、礼、智而已。循其仁之性，则自父子之亲，以至于仁民爱物，皆道也；循其义之性，则自君臣之分，以至于敬长尊贤，亦道也；循其礼之性，则恭敬、辞让之节文，皆道也；循其智之性，则是非、邪正之分别，亦道也。②

无论是父子之亲、君臣之分，还是仁民爱物、敬长尊贤；无论是恭敬、辞让，还是分别是非、邪正，都必然以具体的外在行为的方式表现出来——虽然不一定是肢体性的行为，也可以表现为言说行为。毋庸置疑，上述种种行为无疑是善的，值得注意的是，朱子并没有试图进一步追问这些行为背后的动机是否是善的。尽管如此但并不意味着这些行为背后没有主体的内在意识的参与。事实上，这里所说的"循其性之自然"正是前文所论的主体与外在情境的感通过程。正如前文所论，以

（接上页注②）2007 年版，第 251—252 页］。这里所使用的"意向性"一词，侧重于意志的方向性、指向性、主动性，并与目的性相关联，因此与现象学对这一术语的使用有所不同。值得一提的是，对意向性与行动之间的关联的分析也可以参看杨国荣著《人类行动与实践智慧》，生活·读书·新知三联书店 2013 年版，第 53—60 页。

① （宋）朱熹：《中庸章句》，《全书》第 6 册，第 32 页。
② 同上书，第 550—551 页。

仁义礼智之性为内在基础，主体与相应的外在情境的感通总是会产生相应的心理情感，具体表现为恻隐、羞恶、辞让、是非等四端之情。然而，四端之情作为一种心理情感，尚且停留于意识的层面，不过，一旦这种意识进一步地走出自身，便会表现为具体外在的行为。不难理解，由恻隐、羞恶、辞让、是非等意识所引发的善的行为并不是主体的一种目的，或者说，这种行为虽然发生了，但他并不是主体有意而为之的。正因如此，朱子说："率性之谓道"的"率"字"不是用力字"①，而不过是"循其自然之理尔"②。通过这一表述，朱子意在表明，亲亲、仁民、爱物、敬长、尊贤等具体的善的行为，并不是主体以此为目的而有意为之的，在本源的意义上，这些善的行为都是主体在恻隐、羞恶、辞让、是非等意识的引导下自然而然地做出的。正如前文所言，主体的外在行为与内在意识并不是截然分离的。从行为评价的角度看，亲亲、仁民、爱物、敬长、尊贤等具体的行为无疑都是道德的，因而是善的，因此，引发这些行为的意识自然也是善的意识。然而，在朱子那里，恻隐、羞恶、辞让、是非等意识并不是康德意义上的善良意志或善的动机，因为它不是以完成亲亲、仁民、爱物、敬长、尊贤等善的行为为目的而产生的③。这就需要追问这种善的意识从何而来？事实上，从前文对感通的分析不难看出，朱子认为，恻隐、羞恶、辞让、是非等善的意识正是以仁义礼智之性为内在感通能力的主体在与外在情境相遭遇的过程中自然而然生发出来的。这一点在如下的论述中也得到明确的体现：

> 盖四端之未发也，虽寂然不动，而其中自有条理、自有间架，不是儱侗都无一物，所以外边才感，中间便应。如赤子入井之事感，

---

① （宋）朱熹：《语类》卷62，《全书》第16册，第2017页。
② 同上。在类似的意义上，朱子还说："'率性之谓道'，非是人有此性而能率之乃谓之道，但说自然之理循将去，即是道耳。"[见（宋）朱熹《答黄子耕九别纸》，《文集》卷51，《全书》第22册，第2381页]
③ 从理论上看，意识与意志或动机具有本质的区别，简单地说，意志或动机也是意识，但意识却不一定是意志或动机。因此意志或动机总是主体为了完成某种特定的目的而产生的，但意识却不都与特定的目的相关联。

则仁之理便应，而恻隐之心于是乎形；如过庙过朝之事感，则礼之理便应，而恭敬之心于是乎形。①

由此可见，恻隐、羞恶、辞让、是非等善的意识作为主体外在情境感通的结果，并不是主体为了完成某种目的而产生的意志或动机，用朱子自己的话说，这"都是道理自然如此，不是安排"②。

对朱子而言，人的本性之所以是善的，正是因为主体内在地具有仁义礼智这种感通能力，而这种感通能力在与相应的外在情境相遭遇时能够自然而然地发出恻隐、羞恶、辞让、是非的善的意识，并进一步引导主体做出相应的善的行为。从意识与行为的关系的角度看，亲亲、仁民、爱物等善的行为是在恻隐、羞恶等善的意识的引导下做出的，在这一种意义上，恻隐、羞恶等善的意识具有更为根本的地位，但另一方面，恻隐、羞恶等意识之所以产生或出现，正是因为主体内在地具有仁义礼智之性。因此，作为情的恻隐、羞恶、辞让、是非既然是善的，那么也进一步表明人性必然是善的。由此可见，人性之所以是善的，正是从其现实的效用，或者说，从人性与外在情境感通后的现实的功能上看的。事实上，最早集中阐明性善之意的孟子即是从现实的效用或功能上来理解人性之善的。当孟子的弟子公都子对"性善"之说提出质疑时，孟子指出："乃若其情，则可以为善矣，乃所谓善也。"③ 孟子曾经在一段被广为引用的话中集中阐明了这一观念，他说：

---

① （宋）朱熹：《答陈器之二：问〈玉山讲义〉》，《文集》卷58，《全书》第23册，第2779页。

② 通过本章第一节的论述不难理解，这里的"道理"的实质内涵即是作为主体内在感通机制的仁义礼智之性，这点在这句话的完整表述中也可以看出："怵惕、恻隐、羞恶，都是道理自然如此，不是安排。合下制这'仁'字，才是那伤害底事，便自然恻隐。合下制这'义'字，才见那不好底事，便自然羞恶。这仁与义，都在那恻隐、羞恶之先。未有那恻隐底事时，已先有那爱底心了；未有那羞恶底事时，已先有那断制裁割底心了。"［见（宋）朱熹《语类》卷53，《全书》第15册，第1759页］

③ 这句话出自孟子与公都子的如下对话：公都子曰："告子曰：'性无善无不善也。'或曰：'性可以为善，可以为不善。是故文、武兴，则民好善；幽、厉兴，则民好暴。'或曰：'有性善，有性不善。是故以尧为君而有象；以瞽瞍为父而有舜；以纣为兄之子且以为君，而有微子启、王子比干。'今曰'性善'，然则彼皆非与？"孟子曰："乃若其情，则可以为善矣，乃所谓善也。若夫为不善，非才之罪也。"转引自（宋）朱熹《四书章句集注》，《全书》第6册，第398—399页。

第二章 人性与人伦日用的本体论基础

> 人皆有不忍人之心，先王有不忍人之心，斯有不忍人之政矣。以不忍人之心，行不忍人之政，天下可运于掌。所谓人皆有不忍人之心者，今乍见孺子将入于井，皆有怵惕恻隐之心，非所以内交于孺子之父母也，非所以要誉于乡党朋友也，非恶其声而然也。由是观之，无恻隐之心，非人也；无羞恶之心，非人也；无辞让之心，非人也；无是非之心，非人也。①

对孟子而言，"不忍人之心"，或者说，"怵惕恻隐之心"作为一种善的意识，可以进一步引发善的行动，但这种意识的产生并不是主体为了完成某种道德义务而产生的意志或动机，实质上是主体在遭遇孺子入井这一情境时自然而然、不由自主地产生的；换言之，这种怵惕恻隐之心的流露实质上是一种本能性的反应，它不涉及任何动机层面的东西。② 对孟子而言，怵惕恻隐之心，更进一步而言，羞恶之心、辞让之心、是非之心的产生或呈现，并不是主体有意而为之，它们是主体在遭遇"孺子将入于井"等情境时不由自主地流露出来的。虽然恻隐之心等仅仅是意识层面的，换言之，它还不是善的行为，但这种不由自主的善的意识（而不是善良意志）总是引导甚至迫使主体不得不采取行动，或者说，它与善良意志一样，具有进一步导向善的行为的功能③。而从前文所引的

---

① 引自（宋）朱熹《四书章句集注》卷3，《全书》第6册，第289—290页。
② 理论地看，出于动机与出于本能的最大不同在于，前者是出于理智的思考或反思的结果，而后者则是非反思的、前反思的。事实上，倪良康先生已经注意到孟子那里的恻隐、羞恶、辞让、是非之心的先天性、本能性，他进一步指出："证明这些能力不是后天培育的结果，而是与生俱来的禀赋的最简单办法，就是考察它们是否能够受到理智的控制。因为本能的特点就在它在任何思考和反思之前就已经开始活跃。例如，几乎没有一个正常人能够刻意地控制自己的脸红，这表明羞耻心是一种道德本能。"（参见倪良康《心的秩序》，江苏人民出版社2010年版，第66页）在这一意义上，不难发现，既然不是出于为了完成某种特定目的而产生的意志或动机，那么这种"不忍人之心"只能是出于本能。事实上，孟子曾经指出："人之所不学而能者，其良能也；所不虑而知者，其良知也。"［见（宋）朱熹《四书章句集注》，《全书》第6册，第430页］那种在突发性情景下产生的"不忍人之心"或"怵惕恻隐之心"，正是一种"不学而能""不虑而知"的良知、良能，而良知、良能正是本能的另一种表达。
③ 当然，四端之情作为一种意识，虽然可以进一步导向行动，但也不是必然导向行动。这一点后文还将进一步论及。

"恻隐之心，仁之端也；羞恶之心，义之端也；辞让之心，礼之端也；是非之心，智之端也"这一表述中，不难理解，对孟子而言，恻隐、羞恶、辞让、是非作为一种经验性的意识（即良知），正是仁义礼智（即良能）的现实功能。因此，在孟子看来，人性本善正是体现在其现实功能之中，这也正是"乃若其情，则可以为善矣，乃所谓善也"的实质内涵所在。

事实上，朱子对人性之善的理解与孟子是一致的，在注释"乃若其情，则可以为善矣，乃所谓善也"时，朱子指出："情者，性之动也。人之情，本但可以为善，而不可以为恶，则性之本善可知矣。"① 而在与湖湘学者的讨论中，朱子进一步提出："盖孟子所谓性善者，以其本体言之，仁义礼智之未发者是也。所谓可以为善者，以其用处言之，四端之情发而中节者是也。"② 概言之，仁义礼智作为一种主体内在感通能力是性，而四端之情则是仁义礼智之性的发用。由于以仁义礼智之性为基础，主体在与相应情境感通的过程中没有任何意志、动机的因素，因此对性善的理解就只能"以其用处言之"，即从其现实的效用或功能来看：主体既然能够在遭遇孺子入井等相应情境时不由自主地流露出恻隐、羞恶等善的意识，并进一步引发善的行为，这就表明人性是善的③。换句话说，

---

① （宋）朱熹：《四书章句集注》，《全书》第6册，第399页。
② （宋）朱熹：《答胡伯逢》，《文集》卷46，《全书》第22册，第2151页。
③ 不难发现，朱子展现了一种与以康德为代表的有意为善或意向性的为善截然不同的对善的理解。本书将这种非意向性的为善称之为感发性的，以区别于前面所论的，以希腊理性传统为代表的意向性的为善观念。事实上，在康德那里，主体的有意为善是建立在将主体理解为一种单纯的理性主体的前提之下的，而对朱子而言，主体能够真正称之为"主"体，固然内在地具有理性，但主体作为一个具体存在者，却并不能仅仅在理性存在的意义上加以理解，而是内在地具有感通能力。与此相应，主体的为善，也就不能简单地在意志自觉的基础上加以理解（在朱子那里去恶固然也是一种为善，但这种建立在意志自觉意义上的去恶为善并不是本源意义上的为善），而是还有那种非主体自身所能做"主"的层面。因为人性与外在情境的感通并不是主体所能控制的。事实上，在西方哲学传统中虽然从意向性的角度来理解善占据了主流地位，但当莱维纳斯说"谁也不是主动为善的"[［法］莱维纳斯：《异于是，或在是其所是之外（续）》，伍晓明译，《世界哲学》2007年第4期]时，他已经在观念上接近了朱子（当然还有孟子等儒家主流传统）对性善的理解，因为在莱维纳斯那里"谁也不是主动为善"作为对理性主义传统中所标榜的"主体性"的消解，内在地包含着对从意向性来理解为善这一西方主流传统的消解。莱维纳斯的上述观念在他的"面容伦理"理论中得到了更为系统的阐发。参见［法］莱维纳斯《面容与伦理》，朱刚译，《思想与文化》2008年第1期。

正是因为人之性是善的，主体才会在遭遇孺子入井等相应情境下发出四端之情；也正是因为四端之情能够与善良意志一样进一步导向善的行为，因此才可以说性是善的。正如朱子自己所言："性不可说，情却可说。所以告子问性，孟子却答他情。盖谓情可为善，则性无有不善。"①然而，正如前一节所论，在朱子看来，性与情之间的差异，实质上不过是主体内在的感通能力与这种能力的现实发用之间的差异，二者之间并非"异质的两物"，因此情的"可以为善"实质上也就是性"可以为善"，因为"盖性之与情，虽有未发已发之不同，然其所谓善者，则血脉贯通，初未尝有不同也"②。正是在这一层意义上，在前文所引的"循其仁之性，则自父子之亲，以至于仁民爱物，皆道也；循其义之性，则自君臣之分，以至于敬长尊贤，亦道也；循其礼之性，则恭敬、辞让之节文，皆道也；循其智之性，则是非、邪正之分别，亦道也"这一表述中，朱子就没有提到恻隐、羞恶、辞让、是非之情，而直接将亲亲、敬长、尊贤等具体行为与仁义礼智之性关联起来。不难理解，对朱子而言，正是主体内在的仁义礼智之性构成了主体在人伦日用之中能够随感而应地做出亲亲、敬长、尊贤、仁民、爱物等具体的善的行为的本体论基础。

在朱子看来，仁义礼智之性固然可以感而发为恻隐、羞恶、辞让、是非之情，并进一步引发亲亲、仁民、爱物、敬长、尊贤等具体的善的行为，虽然，对朱子而言，后一个步骤并不具有必然性③，但是这并不能否定人性本身的善。这是因为由主体与相应情境感通所产生的善的意识虽然会受到抑制而没有进一步转化为善的行为，但这种善的意识的产生本身是不可遏止的，借用朱子自己的话说，这种善的意识的产生是"发之人心而不可已"的：

问："如何是'发之人心而不可已'？"曰："见孺子将入井，恻

---

① （宋）朱熹：《语类》卷57，《全书》第15册，第1881页。
② （宋）朱熹：《答胡伯逢》，《文集》卷46，《全书》第22册，第2151页。
③ 在本书第三章将指出，这一断裂主要是人欲对人性功能的抑制造成的。

隐之心便发出来，如何已得。此样说话，孟子说得极分明。世间事若出于人力安排底，便已得；若已不得底，便是自然底。"①

"出于人力"的实质内涵在于主体运用理性进行分析、反思、安排，因此会涉及主体的动机、意志和目的。这种"出于人力"的动机或意志具有"已得"的特点，也就是可以被中止、排除。然而对于朱子而言，四端之心的流露则是仁义理智之性与相应情境感通的结果。这里虽然没有主体自身意志、动机等的参与，然而它的发用是"不可已""已不得"，换言之，是不可遏制的，因此主体的理性的计较、考量也就不能对它的产生与否发生作用。在这一意义上，不难理解，善的意识虽然并不必然转化为善的行为，但作为主体与外在情境感通的结果，这种意识的产生本身却是具有必然性的②。事实上，陈淳在与朱子的通信中曾经明确地从必然性的角度谈到了这一点，他说："赤子之入井，见之者必恻隐。盖人心是个活底，然其感应之理必如是，虽欲忍之，而其中惕然有所不能以已也。不然，则是槁木死灰，理为有时而息矣。此必然处也。"③ 由此可见，对朱子而言，由于恻隐、羞恶等意识与现实的具体行为之间的转化没有必然性，对人性之善就不能从现实行为的善去加以理解，但恻隐、羞恶、辞让、是非等善的意识是一旦主体与相应的情境相感通就会必然出现的，是不容已的，从而是具有必然性的。因此对人性之善的理解虽然只能从恻隐、羞恶等善的意识（即情）的角度

---

① （宋）朱熹：《语类》卷59，《全书》第16册，第1757页。
② 叔本华曾经对康德提出批评，他指出，主体的理性并不能保证善良意志的必然性，因为"最有理性的方式，就是说，根据科学地推导的结论，斤斤计较掂量；可是却遵循最自私、不公正和甚而邪恶的格律"（[德]叔本华：《伦理学的两个基本问题》，任立、孟庆时译，商务印书馆1996年版，第172页）。正如前文所指出的，对于康德而言，为义务而义务，或者有意为善，借用朱子的话说，是"出于人力"的，即出于人的理性的，但这种出于人的理性安排、计较所提供的动机总是与特定的目的考量相关。然而，一方面，如果没有目的的指引，它就不会产生；另一方面，如果达不到特定目的，这种动机就会被中止、排除。因此善良意志或善的动机并不具有必然性。
③ （宋）朱熹：《答陈安卿三》，《文集》卷57，《全书》第23册，第2736页。

来理解①。但这种善的意识的不容已即足以表明人性是"可以为善"的，或者说，即足以表明人的本性是善的。正如朱子所言："善言性者，不过即其发见之端而言之，而性之理因可默识矣。如孟子之论四端是也。观水之流而必下，则水之性下可知；观性之发而必善，则性之理善亦可知也。"② 这就意味着，虽然从恻隐、羞恶等善的意识到具体的善的行为的转化没有必然性，但人的本性是"可以为善"的，则是一个本体论的事实。

---

① 事实上，在朱子那里存在着一种"因情以知性"的言说人性的思路。其具体思路表现为：虽然人性（仁义礼智之性）的实在性构成了四端之情的存在根据，但四端之情经验性却构成了人性实在性的认识根据；进一步而言，人性之善构成了四端之善的存在根据，而四端之善也构成了人性之善的认识根据。这在"有这性，便发出这情；因这情，便见得这性。因今日有这情，便见得本来有这性"〔（宋）朱熹：《语类》卷5，《全书》第14册，第224页〕以及"性不可言。所以言性善者，只看他恻隐、辞逊四端之善则可以见其性之善，如见水流之清，则知源头必清矣。四端，情也，性则理也。发者，情也，其本则性也，如见影知形之意"〔（宋）朱熹：《语类》卷5，《全书》第14册，第224页〕等表述中都可以看到，朱子的学生将朱子的上述思路概括为"因情以知性"〔（宋）朱熹《语类》卷95，《全书》第17册，第3192页〕。事实上，不可否认，从第一章的论述中可以看到，朱子通过理气论的方式所展开的对佛教性空论的批判与人性实在性的论证，虽然包含着丰富的哲学内涵，但不可避免地具有某种玄思的色彩，特别是对五性（仁义礼智信）与五行之间关系的论述，有着鲜明的独断论的色彩，很难为现代的理性心灵所接纳（参见冯契《中国古代哲学的逻辑发展》（下）第6节，《冯契全集》第6卷，华东师范大学出版社2016年版）。而由"因情以知性"所达成的对人性实在性的论证，由于情的可感知的特点而总是显得亲切而真实。正是在这一层意义上，朱子指出："四端之未发也，所谓浑然全体，无声无臭之可言、无形无象之可见，何以知其粲然有条如此？盖是理之可验，乃依然就他发处验得。凡物必有根本，性之理虽无形，而端之发最可验。故由其恻隐所以知其有仁，由其羞恶所以知其有义，由其恭敬所以知其有礼，由其是非所以知其有智。使其本无是理于内，则何以有是端于外？由其有是端于外，所以必知有是理于内而不可诬也。故孟子言'乃若其情，则可以为善矣，乃所谓善也'，是则孟子之言性善，盖亦遡其情而逆知之耳。"〔（宋）朱熹：《答陈器之二：问〈玉山讲义〉》，《文集》卷58，《全书》第23册，第2779页〕这里的"遡其情而逆知之"正是"因情以知性"的另一种表达。实际上，这一"因情以知性"的思路在二程所谓的"因其恻隐，知其有仁"〔引自（宋）朱熹《语类》卷20，《全书》第14册，第691页〕这一表述中已经得到体现。在这里也可以看到，在二程和朱子那里，由"因情以见性"所达成的对人性的理解与思考，具有某种现象学的意味。事实上，倪梁康就曾经通过现象学的方式对作为道德能力的同情之心、羞恶之心、恭敬之心、是非之心作了考察（参见倪梁康《心的现象：一种现象学心学研究的可能性》第7—10章，江苏人民出版社2010年版）。虽然倪氏没有像朱子那样分性与情，但正如前文所言，朱子那里的性与情就其内涵而言是一致的，情是性在经验层面的显现，正与现象学所谓的"显示自身"是一致的。相关的讨论，参考拙文《因情以知性：朱子的性情之辨及其对人性实在性的论证》，《陕西师范大学学报》2018年第2期。

② （宋）朱熹：《明道论性说》，《文集》卷67，《全书》第23册，第3276—3277页。

从以上分析可以明确地看到，在朱子看来，对人性的理解不能脱离其具体内容，换言之，所谓人性本善实质上是作为人性具体内容的仁义礼智之性具有"可以为善"①的必然性。事实上，所谓人性，作为一个概念，不过是一种命名，而命名总是"制名以指实"（借用荀子的用语）的结果。因此在中西哲学史上，不同的学派往往将主体内在能力不同的层面称之为人性。无论是"食色性也"，还是"人是语言的动物""人是理性的动物"等，都是将主体的某种能力——饮食男女的能力、语言能力或理性能力等——看作人性，或者说，命名为人性。事实上，将主体内在的何种能力称之为人性，实际上是对这种能力的强调，而之所以要强调这种能力，又是与这种能力的功能性意义有关的。在朱子看来，之所以将作为主体内在感通能力的仁义礼智看作人性，是因为这种能力"可以为善"，而其他的能力则不能为善或者自身不能为善。这在朱子对禅学所谓的"作用是性"的批判中可以看得更为清楚。

事实上，上一节已经涉及朱子对"作用是性"的批判，但之前的批判主要侧重于"作用是性"这一命题而没有能够很好地对性与情——即主体的内在能力与这种能力的现实发用——作出恰当的区分，从而有导向性空论的理论危险。这一批判虽然重要，但并没有涉及朱子批判"作用是性"的核心问题。当然，为了更好地理解朱子对"作用是性"的批判，就必须弄清楚作用是性的具体内涵及其功能。所谓"作用是性"，其具体内涵是"在目曰见，在耳曰闻，在鼻嗅香，在口谈论，在手执捉，在足运奔"②，这意味着，对禅学而言，人性是视、听、言、动等活动。从理论上看，任何活动都以主体内在的能力为根据，否则这种活动也就不再可能。事实上，朱子也明确意识到这一点，因此他进一步指出："佛氏则只认那能视、能听、能言、能思、能动底，便是性。"③可以看到，

---

① 正是在这一意义上，朱子对韩愈所谓的"人之为性者五，曰仁义礼智信"之说表示赞赏，他说："韩文公云人之所以为性者五，其说最为得之。"［见（宋）朱熹：《玉山讲义》，《文集》卷74，《全书》第24册，第3588页］个中缘由即在于，这里对人性的理解就是从其具体内容来说的，而不是空洞地言说人性。
② （宋）朱熹：《语类》卷126，《全书》第18册，第3941页。
③ 同上书，第3939页。

视听言动等活动正是以主体内在的"能视、能听、能言、能思、能动"的能力为内在根据的。由此就不难理解，朱子对"作用是性"的批判，其中的关键不在于禅学思想没有能够很好地区分出主体内在能力与这种能力的现实发用，而是另有所指。而在"佛氏则只认那能视、能听、能言、能思、能动底，便是性"这一表述中，朱子已经表明，"作用是性"这一命题的关键在于，在禅学那里，主体内在的视、听、言、动等能力被看作人性的具体内涵。而正如前文指出的，在朱子看来，人性的具体内容则是作为感通能力的仁义礼智。因此朱子与禅学对人性的理解就具有了根本性的差别，这一差别如下表所示。

	朱　子	佛　教（禅学）
人性	感通能力（仁义礼智）	视听言动能力

不难看出，无论是作为感通能力的仁义礼智，还是视听言动的能力，都是主体内在的能力。从形式上看，就其作为主体的内在能力而言，二者并没有根本的差别。因此，其中的差别在于其具体内容不同，即：在朱子那里，人性是仁义礼智之性，而在禅学那里，人性则是视听言动的能力。然而，要想更为明确地弄清朱子何以反对"作用是性"，就必须从二者的功能上看。正如前文所指出的那样，仁义礼智作为主体内在的感通能力，其根本性的功能就在于它"可以为善"。就这一点而言，视听言动能力与作为感通能力的仁义礼智之性具有根本性的不同。正如前文所指出的，仁义礼智之性感而发为四端之心，而四端之心还只是意识层面的事物，意识向行为的转化，需要借助于视听言动的能力才能够完成。因此，视听言动能力实质上是工具性的，在善的意识的引导下，它可以完成善的行为；但另一方面，视听言动能力在恶的意识的支配下，它也可以完成恶的行为。正是在这一意义上，朱子说"且如手执捉，若执刀胡乱杀人，亦可为性乎！"[①] 由此可见，视听言动的能力作为一种工具性的存在本身是无所谓善也无所谓恶的，或者说，是既可以用来为善，也可以用来为恶的，借

---

① （宋）朱熹：《语类》卷126，《全书》第18册，第3941页。

用朱子本人的话说，这些能力实际上是"无星之秤，无寸之尺"①，它自身没有准则，没有方向。因此，朱子进一步指出：

> 儒者则全体中自有许多道理，各自有分别，有是非，降衷秉彝，无不各具此理。他（指禅学。——引者注）只见得个浑沦底物事，无分别，无是非，横底也是，竖底也是，直底也是，曲底也是，非理而视也是此性，以理而视也是此性。少间用处都差，所以七颠八倒，无有是处。②

不难理解，朱子之所以反对将视听言动等能力看作人性，就在于这些能力本身并不"可以为善"，而只是一种工具性能力，它们可以接受四端之心或善良意志的引导而为善，也可以受到主体自身的自私自利的动机、欲望的支配而为恶③。概言之，所谓"作用是性"中的性，就其自身的功能而言，是不可以"为善"的④。

---

① （宋）朱熹：《语类》卷126，《全书》第18册，第3940页。
② 同上书，第3942页。
③ 值得一提的是，朱子曾经批评陆九渊是禅学，也是因为陆氏的一些言论与禅学"作用是性"的观念相一致，如陆九渊曾经对曾祖道说："目能视，耳能听，鼻能知香臭，口能知味，心能思，手足能运动，如何更要甚存诚持敬，硬要将一物去治一物？须要如此做甚？咏归舞雩，自是吾家风。"上述说法与禅学所谓的"作用是性"的观念在内涵上极其相近。事实上，曾祖道已经意识到，如果按照陆九渊的上述说法，则将导致"猖狂妄行"，其中的根源就在于视、听、嗅、味、手足运动能力等本身并不"可以为善"，正是在这一意义上，朱子对陆九渊的上述说法评价道："陆子静所学，分明是禅。"［见（宋）朱熹《语类》卷116，《全书》第18册，第3665页］
④ 正如前文所言，主体将什么看作人性实质上是一种强调，在朱子看来，将仁义礼智之性看作人性实质上就是对仁义礼智之性的为善能力的一种强调。而不将视听言动的能力看作人性则是因为这种能力是工具性，其自身是不能为善的。但这并不意味着，视听言动的能力不是主体内在的、固有的能力。在朱子那里，凡是出于先天的、内在固有的能力，都可以称之为性。在这一意义上，即便告子所谓的"食色性也"也是可以成立的。但食色与视同言动一样，其自身也是不能为善的。因此朱子不会将其"看作"人性。正因如此，朱子指出："大凡出于人身上道理，故皆是性。色固性也，然不节之以礼，制之以义，便是恶。故孟子于此只云'君子不谓性'，其语便自无病。"［（宋）朱熹：《语类》卷83，《全书》第17册，第2859页］"大凡出于身上道理"，即是说这种能力是主体先天内在固有的，在这一意义上，都可以称之为性，即本性，但正如孟子所说，"君子不谓性也"，就在于主体不将其"看作"人性，实质上也就是不强调、不重视它，而之所以不重视，就在于就其功能而言不可以为善，故而在价值上不值得重视。

第二章 人性与人伦日用的本体论基础

从以上分析可以看到，朱子之所以反对将视听言动等能力看作人性的内容，关键就在于，与仁义礼智之性的"可以为善"不同，视听言动等能力不过是工具性的，其自身并不具备"可以为善"的特性。也正是从不"可以为善"的角度，朱子对程门高足谢良佐"以知觉言仁"展开了批判。众所周知，朱子认为，仁义礼智之性可以被更为集中地概括为"仁"①。然而，作为儒学的一个根本性概念，自孔子以来仁的内涵究竟是什么却并不明确。作为理学思潮的先驱，唐代的韩愈曾经提出了"博爱之谓仁"② 这一命题。但程颐曾经对韩愈的这一命题提出批评，指出："爱自是情，仁自是性，岂可专以爱为仁？"③ 在朱子看来，程颐区分仁与爱，正是鉴于"由汉以来，以爱言仁之弊，正为不察性、情之辨，而遂以情为性尔"④。而这又与前文所论的禅学"作用是性"这一观念所带来的挑战有关：它一方面没有区分出能力与其发用的差异，另一方面，也内在地以性空论作为其理论根基。因此，程颐区分仁与爱，正是建立在性情之辨的问题意识的基础上的。但在程门后学那里，由于不明白程颐

---

① 这一概括是通过"仁包四德"这一命题得以完成的。"仁包四德"这一命题首先是由程颐提出的。程颐在注释《周易》中的"大哉乾元，万物资始，乃统天"时指出："大哉乾元，赞乾元始万物之道大也。四德之元，犹五常之仁，偏言则一事，专言则包四者。万物资始乃统天，言元也。乾元统言天之道也。天道始万物，物资始于天也。"（见程颐《周易程氏传》卷1，见《二程集》下册，第697页）"仁包四德"可以被看作对这里的"四德之元，犹五常之仁，偏言则一事，专言则包四者"的一个概括。而朱子在《仁说》中对程颐上述论述作进一步发挥："天地以生物为心者也。而人物之生，又各得夫天地之心以为心者也。故语心之德，虽其总摄贯通，无所不备，然一言以蔽之，则曰仁而已矣。请试详之：盖天地之心，其德有四，曰元亨利贞，而元无不统；其运行焉，则为春夏秋冬之序，而春生之气无所不通。故人之为心，其德亦有四，曰仁义礼智，而仁无不包；其发用焉，则为爱恭宜别之情，而恻隐之心无所不贯。故论天地之心者，则曰'乾元'、'坤元'，则四德之体用不待悉数而足；论人心之妙者，则曰'仁，人心也'，则四德之体用亦不待遍举而该。盖仁之为道，乃天地生物之心即物而在。情之未发而此体已具，情之既发而其用不穷。诚能体而存之，则众善之源，百行之本，莫不在是。此孔门之教所以必使学者汲汲于求仁也。"[见（宋）朱熹《仁说》，《文集》卷70，《全书》第23册，第3279—3280页] 上述论述包含着很多复杂的层面，本书不拟详细地展开，但有一点可以看到，无论是对程子还是对朱子而言，上述论述所要传达的核心内涵即在于对孔子所强调"仁"这一儒学根本观念的回归和接续。

② （唐）韩愈：《原道》，见《韩愈全集·文集》卷1，第120页。

③ （宋）程颢、程颐：《河南程氏遗书》卷18，《二程集》上册，第182页。

④ （宋）朱熹：《答张钦夫四十四又论仁说一》，《文集》卷32，《全书》第21册，第1412页。

上述区分的问题意识，反而认为爱与仁没有任何关系，于是仁的内涵为何就成为一个重要的问题。这突出地体现在程门高足谢良佐那里。谢良佐曾经指出：

> 心者，何也？仁是已。仁者何也？活者为仁，死者为不仁。今人身体麻痹不知痛痒谓之不仁。桃杏之核可种而生者谓之仁，言有生之意。推此，仁可见矣。①

又说：

> "出辞气"者，犹佛所谓从此心中流出。今人唱一诺，不从心中流出，便是不识痛痒。古人曰："心不在焉，视而不见，听而不闻，食而不知其味。"不见、不闻、不知味，便是不仁，死汉不识痛痒了。又如仲弓"出门如见大宾，使民如承大祭"，但存得"如见大宾""如承大祭"底心在，便是识痛痒。②

朱子曾经对谢氏的上述观念做出如下评价："盖其论仁，每以活者为训，知见为先。"而"原其所以然者，盖亦生于以觉为仁，而谓爱非仁之说耳"③。正是在这一层意义上，朱子更为明确地将谢氏对仁的理解概括为"以知觉言仁"④。"以知觉言仁"则意味着仁不过是身体的知觉感受能力，所谓"活者为仁，死者为不仁"以及"识痛痒"等说法正是在这一意义上说的。但知觉感受能力与视听言动能力一样，其自身都是不可以"为善"的。事实上，正如朱子所指出的那样，"唤着不应，抶着不

---

① 见（清）黄宗羲原著、（清）全祖望补修《宋元学案》第 2 册，卷 24，《上蔡学案》，第 917—918 页。
② 同上书，第 920—921 页。
③ （宋）朱熹：《论语或问》，《全书》第 6 册，第 684 页。需要指出的是，在"以活者为训，知见为先"这一观念中，"活者为训"涉及对仁的内涵的理解，而"知见为先"则涉及以"活者为训"所导致的工夫进路的问题。关于此书后文还会进一步论及，这里只侧重"以活者为训"这一方面。
④ （宋）朱熹：《语类》卷 101，《全书》第 17 册，第 3366 页。

痛,这个是死人,固是不仁",但是"唤得应,抉着痛,只这便是仁,则谁个不会如此?"① 对朱子而言,知觉感受能力是每个(活着的)人都具有的,但这种"唤得应,抉着痛"的知觉感受能力既不能提供四端之心那种"可以为善"的善的意识,也不能提供善良意志,因此其自身是不可为善的。因此,主体的知觉感受,并不是真正的仁。正是在这一层意义上,朱子指出:"程子曰:'仁,性也;爱,情也。岂可便以爱为仁?'此谓不可认情为性耳,非谓仁之性不发于爱之情,而爱之情不本于仁之性也。"② 正是在上述背景下,朱子提出"仁者,爱之理"这一命题,它意味着爱虽然不能等同于仁,但它确是根源于仁,虽然不能说"博爱之谓仁",但爱与仁之间也并非"判然离绝而不相管"③,因为"爱乃仁之已发,仁乃爱之未发"④。进一步而言,在朱子那里,"仁主于爱,便有爱亲,爱故旧,爱朋友底许多般道理"⑤,换言之,这种爱不是一种自爱,而是爱人,而这种能够"爱亲、爱故旧、爱朋友"等的爱正是建立在作为主体内在能力的仁的基础上的。不难理解,朱子与谢良佐之间的根本区别就在,对朱子而言,仁是主体内在的爱的能力⑥,而知觉不过是一种形式性的身体感知。正如朱子所言:"仁是有滋味底物事,说做知觉时,知觉却是无滋味底物事。仁则有所属,如孝弟、慈和、柔爱皆属仁。"⑦ 概言之,主体内在感通能力的仁"可以为善",而知觉却不能"为善"。

通过以上分析,不难发现,在朱子看来,无论对性善之意的正面阐发,还是对禅宗"作用是性"以及谢良佐"知觉为仁"的侧面批判,

---

① (宋)朱熹:《语类》卷101,《全书》第17册,第3366页。
② (宋)朱熹:《答张钦夫四十论仁说》,《文集》卷32,《全书》第21册,第1410页。
③ (宋)朱熹:《仁说》,《文集》卷67,《全书》第23册,第3280页。
④ (宋)朱熹:《语类》卷117,《全书》第18册,第3680页。
⑤ (宋)朱熹:《语类》卷20,《全书》第14册,第688页。
⑥ 这里所谓的爱在其本源的意义上也就是前文一再提到的恻隐之心,这在前一节的一个注释中所引"恻隐本是说爱,爱则是说仁"[(宋)朱熹:《语类》卷53,《全书》第15册,第1763页]这一论述已经涉及。需要进一步指出的是,爱在朱子那里并不完全是在恻隐之心的意义上说的,作为没有意志自觉的恻隐之心而言,爱还可以在意志自觉的意义上说。
⑦ (宋)朱熹:《语类》卷68,《全书》第16册,第2280页。

都是立足于以仁义礼智为具体内容的人性"可以为善"的。进一步而言，如果说对性善之意的阐发和对"作用是性"的批判是对孟子所确立的性善论这一儒家核心命题的接续，那么，对"知觉为仁"的批判，以及对仁与爱之间关系的揭示，则构成了对孔子所确立的儒家"仁道原则的重建"①。当然，这一重建也进一步确立了孟子所提出的"性善论"与孔子所提出的"仁爱"原则在道统意义上的思想关联。

第三节 人伦之理：人伦秩序及其内在法则

如前所论，在朱子看来，以"道"的形式呈现出来的善的行为在本源上虽然都是"循性之自然"，但它在具体的情境或场合下总是以不同的形式表现出来——无论是父子之亲、君臣之义，还是仁民爱物、敬长尊贤等，无不是道的具体形式。在这一层意义上，对朱子而言，仁义礼智之性虽然是主体的内在本性、内在能力，但以仁义礼智之性为内在基础的道却与君臣、父子等具体的人伦关系具有密不可分的关联。正是在这一层意义上，朱子将"道"称之为"君臣、父子、夫妇、昆弟、朋友当然之实理"，并与那种追求"清净寂灭"而灭弃人伦的释氏之道区分开来②。事实上，正如前文所言，朱子之所以对作为主体内在感通能力的仁义礼智之性加以强调，并进一步将其称之为人性，而反对禅学将视听言动等能力作为人性，正是因为仁义礼智之性是"可以为善"的，而在这里可以进一步看到，对朱子而言，这种"可以为善"的更为具体的内涵就在于，仁义礼智之性构成了主体人伦日用的内在基础。不难理解，朱子认为，对仁义礼智之性的强调与对人伦的关注具有密切的关系，或者说，朱子之所以要在理论上回应佛教性空论的挑战，其更为深层的背景

---

① "仁道原则的重建"是借用杨国荣老师的说法。关于理学对仁道原则的重建可以参看杨国荣《善的历程：儒家价值体系研究》，华东师范大学出版社2009年版，第251—261页。
② 朱子的原话为："吾之所谓道者，君臣、父子、夫妇、昆弟、朋友当然之实理也。而彼之所谓道，则以此为幻妄而绝灭之，以求其所谓清净寂灭者也。"这里的"彼"指释氏，也就是佛教。见（宋）朱熹《论语或问》，《朱子全书》第6册，第684页。

第二章　人性与人伦日用的本体论基础

即在于人性（即仁义礼智之性①）对于人伦秩序的重要性。事实上，对朱子而言，如果说人性构成了主体的内在本质，那么人伦则构成了主体外在的存在秩序，换言之，人性与人伦都是人之为人的基本因素，正是在这一层意义上，朱子指出：

> 自天之生此民，而莫不赋之以仁、义、礼、智之性，叙之以君臣、夫子、兄弟、夫妇、朋友之伦，则天下之理，固已无不具于一人之身矣。②

上述表达所要传达的核心内涵在于，无论是人性还是人伦都构成了人之为人的基本层面、基本因素。因此，对朱子而言，任何单纯从人性或人伦方面所达成的对人之为人的理解都是不全面的。然而，在前章与本章的论述中，可以看到，相对于人伦而言，朱子似乎对人性更为关注。但问题的实质是，朱子对人性的关注仍然是以一种潜在的方式关注人伦，因为"道之在天下，其实原于天命之性，而行于君臣、父子、兄弟、夫

---

① 在朱子那里，由于对仁义礼智之性的强调，性或人性成为仁义礼智的专有之名，而主体内在的其他能力都不能称之为人性。事实上，正如本书一再指出的，在古典汉语中，性的实质内涵是能，而能总是本能，即本有的、固有的，也就是先天的，因此将主体生来就有的视听言动能力、饮食男女能力称之为性或人性也未尝不可——这就是"作用是性""食色性也"在众多学者那里一再被提出的根源所在。但对朱子而言，无论是"作用是性"之性，还是"食色性也"之性，与仁义礼智之性的根本区别就在于后者"可以为善"。故而，朱子将人性作为仁义礼智之性的专名，实质上是一种强调。而不是否认人内在地具有视听言动、饮食男女等能力。需要进一步指出的是，出于行文与说理的方面，本书在后文涉及仁义礼智之性时往往直接称之为性或人性。

② （宋）朱熹：《经筵讲义》，《文集》卷15，《全书》第20册，第691页。类似的表达还有很多，如："人之有是生也，天固与之以仁义礼智之性，而叙其君臣父子之伦"［见（宋）朱熹《行宫便殿奏札二》，《文集》卷14，《全书》第20册，第668页］；"天生斯人，而予之以仁、义、礼、智之性，而使之有君臣、父子、兄弟、夫妇、朋友之伦，所谓民彝者也。"［（宋）朱熹：《南剑州尤溪县学记》，《文集》卷77，《朱子全书》第24册，第3718—3719页］这类表述所要表达的实质内涵就在于，一方面人性与人伦构成了人之为人的基本层面、基本事物，另一方也表明，人性与人伦构成了朱子哲学的双重关注之点，虽然朱子对人伦的直接阐发不多，但事实上，他对人性的阐发正是以人伦为潜在背景的，因为人性构成了人伦日用的基础。进一步而言，在后文中还可以看到，朱子从工夫论意义上所说的人格的成就等都以人伦为关注背景，因为人性作为人伦日用的基础还只是一种潜能，而人格的成就正构成了人伦秩序的合理、有序的现实基础。

妇、朋友之间"①。

然而，正如本书第一章所论，在当时思想界具有重要影响的佛学思想将自己的观点奠基在将"一切作空看"的前提之下，这不仅意味着人性是空的，而且也同样意味着作为人之为人根本存在方式的人伦也是虚幻不实的，它的存在不过是因缘和合而生，没有普遍的必然性。但在朱子看来，作为存在秩序的人伦实质上是一种本源性的存在秩序，它具有先天的特点，而非主体自身出于特定目的、需要后天人为建构的结果，因此人伦是具有普遍必然性的存在秩序。正是立足于上述观念，朱子曾经将人伦称之为"天叙"，他说：

> 天降生民，厥有常性。仁义礼智，父子君臣。爰及昆弟、夫妇、朋友。是曰天叙，民所秉彝。②

天叙之"叙"在一般意义上涉及人与人之间的关系，它的实质内涵则涉及存在秩序、存在方式③。毋庸置疑，在中国古典哲学中，一旦上升到"天"的高度，就充分表明了这种秩序的本源性。这是因为，"天叙"之"天"作为一种修饰性的表达，是建立在对主体权能的界限的洞察之上，即它意味着这样一种存在秩序不是出于主体自身的思虑、营为、造作的结果，换言之，它不是出于主体的后天人为建构④。在这一意义上，人伦秩序作为一种本源性的存在秩序就具有普遍、必然的特点。当然，这样一种观念在一定程度上会受到常识的挑战：说父子、兄弟之伦没有

---

① （宋）朱熹：《徽州婺源县学藏书阁记》，《文集》卷78，《全书》第24册，第3734页。这里的"天命之性"即是仁义礼智之性，至于何以将仁义礼智之性称为天命之性，后文有进一步的阐发。

② （宋）朱熹：《静江府虞帝庙碑》，《文集》卷88，《全书》第24册，第4099页。

③ 朱门弟子蔡沈曾经指出，"叙者，君臣、父子、兄弟、夫妇、朋友之伦叙"（见蔡沈《书集传》，凤凰出版社2010年版，第30页），在古典汉语中"伦"既以人与人之间的关系为内涵，又涉及条理、秩序问题，如伦次、伦类等。而"叙"的一个基本内涵就是次序、秩序，如"与四时合其叙"中的叙。因此，作为"伦叙"的君臣、父子、兄弟、夫妇、朋友在实质的层面就涉及存在秩序、存在方式。

④ 这里实际上涉及朱子哲学中的天人之辨，出于行文的需要，本书将在第三章才对这一点进行展开。

人为的因素留存其间尚且易于为人们所接受，毕竟谁也不能选择自己的父亲，也同样不能选择自己的儿子、兄弟；但说君臣、夫妇、朋友之伦也同样没有人为的因素，则令人费解，即便君臣之伦不说，至少夫妇、朋友都是可以人为选择的。事实上朱子已经注意到这一点，因此他说：

> 人之大伦，其别有五，自昔圣贤皆以为天之所叙，而非人之所能为也。然以今考之，则惟父子、兄弟为天属，而以人合者居其三焉。是则若有可疑者。①

正如前文所言，谁也不能选择自己的父亲、儿子与兄弟，在这一层意义上，父子、兄弟之伦无疑是"非人之所能为"者，属于"天属"，自当无疑；但君臣、夫妇、朋友之伦则是"以人合"的，即这种伦常关系中的具体对象是可以选择的：在先秦那种诸侯并立的时代，每个人都可以迁徙、投靠不同的君主；虽然传统社会中婚姻是父母之命、媒妁之言，而非自由恋爱的结果，但谁是谁的妻子或丈夫却并不是命中注定的，而是后天人为选择的结果；朋友出于志同道合，更是出于"人合"而非"天属"。但朱子马上进一步指出：

> 然夫妇者，天属之所由以续者也。君臣者，天属之所赖以全者也。朋友者，天属之所赖以正者也。是则所以纪纲人道，建立人极，不可一日而偏废。虽或以人而合，其实皆天理之自然有不得不合者，此其所以为天之所叙而非人之所能为者也。②

人们将君臣、夫妇、朋友理解为"以人合"，其主要依据在于，相对于父子、兄弟之伦而言，上述三种人伦关系都存在着主体后天选择、作为的空间。很明显，这一观念主要是从个体的角度立论的，即在君臣、夫妇、朋友之伦中有个体选择、作为的空间，即有人力可以作为的

---

① （宋）朱熹：《跋黄仲本朋友说》，《文集》卷81，《全书》第24册，第3836页。
② 同上书，第3836—3837页。

空间。然而，对朱子而言，人伦之所以是"天之所叙"的关键就在于，这种存在秩序对于人的类存在而言，是不可或缺的，或者说，就人的类存在而言，它是一种必然的存在秩序：夫妇关系构成了人的类存在得以接续的保障，君臣关系构成了人的类存在以及个体存得以安全的制度保障，朋友关系构成了人的类存在及其关系得以正当有序存在的保障。

对朱子而言，从类存在的角度说，人伦秩序的普遍必然性体现在以下两个方面：一方面，它不是任何个体通过自身的理性、作为建构的结果，而是一种自发性的秩序。这种自发性的存在秩序，对人的类存在而言，是生来就有的，正是在这一意义上，朱子说：

> 有天地然后有万物，有万物然后有男女，有男女然后有夫妇，有夫妇然后有父子，有父子然后有君臣，有君臣然后有上下，有上下然后礼义有所错。①

"有天地然而有万物"，显然是从前章所论的天地生物，即气化生物的角度来说的。不难理解，从天地生物的角度所达成的对君臣、父子、夫妇等人伦秩序的理解，已经将人伦秩序上升到一种本源、自发性的存在秩序的层面。更进一步而言，对朱子而言，这种自发性的、根源于天地过程的秩序甚至是人与万物共享的，或者说，在人之外的其他存在者那里，同样存在着这种秩序：

> 世间自是有父子，有上下。羔羊跪乳，便有父子；蝼蚁统属，便有君臣；或居先，或居后，便有兄弟；犬马牛羊成群连队，便有朋友。②

正如梅洛－庞蒂所言，"人和社会并非严格地外在于自然，外在于生

---

① （宋）朱熹：《诗集传》，《全书》第1册，第522页。
② （宋）朱熹：《语类》卷24，《全书》第14册，第867页。

物学"①。梅洛-庞蒂意在表明，人以及人类社会虽然与自然界的其他存在者及其存在方式有所不同，但二者之间并不是截然二分的，人类社会的存在秩序在本源的意义上与生物界的存在秩序具有相近性②。事实上，对于朱子而言，既然万物在本源上都是气化所生，并共存于天地之间，那么无论是其内在本性还是存在方式都不会有根本性的差异③。正是在这一意义上，朱子进一步指出：

> 存之为仁义礼智，发出来为恻隐、羞恶、恭敬、是非。人人都有此。以至父子兄弟夫妇朋友君臣，亦莫不皆然。至于物，亦莫不然。但其拘于形，拘于气而不变。然亦就他一角子有发见处：看他也自有父子之亲；有牝牡，便是有夫妇；有大小，便是有兄弟；就他同类中各有群众，便是有朋友；亦有主脑，便是有君臣。只缘本来都是天地所生，共这根蒂，所以大率多同。④

人性与万物之性的一致性，本书前一章从"性同气异"的角度展开了较为详尽的论述。就人伦而言，朱子上述论述所要表达的实质内涵就在于，君臣、父子、兄弟、夫妇等存在秩序实质上并非是人类所特有的

---

① [法]莫里斯·梅洛-庞蒂：《哲学赞词》，杨大春译，商务印书馆2000年版，第95页。

② 事实上，柏格森曾经指出，人类社会实质上不过是自然进化的一个分支，而自然进化过程的另一个分支则是以蜜蜂、蚂蚁等为代表的膜翅目昆虫。这两个分支作为自然界的"生命冲动"的最高形态都具有社会分工的存在秩序，都具有一种有机的社会组织形态（参见[法]亨利·柏格森《道德和宗教的两个来源》，王作虹、成穷译，译林出版社2011年版，第16—17页）；而美国学者米德也指出："虽然我们在很大程度上仍然对蜂窠或者蚁穴所具有的这种社会实体一无所知，虽然我们注意到它与人类社会有明显的相似之处……"（见[美]乔治·赫伯特·米德《心灵、自我与社会》，霍桂恒译，华夏出版社1999年版，第251—252页）就人类社会与生物界所具有的本源性关联而言，朱子与柏格森、米德、梅洛-庞蒂等人的观念十分相近，甚至朱子与柏格森、米德都注意到了从人类中心主义立场上看属于低等动物的蜜蜂、蚂蚁等膜翅目昆虫，并不约而同地以此作为他们言说相关理论的例子。

③ 事实上，张载在《西铭》中已经表达了类似的观念："乾称父，坤称母，予兹藐焉，乃混然中处。故天地之塞，吾其体；天地之帅，吾其性。民，吾同胞；物，吾与也。大君者，吾父母宗子；其大臣，宗子之家相也。"[（宋）张载：《正蒙·乾称篇》，见《张载集》，中华书局1987年版，第62页]从张载的哲学系统看，"天地之塞"关联着气化生物，而"天地之率"涉及人与万物的本性，而"民胞物与"则是根源于气化生物而来的存在秩序。

④ （宋）朱熹：《语类》卷14，《全书》第14册，第427页。

存在秩序：由于这种存在秩序根源于天地生物，故而也是生物界其他存在者所共有的存在秩序。不难理解，一种自发性的秩序，自然非后天人为建构的结果，因此也自然具有普遍必然的特性。

另一方面，作为一种本源性的、自发的秩序，个体虽然可以在一定程度上对这种秩序加以破坏，但这只会改变人伦秩序的具体形态，而这种秩序本身确实是不可泯灭的，正是在这一意义上，朱子对佛教提出了如下批评：

> 天下只是这道理，终是走不得。如佛老虽是灭人伦，然自是逃不得。如无父子，却拜其师，以其弟子为子；长者为师兄，少者为师弟。但是只护得个假底，圣贤便是存得个真底。①

这里的"假底"存在秩序，实质上是一种建构性的秩序。建构性的秩序实质上是主体为了特定的目的（如修道或传教等）而人为建构的结果，因此是出于人力的；与此相对，以君臣、父子、兄弟、夫妇、朋友为具体内容的人伦秩序是一种"真底"存在秩序，作为本源性、自发性的存在秩序，它非人力建构的结果，从而是出于天的。在朱子看来，佛教虽然"灭人伦"，即以出离人伦为前提，但其宗教生活秩序仍然将父子、兄弟等本源性的人伦秩序作为建构自身的基础②，这一点恰恰从反面证明了人伦秩序的本源性。正如黑格尔所言：

> 伦理性的规定就是个人的实体性或普遍本质，个人只是作为一种偶性的东西同它发生关系。个人存在与否，对客观伦理说来是无所谓的，唯有客观伦理才是永恒的，并且是调整个人生活的力量。因此，人类把伦理看作是永恒的正义，是自在自为地存在的神，在

---

① （宋）朱熹：《语类》卷126，《全书》第18册，第3932页。
② 这一点不仅佛教如此，基督教等宗教都是如此：基督教虽然一方面要求人离开自己的"本地、本族、父家"（《旧约全书·创世纪》12：1）；但另一方面却将上帝称为天父，而信众之间则以兄弟、姐妹相称，都表明父子、兄弟等人伦关系更具有本源性。

这些神面前，个人的忙忙碌碌不过是玩跷跷板的游戏罢了。①

事实上，在人伦关系中个体并非毫无作为，个体的选择、作为并不能改变人类的存在方式本身。历史地看，虽然有那么多的个体选择出家、不婚、不育、不仕，不忠、不孝、不仁、不义更是比比皆是，这些个体性的行为固然都在一定程度上导致了作为存在方式的人伦的失范，但就人的类存在而言，这种存在方式却无比坚韧，一直延续下来。其关键就在于，人伦秩序作为人之为人的本源性存在方式，"皆天理之自然有不得不合"，个体在这种人伦实体面前的任何作为不过是"玩跷跷板的游戏"罢了。也正是在这一层意义上，朱子指出，"秦之绝灭先王礼法，然依旧有君臣，有父子，有夫妇，依旧废这个不得"②；"始皇为父，胡亥为子，扶苏为兄，胡亥为弟，这个也泯灭不得"③。不难理解，作为一种本源性的、自发性的存在秩序，人伦秩序不是主体自身人为建构的结果，个体也同样不能出于自身的目的、动机等而将这种秩序泯灭、消除，这才是人伦"所以为天之所叙而非人之所能为"的关键所在。因此作为"天叙"的人伦秩序就不是佛教所谓的虚幻无常的，而是具有普遍必然性的存在秩序，虽然个体可以选择出离人伦或者不尽人伦义务，但这种秩序对于人的类存在而言却是不可泯灭的，借用黑格尔的话说，人伦"是一种本性上普遍的关系"④。

从以上论述可以看到，人伦秩序是一种自发性的、本源性的存在秩序。但秩序总是存在有序与无序的问题。一般而言，人们总是将秩序与

---

① ［德］黑格尔：《法哲学原理》，范扬、张企泰译，商务印书馆1961年版，第165页。
② （宋）朱熹：《语类》卷24，《全书》第14册，第865页。
③ 同上书，第867页。
④ 黑格尔的原话是这么说的："伦理是一种本性上普遍的关系，所以家庭成员之间的伦理关系不是情感关系或爱的关系。"（见［德］黑格尔《精神现象学》下册，贺麟、王玖兴译，商务印书馆1979年版，第10页）黑格尔意在表明，家庭作为一种存在秩序或结构，具有普遍必然性。也正是在这一意义上，黑格尔说家庭是"一个天然的伦理共体或社会"（见《精神现象学》下册，第9页）。虽然黑格尔的上述理解只是局限在家庭，而在家庭之外尚且还有市民社会、国家等社会秩序，但对黑格尔而言，这些社会秩序也是绝对精神自我展开的必然环节，因此也不是主体通过自己的理性而建构起来的，在这一意义上，它们都具有"非人力所及"的特点。黑格尔的上述理解与朱子对人伦的理解极其相近。

规范联系起来加以思考，这一关联意味着，一种有序的秩序总是主体遵循一定的规范的结果。在朱子看来，人伦秩序的有序性首先不是建立在对规范的遵守之上的，而是建立在人性本善的本体论基础之上的。父子有亲、君臣有义、夫妇有别、长幼有序、朋友有信，首先不是对规范的遵守结果，而是一种人性发用的必然的结果①。正如前文所言，朱子之所以对仁义礼智信之性如此强调、如此重视，就在于其"可以为善"，而这种为善的具体体现就在于人伦之序的自然和谐：父子自然有亲、君臣自然有义、夫妇自然有别，朋友自然有信。前文所引的"所谓性者，无一理之不具，故所谓道者，不待外求而无所不备。所谓性者，无一物之不得，故所谓道者，不假人为而无所不周"②这一表述的实质内涵正在于此。类似的观念还体现在"有父子，则便自然有亲；有君臣，则便自然有敬"③等表述中。不难理解，在朱子看来，作为人伦日用的本体论基础的仁义礼智信之性，构成了人伦秩序和谐有序的内在根据、内在法则。正是在这一层意义上，朱子又将仁义礼智信之性称之为"人伦之理"："经纶大经，他那日用间底，都是君臣父子夫妇人伦之理，更不必倚着人；只是从此心中流行于经纶人伦处，便是法则。此身在这里，便是立本。"④这里的"只是从此心中流行于经纶人伦处，便是法则"的实质内涵就在于，人性的自然流行、发用构成了人伦秩序和谐有序的根据，或者说，人性构成人伦秩序和谐有序的天然法则，也就是朱子所

---

① 实际上，从人性的角度思考人伦秩序和谐有序的基础是儒家哲学一个基本观念，孟子强调性善、强调良知良能正在于，这种良知良能构成了"孩提之童，无不知爱其亲者；及其长也，无不知敬其兄也"[见（宋）朱熹《四书章句集注》，《全书》第6册，第430页]的内在基础；王阳明强调良知，在于以良知为根据，则"见父自然之孝，见兄自然之悌"（转引自陈荣捷《王阳明传习详注集评》，第23页）。不难发现，朱子与孟子、阳明等人在上述观念上具有根本性的家族相似性（family resemblance），而他们所谓良知、良能、性体、本心等之间的差异不过是名言层次的，就其实质内涵与价值意义而言则是一致的。

② （宋）朱熹：《中庸或问》，《全书》第6册，第551页。

③ （宋）朱熹：《语类》卷13，《全书》第14册，第399页。当朱子说："仁之为性，爱之理也。其见于用，则事亲、从兄、仁民、爱物皆其为之事也。"（朱熹：《论语或问说一》，《文集》卷67，《全书》第23册，第3269页）也意在强调主体内在地所具有仁这种爱的能力，便自然能够亲亲、仁民、爱物，而亲亲、仁民、爱物也是人伦秩序和谐有序的具体体现。

④ （宋）朱熹：《语类》卷64，《全书》第16册，第2147页。

一再提到的天则①。当然这种法则是一种无须着力、无须有意去遵守的法则,借用程颐的话说,是"己便是尺度,尺度便是己"②,换言之,这种尺度、法则不是外在于主体自身的规范,而即是主体内在的人性本身③。

---

① 在"告子却不知有所谓天则,但见其能甘食悦色即谓之性耳"[(宋)朱熹:《答郑子上十一》,《文集》卷56,《全书》第23册,第2683页];"大本不立,是以天则不明于内"[(宋)朱熹:《乐记动静说》,《文集》卷67,《全书》第23册,第3263页]等表述中,"天则"一词都是以仁义礼智信之性为具体内涵的,而这里的天则的实质内涵也就在于仁义礼智信之性构成了人伦日用的天然法则。
② (宋)程颢、程颐:《河南程氏遗书》卷15,《二程集》上册,第156页。
③ 荷尔德林在《在可爱的蓝色中》一诗中说:"地上可有尺规?——绝无。"这一论断的隐含之意在于对于生活于大地之上的人类而言,尺度与法则只能由处于彼岸世界的神或上帝来提供。不难发现,他的这一观念是植根于基督教神学之中的。正因如此,韩潮对此评论道:"荷尔德林是为人、神划界:即便造化唯独彰显于人,即便人已功勋卓著,却无逾分之可能,大地才是人的居所!与之相对,正是因为神是人的尺规,而天空是神的居所,由是,大地之上绝无尺规。"[韩潮:《海德格尔与伦理学问题》,同济大学出版社2007年版,第4页]而在朱子看来,真正的尺度与法则就是人性本身,是内在于主体之中的,因此也可以说就在大地之上。

第三章 气禀与人欲：抑制人性功能的双重因素

前文指出，以仁义礼智为具体内容的人性，作为主体内在的感通能力，构成了人伦日用的本体论基础，它的存在意味着主体在日常生活中可以自然而然地就能够做到亲亲、仁民、爱物，在这一意义上，人性实质上是一种内在的法则，是人伦秩序和谐有序的内在根据。但上述结论必然面临着一个根本性的挑战，即现实生活中的人伦秩序并非完美无缺，而总是充满着无序与不和谐。因此，人伦秩序无序化的根源何在，就构成了朱子必须回答的问题。逻辑地看，既然人伦之序的和谐有序建立在人内在地具有"可以为善"的仁义礼智之性这一本体论事实的基础之上，那么，人伦之序的无序化必然意味着这种为善的能力受到了破坏或抑制，因此追问人伦秩序无序化的根源的实质也就是追问如下问题，即：究竟是什么因素抑制了仁义礼智之性的为善能力？

考察朱子的相关论述，不难发现，朱子对上述问题的回答，主要涉及两个方面，即气禀与人欲。在谈到"明德"何以"有时而昏"时，朱子指出："明德者，人之所得乎天，而虚灵不昧，以具众理而应万事者也。但为气禀所拘，人欲所蔽，则有时而昏。"① 明德"有时而昏"的实质内涵即是其功能受到抑制，在朱子看来，这是由"气禀所拘""人欲所蔽"造成的，换言之，是气禀和人欲抑制了明德的现实功能。朱子认为，明德与仁义礼智之性在内涵与功能上都具有一致性②，因此，说明德的现

---

① （宋）朱熹：《大学章句》，《全书》第6册，第516页。
② 虽然在《朱子语类》中可以看到明德是心还是性的讨论，但实质上，在"心统性情"的意义上，将明德称为心或称为性都是可以的，而其实质内涵即是仁义礼智之性，正因如此，朱子指出："明德，是我得之于天，而方寸中光明底物事。统而言之，仁义礼智。以其（转下页注）

第三章　气禀与人欲：抑制人性功能的双重因素

实功能受到气禀与人欲的抑制，实质上也就是说仁义礼智之性的功能受到气禀与人欲的抑制。这在如下的论述中说得更为明确：

> 天道流行，造化发育，凡有声色貌象而盈于天地之间者，皆物也。既有是物，则其所以为是物者，莫不各有当然之则，而自不容已，是皆得于天之所赋，而非人之所能为也。今且以其至切而近者言之，则心之为物，实主于身，其体则有仁义礼智之性，其用则有恻隐羞恶恭敬是非之情，浑然在中，随感而应，各有攸主，而不可乱也。……但其气质有清浊偏正之殊，物欲有浅深厚薄之异，是以人之与物，贤之与愚，相与悬绝而不能同耳。①

引文中的省略号为笔者所加，省略号前面的论述，其核心内容就是人性的天道根源以及人性的现实效用，结合本书第一章、第二章的论述自然不难理解。但朱子进一步指出，仁义礼智之性（人性）的这种"浑然在中，随感而应"功能却受到气质之殊、物欲之异的影响，从而在不同的人与物以及人与人等具体的存在者之间都呈现出差异性。就人这种特殊的存在者而言，既然从本然的状况看，人性的功能是一致的，那么不难理解，这种差异性的实质即是人性的现实功能受到了抑制，换言之，在朱子看来，气质和物欲是主体内在"可以为善"的仁义礼智之性受到抑制的根本原因。在后文的论述中可以看到，气质的实质是人所禀之气的品质，而物欲则是人欲产生的对象性因素，因此这里所说的"气质有清浊偏正之殊""物欲有浅深厚薄之异"所要传达的实质内涵与前面所说的"气禀所拘""人欲之蔽"是一致的②，因此，上述论述的实质就是在

（接上页注②）发见而言之，如恻隐、羞恶之类；以其见于实用言之，如事亲、从兄是也。"［见（宋）朱熹《语类》卷14，《全书》第14册，第445页］

① （宋）朱熹：《大学或问》，《全书》第6册，第526—527页。

② 正是在这一背景下，朱子往往不严格地区分人欲和物欲，因此又有"理虽在我，而或蔽于气禀、物欲之私，则不能以自见"［（宋）朱熹：《鄂州州学稽古阁记》，《文集》卷80，《全书》第24册，第3800页］等类似的表述。正如前章所言，恻隐、羞恶、辞让、是非之情是仁义礼智之性的"显示自身"，而这里的"不能自见"则意在表明仁义礼智之性受到气禀、物欲的抑制而不能很好地自我显示、自我发用——这里的"自见"的"见"是"现"的通（转下页注）

指出气禀和人欲构成了抑制仁义礼智之性的现实效用、现实功能的根本性因素。

气禀所拘和人欲所蔽虽然直接造成的是对仁义礼智之性为善能力的抑制，但最终的结果则必然是导致人伦秩序的无序化。这一点联系前章的论述不难理解，而朱子在诠释《大学》中的"为人君，止于仁；为仁臣，止于敬；为人子，止于孝；为人父，止于慈；与国人交，止于信"也明确地指出了这一点：

> 天生蒸民，有物有则，是以万物庶事，莫不各有当止之所。但所居之位不同，则所止之善不一。故为人君，则其所当止者在于仁；为人臣，则其所当止者在于敬；为人子，则其所当止者在于孝；为人父，则其所当止者在于慈；与国人交，则其所当止者在于信。是皆天理人伦之极致，发于人心之不容已者，而文王之所以为法于天下可传于后世者，亦不能加毫末于是焉。但众人类为气禀、物欲之所昏，故不能常敬而失其所止。唯圣人之心表裏洞然，无有一毫之蔽，故连续光明，自无不敬，而所止者，莫非至善，不待知所止而后得所止也。①

文王等圣贤之所以能够"连续光明，自无不敬，而所止者，莫非至善"，就在于他们"表里洞然，无一毫之蔽"，即其内在的仁义礼智之性没有受到气禀、人欲（人欲）的抑制。但这些圣贤作为理想人格的代表则是不世出的，而现实中的常人往往都为"气禀、物欲之所昏"，从而也就不能自然而然地做到"为人君，止于仁；为仁臣，止于敬；为人子，止于孝；为人父，止于慈；与国人交，止于信"。不难理解，对朱子而言，

（接上页注②）假字，而"现"作为动词则有显现、显露等意，因此"不能以自见"即是不能显现自身、绽出自身，实质上也就是不能很好地发用。可以看到，朱子往往也不对气禀与气质或人欲与物欲做严格的区分，因此，读者也可随文就意，不必强求概念层面的统一性。本书如无特殊需要，就不再对上述差异进行具体的分辨。

① （宋）朱熹：《大学或问》，《全书》第6册，第519页。

正是气禀和人欲抑制了仁义礼智之性在人伦日用之中的功能，并进一步导致了人伦秩序的无序化。那么，需要进一步追问的就是，气禀和人欲的实质内涵究竟是什么，它们又是如何抑制了仁义礼智之性的功能的？

第一节 气禀所拘：抑制人性功能的先天因素

谈到气禀对仁义礼智之性的抑制，不可避免地涉及气质之性这一概念。与朱子哲学中众多的概念、命题一样，气质之性这一概念也并非由朱子自己所自创，而是由张载和程颐提出的。张载是以直接论述的方式提出这一概念的，他说："形而后有气质之性，善反之则天地之性存焉。故气质之性，君子有弗性者焉。"① 而程颐则是在与学生的问答中涉及这一概念的，《二程集》中作了如下的记录：

"'性相近也，习相远也'，性一也，何以言相近？"曰："此只是言气质之性。如俗言性急性缓之类，性安有缓急？此言性者，生之谓性也。"……又问："生之谓性。""凡言性处，须看他立意如何。且如言人性善，性之本也；生之谓性，论其所禀也。孔子言性相近，若论其本，岂可言相近？只论其所禀也。告子所云固是，为孟子问佗，他说，便不是也"②。

张载认为，气质之性是与天命之性相对而言的，而在程颐看来，气

---

① （宋）张载：《正蒙·诚明篇》，《张载集》，第22页。
② （宋）程颢、程颐：《河南程氏遗书》卷18，《二程集》，第207页。值得一提的是，按照《二程集》中的记载，程颐的表述中，"此只是言气质之性"又作"此只是言性质之性"。陈来在引用这句话时直接作"气质之性"而没有提及"性质之性"的说法（陈来：《宋明理学》，华东师范大学出版社2004年，第80页），李明辉则指出"'性质之性'一词不通，一作'气质之性'为是"（李明辉：《朱子论恶之根源》，载钟彩钧主编《国际朱子学会议论文集》上册，第558页）。李明辉的这一判断是正确的，在张载、二程之后的理学传统中，"性质之性"也没有人提起，而气质之性则成为人们讨论的重要对象。朱子本人也同样没有提到过"性质之性"一词。

质之性这一概念的提出与对孔子、孟子相关论述的讨论与诠释有关①。但总的来说，张载、程颐提出气质之性这一概念的问题意识与理论背景在他们自己那里还没有得到明确的阐述，有见于此，在《孟子或问》中，朱子曾经以自问自答的方式对这一点作了进一步的揭示：

> 曰：孟子初未尝有气质之说也，孔子虽以性之相近而言，然亦不明言其为气质也。程、张之说，亦何所据而云乎？曰：孔子虽不言相近之为气质，然其于《易大传》之言性，则皆与相近之云者不类，是固不无二者之分矣。但圣人于此，盖罕言之，而弟子有不得而闻者，故其传者止是，而无以互相发明耳。孟子虽不言气质之性，然于告子生之谓性之辩，则亦既微发其端，但告子辞穷而无复问辩，故亦不得尽其辞焉。孟子既没，学失其传，吾儒之言性者，漫不省此，而支离穿凿之说满天下，学者方且昏迷眩瞀，不知所定，而为释氏者，又鼓其荒诞之说而乘之，虽其高妙虚无，若不可诘，然核其实，则所谓蠢动含灵者皆有佛性之说，所谓作用是性之说，皆不过告子生与食色之余论耳。至于性之为理，与其仁义礼智之蕴，恻隐羞恶恭敬是非之发，则反以为前程妄想而弃绝之，及论智愚善恶之不齐，则举而归之轮回宿习不可致诘之地，举世之人，亦且崇信而归往之，无有能异其说者。及周子出，始反复推太极阴阳五行之说，以明人、物之生，其性则同，而气质之所从来，其变化错揉有如此之不齐者。至于程子，则又始明性之为理，而与张子皆有气质之说，然后性之为善者，无害于气质之有不善，气质之不善者，终亦不能乱性之必为善也。此其有功于圣门，而惠于后学也厚矣，子尚安得以其无所据而疑耶？……曰：然则孔子之所罕言者，孟子详言之，孟子之所言而不尽者，周、程、张子又详言之，若是何耶？曰：性学不明，异端竞起，时变事异，不得不然也。②

---

① 关于张载、程颐对气质之性的相关论述可以参看蒙培元《理学范畴系统》的第十一章（人民出版社1989年版，第230—236页）以及陈来《朱子哲学研究》的第八章第四节（华东师范大学出版社2000年版，第203—208页）等相关讨论。

② （宋）朱熹：《孟子或问》，《全书》第6册，第981—982页。

第三章 气禀与人欲：抑制人性功能的双重因素

在上述"对话"中，"提问者"指出作为儒学奠基者的孔子、孟子都没有明确提出气质之性这一概念，从而质疑"气质之性"这一概念的合法性，然而在朱子看来，张载、程颐提出气质之性这一概念是相对于天地之性或性之本等概念而言的，虽然在孔子、孟子那里并没有明确提出气质之性与天地之性或性之本等概念，更没有对这些概念加以区分、辨析，但在他们的相关论述中已经微发其端，而在作为道学开创者的周敦颐那里，已经对此有较为明确的观念，张载、程颐不过是将前人的观念以明确的概念加以概括①。另一方面，这一概念明晰化、论述复杂化的过程并非是张载、程颐等人有意为之，而是时势所迫，"不得不然"。实际上，从朱子的上述论述可以看到，气质之性的提出，是基于如下的历史背景：孔、孟的人性论述，特别性是孟子的性善说，在面临后世学者（主要是告子、扬雄、韩愈等人）以及其他学派（主要是佛学或禅学）的相关论述的理论挑战下已经失去其解释效力，从而需要提出新的概念工具来应对挑战。而从"至于程子，则又始明性之为理，而与张子皆有气质之说，然后性之为善者，无害于气质之有不善，气质之不善者，终亦不能乱性之必为善也"这一论述中不难看到，气质之性这一概念的提出，与对如下问题的思考有关，即：既然以孟子为代表的正统儒学都主张性善论，那么如何解释"气质之有不善"这一现象呢？显然，对朱子而言，在张载和程颐那里，既然将气质之性与天地之性或性之本加以对比，而天地之性与性之本的实质内涵即是孟子所说的"可以为善"的仁义礼智之性②，那么这种现实状况就必然需要由"气质之性"这一概念来加以解释，或者说，张载、程颐提出气质之性这一概念，正是要试图对上述问题加以回答。

---

① 关于观念与概念的区分是从罗尔斯那里借用的。罗尔斯曾经区分了正义观念（conceptions of justice）和正义概念（the concept of justice），他指出，一般而言，人们都有关于正义的观念（conceptions），但正义的概念（concept）则是根据不同的正义观念所共有的作用而制定的（参见［美］约翰·罗尔斯《正义论》，何怀宏等译，中国社会科学出版社1988年版，第5页）。实际上，罗尔斯的学生科斯戈尔德已经明确注意到罗尔斯关于观念与概念之间的区分，并自觉地加以运用（参见［美］克里斯提娜·科斯戈尔德《规范性的来源》，译文出版社2010年版，中译本序言第5页）。

② 张载、程颐虽然没有明确指出天地之性或性之本即是仁义礼智之性，但在儒学的传统中，这一点实际上是一个不言自明的事实，故而是不必明言的。而朱子曾经指出："本（转下页注）

当然，在张载、程颐那里，对气质之性这一概念内涵的论述仍然没有得到充分的展开，因此对上述问题的回应也并不充分，因而朱子对气质之性这一概念的理解，可以看作是对张载、程颐论述的进一步发挥。当然，这也是基于张载、程颐提出"气质之性"所欲回应的问题与朱子在讨论气质之性这一概念时所面临的问题所具有的根本性的一致，虽然朱子的问题意识被赋予了更为具体的内涵，即气质或气禀是如何抑制了主体内在的仁义礼智之性的为善能力的？

然而，要真正明确朱子对上述问题的回答，就需要弄清朱子所认为的气质之性的内涵。朱子曾经以定义式的方式对气质之性这一概念作了如下界定："天地之所以生物者，理也；其生物者，气与质也。人物得是气质以成形，而其理之在是者，则谓之性。然所谓气质者，有偏正、纯驳、昏明、厚薄之不齐，故性之在是者，其为品亦不一，所谓气质之性者也。"①这一论述所要说明的首要问题是气质之性是如何形成的。但由于这一论述涉及朱子哲学的气化生物及人性的天道根源等核心问题，因此并不容易理解。正如本书第一章所论，在朱子看来，天地无体而以气为体，从本源上说，天地之间的万物都是阴阳五行之气所化生，因此天地生物的实质也就是气化生物。而气总是包含着两个层面，即气之性（理）与气之质，气之性是气的本性，它以仁义礼智为具体内容，而气之

（接上页注②）然之理，则纯粹至善而已，所谓天地之性者也。孟子所谓性善，程子所谓性之本，所谓极本穷原之性，皆谓此者也。"〔（宋）朱熹：《论语或问》，《全书》第6册，第875页〕在另外的场合，朱子更明确地论述道："天道流行，造化发育，凡有声色貌象而盈于天地之间者，皆物也。既有是物，则其所以为是物者，莫不各有当然之则，而自不容已，是皆得于天之所赋，而非人之所能为也。今且以其至切而近者言之，则心之为物，实主于身，其体则有仁义礼智之性，其用则有恻隐羞恶恭敬是非之情，浑然在中，随感而应，各有攸主，而不可乱也。……是乃上帝所降之衷，烝民所秉之彝，刘子所谓天地之中，夫子所谓性与天道，子思所谓天命之性，孟子所谓仁义之心，程子所谓天然自有之中，张子所谓万物之一原，邵子所谓道之形体者。"〔（宋）朱熹：《大学或问》，《全书》第6册，第526—527页〕这一论述意味着，在儒学的传统中，天命之性、天地之性、性之本等概念的实质内涵都是仁义礼智之性。借用朱子的话说，这些概念之间是"其名虽殊，其实则一而已"〔（宋）朱熹：《论语或问》，《全书》第6册，第641页〕。实际上，朱子曾经直接明确地指出过天命之性与仁义礼智的一致性："盖天命之性，仁义礼智而已。"〔（宋）朱熹：《中庸或问》，《全书》第6册，第551页〕

① （宋）朱熹：《论语或问》，《全书》第6册，第875页。

质则是气的品质，它以偏正、纯驳、昏明、厚薄等为具体内容。气化所生之物都内在地具有气中带来仁义礼智之性，但另一方面，由于"人、物得是气质以成形"时所禀之气的品质有"偏正、纯驳、昏明、厚薄之不齐"，即气的品质呈现出明显的差异性，从而就形成了气质之性。可以看到，气质之性的形成是由于气之质的差异对仁义礼智之性产生了一定的影响造成的。虽然，在上述论述中，气之质的差异是如何影响仁义礼智之性的尚且还不明确，但有一点是确定的，即由于气之质有偏正、纯驳、昏明、厚薄等多种形式的差异性，因此，这些不同品质的气对仁义礼智之性的作用形式、影响方式也是不同的。这一点在《大学或问》的如下论述中可以清楚地看到：

> 以其理而言之，则万物一原，固无人、物，贵、贱之殊；以其气而言之，则得其正且通者为人，得其偏且塞者为物，是以或贵或贱而不能齐也。彼贱而为物者，既梏于形气之偏塞，而无以充其本体之全矣。唯人之生乃得其气之正且通者，而其性为最贵，故其方寸之间，虚灵洞彻，万理咸备，盖其所以异于禽兽者正在于此，而其所以可为尧舜而能参天地以赞化育者，亦不外焉，是则所谓明德者也。然其通也或不能无清浊之异，其正也或不能无美恶之殊，故其所赋之质，清者智而浊者愚，美者贤而恶者不肖，又有不能同者。必其上智大贤之资乃能全其本体，而无少不明，其有不及乎此，则其所谓明德者已不能无蔽而失其全矣。①

这一论述表明，天地万物虽然都内在地具有仁义礼智之性（即这里所说的理），但之所以会有人与物、人与人之间的差别性，就在于所禀之气的不同：人所禀的是"正且通"之气，而物所禀的是"偏且塞"之气；另一方面，人与人之间差别的根源则在于，不同的人所禀的气虽然都是"正且通"的，但这种"正且通"之气又存在清浊、美恶等差别，从而导致人与人之间的智、愚、贤、不肖等差异性。而从"彼贱而为物者，既

---

① （宋）朱熹：《大学或问》，《全书》第6册，第507—508页。

梏于形气之偏塞，而无以充其本体之全矣"，以及"必其上智大贤之资乃能全其本体，而无少不明，其有不及乎此，则其所谓明德者已不能无蔽而失其全矣"这类表述中可以明确地看到，人与物、人与人之间的上述差别实质上是由于正通、偏塞、清浊、美恶等不同品质的气对仁义礼智之性会有不同的影响、作用，从而导致气质之性的差别性。而这种差别性的经验性显现就是人与物之间的种类差别，以及人与人之间的个体差别性。在这一意义上，通常人们所说的万物的差别性，在朱子那里并不是物种、性别、肤色、面貌等生理性的差异，而实质上不过是气质之性的差异，它是万物自身所禀之气的"不齐"，从而对其内在的仁义礼智之性产生了不同形式的影响后形成的。值得注意的是，如果说朱子在进行相关的论述时总是涉及人与其他种类的存在者之间气质之性的差异，是由于朱子思考上述问题时总是以万物生成这一本源性层面为起点，从而不得不如此；那么，朱子实质上所关注的核心问题显然是人类内部不同个体之间气质之性的差异性，这一点从上文的论述顺序中就已经可以看到，而在《经筵讲义》的如下论述中则得到更明确的体现：

> 天道流行，发育万物，而人、物之生，莫不得其所以生者，以为一身之主。但其所以为此身者，则又不能无所资乎阴阳五行之气。而气之为物，有偏有正，有通有塞，有清有浊，有纯有驳。以生之类言之，则得其正且通者为人，得其偏且塞者为物。以人之类言之，则得其清且纯者为圣、为贤，得其浊且驳者为愚、为不肖。①

显然，这一论述与《大学或问》中的上述论述具有一致性，即先通过气之质的正通与偏塞来区分人与人之外的其他存在者（即"生之类"），再通过气之质的清浊、纯驳等差异来区分人类内部不同个体（即"人之类"）之间的智、贤、愚、不肖等差别，而后者正是朱子关注的重心所

---

① （宋）朱熹：《经筵讲义》，《文集》卷15，《全书》第20册，第693页。本书第一章曾经引用过这一论述，但那里朱子侧重指出，朱子对人与物、人与人间差别性是从所禀之气的差异来论说的，而没有诉诸具有神学目的论色彩的天。这里则意在从气质之性的角度揭示朱子所谓的人物之别以及人与人之别的实质内涵，因此侧重点有所不同。

第三章　气禀与人欲：抑制人性功能的双重因素

在。不难发现，在上述论述中，朱子正是要通过对所禀之气的清浊、纯驳、美恶等品质的差异达成对人类内部不同个体之间气质之性的差异性的确认。换言之，朱子的核心关注之点在于：就类存在而言，每个人生来都是人，因此，本性相同，即都内在地具有仁义礼智之性；但作为个体，由于每个人所禀之此存在者清浊、美恶、纯驳等差异，从而在气质之性上也就是呈现出圣、贤、愚、不肖等差异性。

当然，前文的论述已经表明，这种以圣、贤、愚、不肖等形式呈现出来的气质之性的差异性是由于每个人所禀之气的品质不同，从而对每个人内在的仁义礼智之性发生某种影响而形成的。那么需要进一步追问的是，气之质所具有的清浊、美恶、纯驳等差异是如何对作为气之性（理）的仁义礼智之性发生影响的呢？为了更好地理解这一问题，可以引入一些经验性的观察。物理学经验表明，同一种金属在品质上的差异会导致其性能上会有好坏：两根长短、粗细相同的钢筋，就其性而言，既然同是钢筋，则必然是相同的，但其中一根钢筋的钢材比另一根的钢材品质更纯，则这根钢筋的硬度就会更好，从而在使用过程中，其性能也更好；药理学的经验也表明这一点：同一种药材（如大黄）总是会被分成一等品、二等品、三等品，就其是同一种药材而言，表明其药性是"同"的，但之所以会被根据药效的优劣而分为不同的等级则是由其品质的差异决定的。上述这类经验性的观察可以借用朱子所说的"性同其异"这一命题加以概括：同一种金属或同一种药材在"性"上是"同"的，但之所以还会有性能或药效上的差异，则是其材质、品质上的优劣决定的，而这种材质、品质的优劣正是"气"（即气之质）之"异"。而从气之性与气之质的区分看，同一类物品中不同个体的性能之所以会存在优劣，正是因为气之质的优劣造成的，或者说，气的品质好，则其性能好，气的品质差，则其性能差。这一结论完全适用于理解气之质的"不齐"何以会造成人与人之间气质之性的不同这一问题①。这是因为，在朱子看

---

① 在朱子，乃至整个理学那里对药物、药性的讨论具有重要的位置，它构成了理学家们理解、思考哲学问题的重要资源，在《朱子语类》中就可以经常看到相关的讨论。参看刘源《浅论朱熹与中医》，《人文杂志》2014年第1期。

来，作为具体的存在者的每个人都是气化所生，是气性的存在，从而具有气之性与气之质两个层面，气之性以仁义礼智为具体内容，它是可以为善的感通能力，是人身体中内在的机能性存在，但这种机能由于气之质的优劣，则其现实的效用也就必然表现出一定的差等性①。正因如此，朱子说："既是气禀恶，便也牵引得那性不好。盖性只是搭附在气禀上，既是气禀不好，便和那性坏了。"② 这里的"气禀恶"即是说气的品质不好，而气的品质不好必然影响到其内在机能的现实作用——"既是气禀不好，便和那性坏了"，正是在这一意义上说的。当然，上述所论的气之质对气之性影响只有在现实的具体存在者身上才能具体地得到呈现。事实上，二程曾经指出："'人生而静'以上不容说，才说性时，便已不是性也"③，朱子对此评论道：

> 程先生说性有本然之性，有气质之性。人具此形体，便是气质之性。才说性，此"性"字是杂气质与本来性说，便已不是性。这"性"字却是本然性。才说气质底，便不是本然底也。"人生而静"

---

① 日本学者藤井明伦曾经借用如下比喻来说明这一问题："用电脑的比喻来说明的话，'性'可以比拟为'程式'，虽然'程式'都是一样完善无缺的，但因为构成电脑机体的材料有差异，所以也就产生出了品质有所差异的电脑。"（见［日］藤井明伦《朱熹思想结构探索：以"理"为中心的考察》，"国立台湾大学"出版中心2011年版，第189页）这一比喻与本书所用的钢材、药材的品质与性能的比喻具有相似之处，虽然他并没有在分析朱子的理气关系时明确地指出气之性与气之质的区分以及气之质对气之性的影响。另外需要进一步指出的是，在朱子看来，人与人之外的其他存在物之间的差别也是在这一意义上说的：对朱子而言，物所禀之气是"偏且塞"的，从而"无以充其本体之全"，这就意味着其内在的仁义礼智之性几乎不再有其现实效用，这就如同，那品质非常差的药材，虽然还是名其为某种药材，但已经没有这种药材应有的现实药效了。正是在这一意义上，当有人提出一般的物没有仁义礼智之性时，他反驳道："微物之性，固无以见其仁义礼智，然亦何缘见得不是仁义礼智？"［（宋）朱熹：《答陈才卿一》，《文集》卷59，《全书》第23册，第2845—2846页］进一步而言，朱子认为的"枯槁有性"这一命题也可以在上述背景下加以理解，正如朱子说言："枯槁之物，谓之无生意，则可；谓之无生理，则不可。"［（宋）朱熹：《语类》卷4，《全书》第14册，第189页］这里的生理与生意的差别也就是前文所论的性与情之间的差异。枯槁之物也是气性的存在，而气总是内在地具有生理，但这种生理由于气的品质过于偏塞则无法展现出来，也就没有生意了。但虽然没有展现出生意，却不能因此就说它没有内在的生理，正因如此，朱子又说："谓物无此理，不得。只是气昏，一似都无了。"［（宋）朱熹：《语类》卷4，《全书》第14册，第185页］
② （宋）朱熹：《语类》卷95，《全书》第17册，第3195页。
③ （宋）程颢、程颐：《河南程氏遗书》卷1，《二程集》上册，第11页。

以下，方有形体可说；以上是未有形体，如何说？①

由此可见，对朱子而言，仁义礼智之性是人性的本然形态，而气质之性则是人性的现实形态。气之质对气之性影响的具体表现就在于，对作为具体存在者的每一个人而言，由于其所禀之气存在总是存在品质上的优劣差等，其内在的仁义礼智之性也必然呈现出圣、贤、愚、不肖等气质之性的差等性。即便是作为理想人格的圣人其实也是气质之性——"人具此形体，便是气质之性"，圣人亦是有形体的存在者，因此必然是气质之性——但圣人之所以异于常人，在于"圣人之生，其禀受浑然，气质清明纯粹"②，其内在的仁义礼智之性的功能可以得到最好的发用，从而其气质之性与本然之性在功能上没有任何差别，而现实的常人所禀之气在品质上都不是那么的清明纯粹，从而其内在的仁义礼智之性在现实效用上也必然不能如圣人那般随感而应、感而遂通。在上述意义上，圣、贤、愚、不肖这种差等性实质上是仁义礼智之性的现实效用的差等性，换言之，是作为仁义礼智之性的现实形态的气质之性所具有不同的品级，这就如同前文所说的同一种药材会根据其效用而被分成不同的品级一样③。

当然，在朱子看来，圣、贤、愚、不肖这种品级的区分只是一种概括性的表述，就现实情况而言，气质之性的品级是千差万别的④。这在下面这段关于韩愈"性三品"说的对话中可以看得更为清楚：

---

① （宋）朱熹：《语类》卷95，《全书》第17册，第3197页。
② （宋）朱熹：《语类》卷64，《全书》第16册，第2107页。
③ 这里需要指出的是，由于气质之性不过是仁义礼智之性（本然之性）的现实形态，因此，就具体的存在者而言，人性只是以气质之性的形态存在的，而不是既存在气质之性，又在气质之性之外存在着独立自存的本然之性，哲学地说，即人性是一元的，而不是二元的，正因如此，朱子指出："大抵本然之性与气质之性，亦非判然两物也。"〔（宋）朱熹：《答方伯谟三》，《文集》卷44，《全书》第22册，第2012页〕对朱子而言，即便是圣人，也是气质之性，不过这种气质之性与本然之性在功能上是一致的，因为圣人所禀之气是清明纯粹的，从而其内在的仁义礼智之性没有受到气禀的抑制。
④ 朱子也曾明确指出气禀的差异性是千差万别的："气禀之殊，其类不一，非但清浊二字而已。"〔（宋）朱熹：《答欧阳希逊二》，《文集》卷61，《全书》第23册，第2956页〕既然气禀是千差万别的，气质之性的品级也自然是千差万别的。

> 问："退之原性'三品'之说是否？"曰："退之说性，只将仁义礼智来说，便是识见高处。如论三品亦是。但以某观，人之性岂独三品，须有百千万品。退之所论却少了一'气'字。"①

韩愈曾说，"所以为性者五：曰仁、曰礼、曰信、曰义、曰智"②，这一点与朱子的观念是一致的。朱子曾说，"却是韩愈说性自好，言人之为性者五，仁义礼智信是也，指此五者为性，却是说的是"③，因为人性的本然形态即是仁义礼智（信）之性，但另一方面，韩愈又有"性三品"之说，朱子则明确对此表示不满，而所谓的"人之性岂独三品，须有百千万品"这里的"人之性"显然是指气质之性，而气质之性"须有百千万品"的实质内涵就在于仁义礼智之性的现实形态是千差万别的。事实上，这也是朱子在界定气质之性时所说的"性之在是者，其为品亦不一"的实质内涵所在——这里的"其为品"就表明气质之性是仁义礼智之性的现实品级、现实形态，而"不一"则表明气质之性是丰富多样，充满差异的。正如朱子所言："韩文公亦见得人有不同处，然亦不知是气禀之异，不妨有百千般样不同，故不敢大段说开，只说'性有三品'，不知气禀不同，岂三品所能尽耶！"④从气质之性的角度说，现实中人总是具有"百千般样不同"，这种千差万别的实质即是仁义礼智之性由于每个人所禀之气的不同而呈现出来的现实形态，即气质之性的差等性。

当然，气质之性虽然千差万别，但只有对于圣人而言，其内在的仁义礼智的功能才能够得到最好的发用，而对一般的常人而言，由于其所禀之气的不良，因此其内在的仁义礼智之性的现实功能也得不到最好的展现，换言之，这种状况的根源就在于，由于气的品质的不良，其内在的仁义礼智之性的现实功能受到了抑制。正如朱子所言：

> 只为气质不同，故发见有偏。如至诚尽性，则全体著见。次于此者，

---

① （宋）朱熹：《语类》卷137，《全书》第18册，第4258页。
② （唐）韩愈：《原性》，《韩愈全集》卷1，第122页。
③ （宋）朱熹：《语类》卷101，《全书》第17册，第3401页。
④ （宋）朱熹：《语类》卷59，《全书》第16册，第1884页。

第三章　气禀与人欲：抑制人性功能的双重因素

未免为气质所隔。只如人气质温厚，其发见者必多是仁，仁多便侵却那义底分数；气质刚毅，其发见者必多是义，义多便侵却那仁底分数。①

"气质不同"，或者说，气之质的不同，实质上所说的是一般人所禀之气与圣贤所禀之气不同：圣贤所禀之气清明纯粹，故而其内在的仁义礼智之性的功能不会受到抑制，从而可以"全体著见"，但一般人由于所禀之气不良，故而仁义礼智之性的功能也必然受到抑制，从而温厚之人往往刚毅不足，刚毅之人则缺乏温厚，等等②。正是在这一意义上，朱子又说：

> 理者，如一宝珠。在圣贤，则如置在清水中，其辉光自然发见；在愚、不肖者，如置在浊水中，须是澄去泥沙，则光方可见。③
> 性如宝珠，气质如水。水有清有污，故珠或全见，或半见，或不见。④

作为一种比喻性的表达⑤，朱子在这里所要传达的实质内涵就在于，

---

① （宋）朱熹：《语类》卷64，《全书》第16册，第2117页。
② 在这里也可以看到，对朱子而言，气质之不同并非一存在论意义上的抽象思辨，它必然在仁义礼智之性的现实发用上体现出来。
③ （宋）朱熹：《语类》卷17，《全书》第14册，第575页。
④ （宋）朱熹：《语类》卷74，《全书》第16册，第2525页。
⑤ 这里的"宝珠"之喻很容易使人觉得朱子那里的人性（仁义礼智之性）是一种实体性存在而非机能性存在（即身体中内在的感通能力）。事实上，这一比喻在朱子的时代已经引起误解，朱子的学生曾经问道："先生尝说性是理，本无是物。若譬之宝珠，则却有是物。"这一追问的实质也就在于"宝珠"之喻很容易使人觉得人性如同"一物"，是一种实体性的存在，但朱子对此的回答是"譬喻无十分亲切底"［参见（宋）朱熹《语类》卷74，《全书》第16册，第2525页］。这一回答表明"宝珠"之喻实质上是一种比喻，是一种修辞性的表达，之所以要用这种修辞性的表达，在于语言自身的限度，倘若没有这种比喻，则所欲表达的事物很难说清楚。虽然比喻性的表达自身也有其限度，但它在很多情况下又是不可或缺的："比来比去，也终是有病。只是不以这个比，又不能得分晓。"［见（宋）朱熹《语类》卷95，《全书》第17册，第3195页］正如保罗·利科所言，比喻是"作为话语的策略而出现"（［法］保罗·利科：《活的隐喻》，汪家堂译，上海译文出版社2004年，前言部分，第5页），它对人们认知事物具有启发性。朱子正是试图借助于比喻这种策略性的话语方式启发人们更好地理解相关问题。但这种比喻很快也抵达了其自身的边界："譬喻无十分亲切底。"对于今天的人们而言，这种"譬喻"的有限性更是对理解朱子哲学造成了巨大的困扰。因此就需要人们透过这种语言的限制来理解朱子所要表达的实质内涵。

相对于圣人所禀的清明纯粹之气而言，一般人由于所禀之气没有那么优良，因此其内在的仁义礼智之性的功能受到了抑制而不能如圣贤那般光辉著见，从而也就不能随感而应，不能感而遂通，不能发而皆中节。事实上，这也就是所谓"气禀所拘"的实质内涵，——这里的"拘"与"抑制"在内涵上具有一致性，"气禀所拘"的实质也就是气的品质（气之质）的不良对气的性能（气之性）的抑制，更为具体地说，就是主体内在的仁义礼智之性的功能受到抑制，从而不能很好地发用。

在上述论述中不难看出，气质的不良，也就是气禀构成了抑制主体内在的仁义礼智之性的基本因素，但这并不意味着每个人内在的仁义礼智之性都会受到抑制，正如前文所论，由于圣人所禀之气是清明纯粹的，因此其内在的仁义礼智之性也就不会受到气的品质的影响，然而，圣人毕竟是不世出的，现实中的常人则所禀之气总是不如圣人般清明纯粹，从而其内在的仁义礼智之性在其现实的效用上也就是必然表现出种种偏向性。这在下文的论述中得到明确的体现：

> 人性虽同，禀气不能无偏重。有得木气重者，则恻隐之心常多，而羞恶、辞逊、是非之心为其所塞而不发；有得金气重者，则羞恶之心常多，而恻隐、辞逊、是非之心为其所塞而不发。水火亦然。唯阴阳合德，五性全备，然后中正而为圣人也。①

与"唯阴阳合德，五性全备"的圣人相比，现实中的常人就其本然之性而言虽然与圣人相同，但就其气质之性而言，则总是具有不同的偏向性，有的人生来就仁慈之心较重，有的人生来就羞耻之心较重，等等。这种偏向性即显示了气质之性的差异性，因此前文所说的气质之性有"百千般样不同"之说；但另一方面，与圣人"阴阳合德，五性全备"相比，这也意味着对这样一个事实的确认，即现实中的常人，由于其所禀之气的不良，其气质之性都是不完满的，换言之，其内在的仁义礼智都是受到气禀的抑制的。当然，正如本书第一章所特别强调的，对朱子而

---

① （宋）朱熹：《语类》卷4，《全书》第14册，第205页。

第三章 气禀与人欲：抑制人性功能的双重因素

言，一个人生而为圣人还是生而为常人，都是一个偶然的过程，而没有任何超验存在的目的与意志存乎其间；但另一方面，对每个人自身而言，气禀是好还是不好，则是生来如此的，是先天的①。正因如此，朱子说：

> 人之性皆善。然而有生下来善底，有生下来便恶底，此是气禀不同。且如天地之运，万端而无穷，其可见者，日月清明气候和正之时，人生而禀此气，则为清明浑厚之气，须做个好人；若是日月昏暗，寒暑反常，皆是天地之戾气，人若禀此气，则为不好底人，何疑！②

"人之性皆善"是对每个人都内在地具有可以为善的仁义礼智之性这一本体论事实的确认，而"生下来便恶底"实质上是就气质之性而言的，气质之性的不善是由于气禀的不良造成的，因此"生下来便恶"正是对气禀的先天性的确认。而对于常人而言，其所禀之气的不良，既不是任何超验意志的有意为之，也没有家庭环境、社会风俗、学校教育、个人修为等后天因素存乎其间，而实质上是一种先天的获得之物——虽然这一"获得"的过程是偶然的。在这一意义上，气禀构成了抑制仁义礼智之性现实功能的先天性因素。因为对每一个具体的存在者而言，他所禀之气是"人生而禀此气"的，但生来所禀之气如何则是根源于气化生物的过程，因而完全没有任何后天的因素存乎其间的。朱子曾经以一种非常形象的方式谈到了这一点：

> 天气晴明舒豁，便是好底气；禀得这般气，岂不好！到阴沉黯淡时，便是不好底气；禀得这般气，如何会好！毕竟不好底气常多，

---

① 藤井明伦将气禀的昏浊看作是抑制仁之功能的后天因素（参见藤井明伦《朱熹思想结构探索》，第191页），显然是未能对气禀的内涵和特性做出恰当的定位。实际上，朱子曾经说，"性（理）与气皆出于天"[（宋）朱熹：《语类》卷59，《全书》第16册，第1888页]，这里的出于天实质上就在于对于每一个具体的存在者而言，理（性）与气都是先天的——实际上，正如前文所言，既然理（性）是气的内在属性，就其先天性而言，二者必然是一致的。

② （宋）朱熹：《语类》卷4，《全书》第14册，第198页。

好底气常少。以一岁言之，一般天气晴和，不寒不暖，却是好，能有几时如此！看来不是夏寒，便是冬暖；不是愆阳，便是伏阴，所以昏愚凶狠底人常多。①

从气化生物的角度说，每个人所禀之气与天地之气之间一气贯通②，天地之气的品质对人生来所禀之气具有直接的影响，禀得"好底气"，气质之性自然会比较完满，而禀得"不好底气"，气质之性也自然会不完满③。而另一方面，就天地之气而言，一年之间，天变无常，气之"不齐"是一个基本事实，能禀得"好底气"的人自然很少，因此现实中人的气质之性也不然都会有这样或那样的不完满倾向。在这一层意义上，现实中人之所以很少能有圣人般完满的气质之性，或者说，对于现实中绝大多数人而言，其内在的仁义礼智之性的功能之所以都是受到抑制的，也有其先天的根源。

---

① （宋）朱熹：《语类》卷59，《全书》第16册，第1888页。
② 正如本书第一章区分了"气化"与"形化"，从本源上说，人与万物都是气化所生，但就每个具体的存在者而言，则是父母所生，但即便为父母所生，但在朱子看来，每个人生来所禀之气却仍然与天地之气相通，因此当学生问道："人禀天地五行之气，然父母所生，与是气相值而然否？"朱子回答："便是这气须从人身上过来。"在类似的意义上，他又说："人气便是天地之气，然就人身上透过，如鱼在水，水入口出腮。"[引文俱见（宋）朱熹《语类》卷4，《全书》第14册，第206页]
③ 朱子的上述论述，虽然给人以"持论太过，难以实证"（见陈荣捷《朱熹》，生活·读书·新知三联书店2012年版，第85—86页）的印象，但人"有生下来善底，有生下来便恶底"这类口头性的表达在今天的日常生活中还常常为人们所道及，这一现象表明，气质之性的不善有其先天的根源并非是一种思辨性的理论推论，而是一个现实生活中也还能够观察到的经验性事实，在这一点上，朱子与现代人并没有任何意义上的古今之别。另一方面，朱子的这类观念建立在其气化生物的观念之上，虽然确实"难以实证"，但却很难说"持论太过"。而且这类观念本身已经超出实证科学的范围，自然也难以用实证科学来评判。正如伽达默尔所发现的那样："随着19世纪精神科学实际发展而出现的精神科学逻辑上的自我思考完全受自然科学的模式所支配。"（[德]汉斯-格奥尔格·伽达默尔：《真理与方法》上卷，洪汉鼎译，上海译文出版社2004年版，第3页）事实上，不仅伽达默尔所谓的精神科学，而且整个西方近代哲学都受到近代自然科学、实证科学研究范式的深刻影响乃至支配，这一点只要回顾一下从康德要求形而上学达到数学和物理学的"科学性"（康德在《纯粹理性批判》的第二版序言中对此言之凿凿），到胡塞尔要求哲学成为"严格的科学"（胡塞尔的一本小册子就题为《哲学作为严格的科学》）这一近代哲学的发展历程就可以清楚地看到。作为模仿近代西方哲学研究范式而建立起来的中国哲学学科，其研究进路也不可避免地受到西方近代哲学科学研究范式的深刻影响和支配，陈荣捷先生的上述观念无疑在一定程度上体现了这一点。

仁义礼智之性是主体内在的可以为善的感通能力，因此这种能力如果受到抑制，也就是主体内在的可以为善的能力受到抑制，从而作为其现实形态的气质之性也就不再是纯粹至善的，而是有所不善的。正因如此，朱子指出："性无不善。若论气质之性，亦有不善。"① "性无不善"的实质是说主体内在的仁义礼智之性是纯粹至善的，但就其现实形态而言，气质之性则是有善有不善。对于禀受清明纯粹之气的圣人而言，他内在的仁义礼智之性不会受到抑制，因此其气质之性与本然之性在功能上是一致的，即仍然是纯粹至善的，但现实中的常人，其仁义礼智之性由于受到气禀的抑制，其为善的能力也就受到抑制，从而表现出现实的不善。但这种不善并不简单地等同于恶。正如本书第二章所言，作为主体内在的感通能力的仁义礼智之性，它的"为善"过程实质上是一种自然而言的感通的过程，这其中没有主体的意志、目的的参与，因此是一个感发性的过程，而不是一个意向性，这一点与以康德为代表的、从意向性的角度来达成的对善的理解具有本质的不同②。在同样的意义上，作为仁义礼智之性的现实形态的气质之性，它的不善，也不是一个意向性的有意为恶的过程，而实质上是过或者不及，正因如此，朱子指出："性固无不善，其所以有不善，有过，有不及，却从气禀中来。"③虽然，仁义礼智之性作为可以为善的感通能力，它的存在意味着主体能够自然而然地亲亲、仁民、爱物，而亲亲、仁民、爱物总是通过具体的行为体现出来，因此，仁义礼智之性的为善功能受到抑制也必然导致现实的恶的行为。但这种恶的行为却不是主体有意而为，实质上是过或不及所致，是过失性的，借用亚里士多德的话说，"不是出于什么恶意，这就是一种过失"④，换言之，它不是主体的恶的动机产生的，不是主体有意而为的，

---

① （宋）朱熹：《语类》卷5，《全书》第14册，第223页。
② 不过，值得注意的是，在本书第四章关于"察识"工夫的论述中，可以看到，朱子对"为善"过程的自觉性亦非常重视。实际上，察识工夫的实质就在于自觉地服从良知的指引，因此也就表现为一种自觉为善的过程。不过，就朱子哲学的内在体系而言，这一意义上的为善不过是复性工夫的一种形式，并且它最终是要走向自我扬弃，即通过主体的自觉为善，达到性体的自发为善。
③ （宋）朱熹：《答蔡季通》，《续集》卷2，《全书》第25册，第4681页。
④ ［古希腊］亚里士多德：《尼各马可伦理学》，邓安庆译，第192页。

而是由于过失而产生的。当然，从另一方面来说，由于这种过失性的行为导致了现实的恶的结果，因此就其结果而言，也可以称之为恶①。在这一意义上，气质之性也可以被称为恶的②。

最后需要指出的是，正如前文所论，张载、程颐提出气质之性这一概念的问题意识在于，孟子之后，正统儒学的性善论论述一再受到理论上的挑战，从而需要新的概念对此加以回应。正如朱子所言，气质之性这一概念的理论贡献在于："然后性之为善者，无害于气质之有不善，气质之不善者，终亦不能乱性之必为善也。"这就意味着，气质之性这一概念意味着一种双重的确认，它既确认了主体内在地具有仁义礼智之性，从而也就确认了人性是本善的，另一方面也确认了由于主体自身所禀之气的"不齐"，从而作为人性现实形态的气质之性存在一定的差等性。而现实的常人，由于所禀之气不那么清明纯粹，因此其气质之性是有所不善的。这种双重确认既意味着对孟子所谓的性善论的重新肯定，也意味着在面对荀子、扬雄、韩愈等人的理论挑战下，对孟子性善论的某种修正和完善。事实上，朱子曾经提出批评说："孟子自来不甚说气禀"③，又指出"只缘孟子不曾说到气上……故有后来荀、扬许多议论"④。可以看到，对朱子而言，正是因为孟子没有正视气禀的差等性，而只是单纯地强调人性本善，从而不能解释气质之性存在不同的品级，特别是不能解

---

① 亚里士多德曾经指出"不能自制不是邪恶，但也许是在某种程度上的恶。因为它不是故意的，而恶则是故意的。但行为是同样的"（见亚里士多德《尼各马可伦理学》，第255页）。在亚氏看来，恶总是有意而为的，是意向性的，因此，那种非有意而为的行为是不能被称为恶的，但如果就其结果而言，也就是就这种行为的现实效果而言，它同有意而为则是一致的，因此也"在某种程度上"也是恶的。亚氏这一观念与朱子显然具有相通之处。

② 众多学者指出，在朱子看来，气禀是恶的根源，这一论断如果可以成立的话，需要从以下两个方面加以限定：一、气禀的不良是恶的根源，而不能直接说气禀是恶的根源，因为即便是圣人，也禀有天地之气，从而也有气禀，但在圣人则是至善而无恶的，因为圣人所禀之气不会对其内在的仁义礼智之性的功能造成抑制；第二、气禀造成的恶，在其本源的意义上，只能是过或不及，它是非意向性的，即不是出于恶的动机而产生的。当然，如果就其现实结果而言，也可以称之为恶。正是在这一意义上，朱子指出："'天命之谓性'，即天命在人，便无不善处。发而中节，亦是善；不中节，便是恶。"[（宋）朱熹：《语类》卷12，《全书》第14册，第362—363页]

③ （宋）朱熹：《语类》卷60，《全书》第16册，第1940页。

④ （宋）朱熹：《语类》卷59，《全书》第16册，第1884页。

释现实中绝大多数人的气质之性不完满性的根源所在，从而才会有荀子、扬雄等人提出性恶论、善恶混等观念①。但另一方面，在朱子看来，荀子、扬雄等人的观念虽然正视了气质之性是有所不善的，但又否定了人性本善这一本体论事实，因此也是不够的。正因如此，朱子对二程所说的"论性，不论气，不备；论气，不论性，不明"②给予高度重视，在他看来，只有这样才能更好地补充孟子的不足，才能回应荀子、扬雄等人的挑战，因为"孟子'性善'，是论性不论气；荀、扬异说，是论气则昧了性"③；在同样的意义上，韩愈的"性三品"之说，也同样"少了一'气'字"，因此也是"论气不论性"的④。对朱子而言，气质之性这一概念则是在论性时能够正视气禀的不齐，但又没有因此而抹杀本性之善，从而是最有解释力的⑤。在这里也可以看到，通过对气质之性这一概念阐发，在回应荀子、扬雄、韩愈等人的理论挑战的同时，朱子也在新的时代背景下为儒家的性善论重新赢获其根本性的地位。

第二节　人欲所蔽：抑制人性功能的人为因素

正如本章导言部分所论，在朱子看来，"气禀所拘"和"人欲所蔽"是抑制仁义礼智现实功能的两个根本性因素，从所引文献中可以看到，

---

①　正如朱子所言："荀子但只见气之不好，而不知理之皆善。扬子是好许多思量安排：方要把孟子'性善'之说为是，又有不善之人；方要把荀子'性恶'之说为是，又自有好人，故说道'善恶混'。"[（宋）朱熹：《语类》卷101，《全书》第17册，第3395页] 荀子的性恶论明显针对孟子的性善论（这一点荀子在《性恶篇》中已经明确指出），而扬雄的善恶混之说，则是对荀子和孟子的双重批判，在他看来，性善论和性恶论都缺乏充分的解释力，即性善论解释不了现实中何以有不善之人的存在，而性恶论又解释不了现实中还是有好人存在，而既存在不善之人又存在好人这种现实状况似乎表明善恶是相混杂的，故而主张"善恶混"。
②　（宋）程颢、程颐：《河南程氏遗书》卷6，《二程集》上册，第81页。《二程集》这段话的下面还有一句小注"一本此下云：'二之则不是'"，这可以看作是对上文的补充与强调。
③　（宋）朱熹：《语类》卷59，《全书》第16册，第1889页。
④　这在"孟子专于性善，则有些是'论性不论气'；韩愈三品之说，则是'论气不论性'"[（宋）朱熹：《语类》卷59，《全书》第16册，第1889页] 这一表述中得到直接的体现。
⑤　正如朱子所言："论性不论气，则无以见生质之异；论气不论性，则无以见义理之同。"[（宋）朱熹：《答连嵩卿三》，《文集》卷41，《全书》第22册，第1856页] 反过来说，气质之性这一概念既注意到"生质之异"，也确认了"义理之同"，从而具有双重的解释力。

朱子在表述这两重因素时有一个明显的特点，即他总是先说"气禀"（或"气质"），再说"人欲"（或"物欲"），实际上，这一表述顺序本身即传达出一个重要的信息，即人欲总是关联着气禀，正如朱子所言："惟圣人气质清纯，浑然天理，初无人欲之私以病之。"① 这一论述表明，气禀与人欲之间的实质关联在于，人欲与所禀之气的品质具有密切的关联，对于那种禀受清明纯粹之气的圣人而言，就不存在人欲的问题。而正如前文所言，由于现实中的常人其所禀之气都非如圣人那般清明纯粹，因此也就必然不能如圣人那样"无人欲之私以病之"。这一点在《玉山讲义》的如下的论述中得到更为明确的阐发：

> 天之生物，如朝廷之命此官。人之有此性，如官之有此职。朝廷所命之职，无非使之行发治民，岂有不善？天之生此人，无不与之仁义礼智之理，亦何尝有不善？但欲生此物，必须有气，然后此物有以聚而成质。而气之为物，有清浊昏明之不同，禀其清明之气，而无物欲之累，则为圣；禀其清明而未纯全，则未免微有物欲之累，而能克以去之，则为贤；禀其昏浊之气，又为物欲之所蔽，而不能去，则为愚，为不肖，是皆气禀物欲之所为，而性之善未尝不同也。尧舜之生，所受之性，亦如是耳，但以其气质清明，自无物欲之蔽，故为尧舜，初非有所增益于性分之外耶。②

从"性同气异"的角度说，每个人都内在地具有从气中带来的仁义礼智之性，但气禀的差异不仅体现在上文所说的气质之性的差异上，更明显地体现在物欲的多寡之上，而作为圣人的尧、舜之所以"无物欲之累"就在于其所禀受的是清明纯粹之气。朱子上述观念实质上是要指出这样一个基本事实，即现实中的常人，其内在的仁义礼智之性不仅必然受到气禀所拘，也必然受到人欲（物欲）所蔽，因此，人欲是人们在人伦日用之中必须正视的一个问题，因为对于现实中的芸芸众生而言，"人

---

① （宋）朱熹：《中庸或问》，《全书》第6册，第592页。
② （宋）朱熹：《玉山讲义》，《文集》卷74，《全书》第24册，第3590—3591页。

有此身，便不能无物欲之蔽"① 是一个基本的事实：这里的"不能无"也就意味着"必然有"，而这种必然存在的抑制仁义礼智之性的因素则必须得到重视②——这也是"存天理、灭人欲"这一工夫之所以必要的根源所在。

"存天理，灭人欲"涉及朱子哲学的工夫论问题，它已经超出了本章的范围，留待下一章再做进一步的分析。但正如"存天理、去人欲"这一为人们所熟知而又引起众多争议的命题所表明的那样，"人欲"总是相对于"天理"而言的，因此，对人欲是如何抑制仁义礼智之性的现实功能这一问题的理解必须放在天理人欲之辨的背景下加以理解，而这就有必要对何为天理、何为人欲进行先行的考察。

"天理"无疑是朱子哲学乃至整个宋明理学中的一个核心概念。然而，正如本书第一章所论，在朱子看来，通过"由天而气"的概念阐释，先秦以降具有人格神色彩的天已经被消解了，并以此确定了气在存在论意义上的本源性地位，而理不过是气中内在的生理，它以仁义礼智（信）为具体内容，并构成了人性的天道根源，因此就人而言，理实质上就是作为人性具体内容的仁义礼智之性。在这一层意义上，天理这一概念在朱子哲学中似乎很难找到其恰当的位置。那么，朱子认为的天理到底该如何理解呢？如下的论述具有重要的启发意义：

> 性者，人所受之天理。③

---

① （宋）朱熹：《答汪易直二》，《文集》卷60，《全书》第23册，第2883页。
② 这里的"人有此身，便不能无物欲之蔽"似乎是一个全称命题，从而意味着圣人也"不能无物欲之蔽"。但朱子在这里所针对的实际上还是现实生活中的常人，因为那种具有理想性的圣人，虽然有尧、舜、孔子等人作为具体的人格担保，但在孔子之后，如下的观念已经成为一个基本的共识，即现实中再也没有圣人出现，或者说，现实中再也不会有人可以被称为圣人。虽然理学是以成圣为目标的，但谁也不敢说自己已经达到了圣人的层次，更不敢说自己生来就是圣人了。因此这种全称命题所要传达的实质内涵就在于现实中的每个人都要正视自己的有限与不足。而朱子的这一观念不仅强调了现实中的每一个人都应该加强自我修养，提升自身；同时还具有非常明确的政治意义，即便一个人贵为人君，也需要接受圣贤所提供的修养工夫。关于这一点，本书第六章将有更为详细的讨论。
③ （宋）朱熹：《论语集注》，《全书》第6册，第103页。

> 性者，即天理也，万物禀而受之，无一理之不具。①

从这些论述中可以看到，对朱子而言，性即天理，换言之，天理实质上不过是仁义礼智之性的又一个称谓。事实上，朱子曾经对此做过更为明确的论述，他说：

> 天理浑然，然既谓之理，则便是个有条理底名字。故其中所谓仁、义、礼、智四者，合下便各有一个道理，不相混杂。以其未发，莫见端绪，不可以一理名，是以谓之浑然。非是浑然里面都无分别，而仁、义、礼、智却是后来愚次生出四件有形有状之物也。须知天理只是仁、义、礼、智之总名，仁、义、礼、智便是天理之件数。②

这一论述非常明确地表明天理与仁义礼智之性在内涵层面上的一致性，或者说，天理与仁义礼智之性实质上是异名而同实的③。然而，需要进一步追问的是，既然天理与仁义礼智之性在内涵上具有一致性，而仁义礼智之性是主体的内在本性，因此，天理就不是某种超验的、外在的存在，而恰恰是内在于主体之中的④。那么，它何以又被称为"天理"呢？事实上，这里的关键就在于如何理解天理之"天"，而如下的这段论

---

① （宋）朱熹：《朱子语类》，《全书》第14册，第232页。
② （宋）朱熹：《答何叔京二十八》，《文集》卷40，《全书》第22册，第1838页。
③ 天理一词在先秦时期即已经存在，但正如陈荣捷、蒙培元等诸先生所指出的，与人欲一词相对的天理概念是在《礼记·乐记》的"人生而静，天之性也，感于物而动，性之欲也。物至知知，然后好恶形焉。好恶无节于内，知诱于外，不能反躬，天理灭矣。夫物之感人无穷，而人之好恶无节，则是物至而人化物也。人化物也者，灭天理而穷人欲者也"（引自孙希旦：《礼记集解》下册，中华书局1989年版，第984页）这一表述中最先出现的（参见陈荣捷《朱子新探索》，华东师范大学出版社2007年版，第171页；蒙培元：《理学范畴系统》，人民出版社1989年版，第299页）。而蒙培元更进一步指出，"按照《乐记》所说，天理是生而具有的潜在本性"，这与朱子对天理与人性之间关系的理解是基本一致的（见《理学范畴系统》，第299页）。
④ 事实上，当吕留良说"天理本吾心固有"（吕留良：《吕晚村先生四书讲义》卷17，《续修四库全书》第165册，上海古籍出版社2002年版，第501页）时，已经明确指出了天理所具有的内在性特点。

第三章　气禀与人欲：抑制人性功能的双重因素

述对理解这一问题至关重要：

> 平生所闻，人有此身，便有所以为人之理，与生俱生，乃天之所付，而非人力之所能为也。所以凡为人者，只合讲明此理而谨守之，不可昏弃。①

这里所说的"与生具生"的"所以为人之理"也就是仁义礼智之性，而这一论述表明，在朱子看来，仁义礼智之性之所以被称为天理，是相对于"人力之所能为"而言的，由此可见，在朱子看来，天理这一概念的成立，实质上涉及天人之辨的问题。事实上，正如前文一再指出的，在朱子那里，通过对气中本有之理（或性）的揭示，在论及人性的实在性及其根源时，朱子虽然仍然诉诸《中庸》所说的"天命之谓性"，但这已经不再意味着人性是作为超验存在者的天赋予人的，而是在气化生物的过程中从气中带来的。因此，天不再是超验的、人格神般的存在，人性也不是任何超验存在者有意志、有目的地赋予、安放在人这种存在者之中的。然而，问题的关键在于，人性的存在也同样不是人自身劳作的结果，换言之，人性的存在不是作为"主体"的人自身的作品，其存在与否是"非人力之所能为"的，换言之，就人性的来源而言，主体自身是不能做"主"的。在朱子看来，说它是出于天的，是"天之所付"的，是"天理"，正是在其"非人力之所能为"的意义上说的。因此，在朱子看来，"天理"这一表述中的"天"实质上是作为"理"的修饰语出现的，它是相对于"人"而言的，而这里的"人"也不是在存在论的意义上对人类这种特定存在者或其中的特定个体的指称，而是以"人力"为实质内涵②。因此，说仁义礼智之性是天理，是出于天的，实质上就是强调它不是出于人力。因此，这一意义上的"天"实质上意味着对主体自身权能的一种标画，而天人之辨也正是建

---

① （宋）朱熹：《答陈叶仁父一》，《文集》卷63，《全书》第23册，第3059页。
② 陈淳所谓："非人所为便是天"［见（宋）陈淳《北溪字义》卷上，第4页］，正是在这一意义上说的。

立在对主体权能有限性的洞察之上的①。与基督教思想中通过人神之辨达成的对人的有限性的确认有所不同——基督教认为，神或上帝是存在于彼岸世界中的全知、全能、全善的存在，人的有限性是相对于神的无限性而言的，而在朱子这里，天之为天正是建立在由对主体权能界限的深刻洞察所达成的，或者说，朱子这里的天并非一种人格神般的超越存在者，而不过是对主体权能界限的一种标画，一种界说②。正因如此，当朱子言及天理时，总是将其与人力、人为相对而言，如：

> 义理非人所能为，乃天理也③；
> 天理自然，不由人安排④；

在这类表述中可以看到，天作为一种修饰性的表达，以天然、自然为内涵，它意味着作为天理的仁义礼智之性，就其实在性而言，是天然

---

① 杨国荣老师业已指出："按理学家之见，人力（主体权能）并不是万能的，它总是有其自身的限度。"见杨国荣《善的历程：儒家价值体系研究》，华东师范大学出版社2009年版，第287页。

② 与人神之辨中神的实体性、超验性、人格性不同，在朱子那里，天人之辨中的天并不能在人格神的意义上加以理解。正如前章所论，对朱子而言，天在存在论意义上是以气为体，在这一意义上，天作为一个概念实质上已经是可有可无的了。但天这一概念之所以被保留下来，是由于它是先秦文献中的一个核心概念，对于述而不作的朱子而言，如何阐发这一概念的内涵是一大关键问题。而在后文中可以看到，通过对主体权能界限的揭示，天在朱子哲学中又重新赢得了一个位置：如果说前章所论的"由天而气"的转化是在存在论意义上对天的转化，那么，在后文中可以看到，天的内涵在天人之辨的地基上又得以重建。正是通过对天的价值重建，"天命"这一概念在朱子那里获得了新的内涵："盖原此理之所自来，虽极微妙，然其实只是人心之中许多合当做底道理而已。但推其本，同见其出于人心而非人力之所能为，故曰'天命'。"［（宋）朱熹：《答廖子晦二十一》，《文集》卷45，《全书》第22册，第2111页］可以看到，这一意义上的天命，就不再具有任何神学目的论色彩，而实质上是以对主体权能的限定、标画为内涵的。可以说，在朱子那里，通过对天的内涵转化与价值重建，一种新的天命观得以确立，它不再诉诸神学目的论，而是将自己建立在对主体权能的限定之上。而《中庸》所谓的"天命之谓性"也在这一新天命观的基础上得到重新的理解，并在朱子的哲学系统中获得其应有的位置。这里还需要指出的是，从主体自身权能界限的角度来言说天，构成了儒学对天的一种重要的理解方式，在孟子所谓的"莫之为而为者，天也"（《孟子·万章上》）这一表述中已经得到明确的展示。

③ （宋）朱熹：《答柯国材三》，《文集》卷39，《全书》第22册，第1733页。

④ （宋）朱熹：《语类》卷127，《全书》第18册，第3971页。

如此、自然如此，从而是先天的，而非后天人为劳作的结果，正因如此，朱子说："仁义礼智，四字一般，皆是性之德，乃天然本有之理，无所为而然者。"① 由此可见，朱子这里的天人之辨是以天然与人为的对比为实质内涵的。在这一层意义上，凡是出于天然、自然的事物或现象都是出于"天"的，而出于人力、人为的事物或现象则是出于"人"的。

当然，仁义礼智之性之所以是天理，更为重要的则是就其发用方式说的。正如本书第二章所论，仁义礼智之性的发用即是恻隐、羞恶、辞让、是非等道德意识的流露，而四端之情的流露实质上是主体在遭遇孺子入井等情境时自然而然地发出来的，其根本性特点就在于它是感发性的，从而与具有意向性特点的道德动机具有根本的差别。对朱子而言，如果说意向性的道德动机是出于"人"的，那么感发性的四端之情则是出于"天"的。这一点在前章所论的"发之人心而不可已"这一表达中已经可以明确地看到：四端之情之所以是"不可已"的，其根本原因就在于它非"出于人力安排"，即不是出于人为的。实际上，朱门高足陈淳曾经明确地从天人之辨的角度对其师的上述观念进行了概括："入井而恻隐者，皆天理之真流行发见，自然而然，非有一毫人为预乎其间。"② 这里的"天理之真流行发见，自然而然"正是强调四端之情的呈露是一个自然而然的过程，是出于"天"的，而"非有一毫人为预乎其间"的，则意在表明它非出于主体自身的目的、动机、意志等人为因素，因而不是出于"人"的，借用二程的说法，可以将其概括为"出于天，不系于

---

① （宋）朱熹：《答胡广仲五》，《文集》卷42，《全书》第22册，第1904页。值得一提的是，正是在这一意义上，仁义礼智之性不仅可以被称为天理，也可以被称为"天性"（关于仁义礼智之性又被称为"天性"，如下的表述明确体现了这一点："感物而动者，圣愚之所同，但众人昧天性，故其动也流；贤人知天性，故其动也节；圣人尽天性，故其动也无事于节而自无不当耳。"[见（宋）朱熹《答胡季随十三》，《文集》卷53，《全书》第22册，第2525页。类似的表达实质上在《语类》《文集》中可谓触处皆见，这里就不再列举了] 所谓天性的实质也就是说，仁义礼智之性是一种先天性的内在能力，是生来如此的，而非后天获得的。

② （宋）朱熹：《答陈安卿三》，《文集》卷57，《朱子全书》第23册，第2736页。

人"的①。

与天理的"出于天,不系于人"不同,人欲之为人欲的根本特性就在于它是出于"人"的,或者说,人欲之"人"与"天理"之"天"一样,也是一种修饰性的手法,它的实质内涵就是"人力""人为"。这一点可以通过朱子对孟子所说的"今人乍见孺子将入于井,皆有怵惕恻隐之心,非所以内交于孺子之父母也,非所以要誉于乡党朋友也,非恶其声而然也"的注释中清楚地看到。在那里朱子写道:"乍见之时,便有此心,随见而发,非由此三者而然也",并引用了谢良佐的如下论述加以进一步阐发:

> 谢氏曰:"人须是识其真心。方乍见孺子入井之时,其心怵惕,乃真心也。非思而得,非勉而中,天理之自然也。内交、要誉、恶其声而然,即人欲之私矣。"②

如果说朱子所说的"乍见之时,便有此心,随见而发"以及谢良佐

---

① 二程在诠释孟子所说的"良知良能"时曾说"良能良知,皆无所由,乃出于天,不系于人"[(宋)程颢、程颐:《河南程氏遗书》卷2上,《二程集》,第20页],朱子在《孟子集注》也引用了这一说法[见(宋)朱熹《孟子集注》,《全书》第6册,第430页]。这里的"出于天,不系于人"并不是说,良知良能是超验的、存在于彼岸世界之中的存在,因为这里的"人"也并不是在存在论的意义上说的,而是在"人力""人为"的意义上说——正是因为良知不是出于人为的,所以说它是出于"天"的。就这一点而言,二程对良知良能的理解与朱子对四端之情的上述理解具有根本的一致性。值得一提的是,二程对良知良能(当然也包括朱子)的这一理解与海德格尔具有相通之处。众所周知,海德格尔在《存在与时间》中对"良知"(Gewissen)做了考察,对海德格尔而言,良知是本真性的存在对沉沦于日常存在的一种呼唤,从而引导后者走向其可能的存在:"我们所称的良知,即呼唤,是在其自身中召唤常人自身;作为这样一种召唤,它就是唤起这个自身中到它的能自身存在上去,因而也就是把此在唤上前来,唤到它的诸种可能性上去。"([德]海德格尔:《存在与时间》,陈嘉映等译,生活·读书·新知三联书店2006年版,第314页)就其具体的内涵而言,海德格尔所理解的良知与程、朱(当然包括孟子以来儒家思想传统)所说的良知具有本质的不同。然而,对于海德格尔而言,良知也同样具有"出于天,不系于人"的特点,他说:"呼唤恰恰不是而且绝不会是由我们本身计划的或准备的或有意做出的。一声呼唤不期而至,甚至违乎意愿。另一方面,呼声无疑并不来自某个共我一道在世的他人。呼声出于我而又逾越我。"([德]海德格尔:《存在与时间》,第315页)在这里可以看到,在海德格尔那里,良知不是存在者"本身计划的或准备的或有意做出的",因此是"逾越我"的,这里的"逾越我"可以看作是"出于天,不系于人"的另一种表达。

② (宋)朱熹:《孟子集注》,《全书》第6册,第289页。

所说的"非思而得，非勉而中，天理之自然也"是对天理①所具有的"出于天，不系于人"这一根本性特点的确认，那么"内交、要誉、恶其声而然"之所以被称为"人欲"则清楚地表明了人欲所具有的人为的特点。出于人为，实质上也就是出于主体自身的计较、安排，这一点在如下的对话中得到进一步的体现：

> 问："恶其声而然，何为不可？"曰："恶其声，已是有些计较。乍见而恻隐，天理之所发见，而无所计较也。恶其声之念一形，则出于人欲矣。人欲隐于天理之中，其几甚微，学者所宜体察。"②

这里的"天理之发见"实质上是恻隐之心的自发性流露：作为"发见"，它是主体与外在情境感通的结果，而没有主体动机、意志的参与。与天理出于"发见"不同，人欲则是出于"计较"，计较实质上是作为主体的人出于理性的考量、安排。因此，天理之"发见"是出于"天"，而人欲之"计较"则明显是出于"人"，即出于人为。

另一方面，如果说"人欲"之"人"作为一种修饰性的表达，以"人为性"实质内涵，那么"人欲"之"欲"则是以"意向性"为基本内涵。这在朱子对"父子欲其亲、君臣欲其义"这一说法的评价中可以清楚地看到：

> 如说"父子欲其亲、君臣欲其义"，是他自会如此，不待欲也。父子自会亲，君臣自会义，既自会恁地，便活泼泼地，便是仁。③

---

① 在"性、情一物"的意义上，无论是仁义礼智之性，还是作为仁义礼智之性现实发用的四端之情，都是天理，更进一步而言，朱子所说的天理正是指四端，因为仁义礼智之性只有随感而发，呈现为四端之情才有其现实功能与作用，否则在未感发的情况下，它虽然存在，却没有现实的意义。
② （宋）朱熹：《朱子语类》卷53，《全书》第15册，第1758页。
③ （宋）朱熹：《语类》卷6，《全书》第14册，第253页。"父子欲其亲、君臣欲其义"这一说法不知出自何人，可能是朱子某个弟子提出的。

正如孟子所说,"孩提之童,无不知爱其亲者;及其长也,无不知敬其兄也"(《孟子·尽心上》)是人的良知良能,而对朱子而言,"天理之发见"也正是良知良能的另一种表达①,因此"父子之亲""君臣之义"是天理发见、自然如此,而"不待欲"的。正因如此,朱子进一步评价说:"非是欲其如此。盖有父子,则便自然有亲;有君臣,则便自然有敬",如同"人热,自会摇扇,不是欲其摇扇也"②。这里的"不待欲""非是欲其如此"意在表明"父子之亲""君臣之义"是非意向性的,即这里没有主体的目的、动机的参与;而另一方面,这也就从反面表明"欲"所具有的意向性特点,从而与主体自身的目的、动机相关联。在上述意义上,天理人欲之辨的实质就在于:天理是感发性,从而无主体的目的、动机的参与;而人欲则是意向性的,是出于主体的目的、动机的。上述内容在如下的对话中可以得到进一步的体现:

> 问:"父母之于子,有无穷怜爱,欲其聪明,欲其成立。此谓之诚心邪?"曰:"父母爱其子,正也;爱之无穷,而必欲其如何,则邪矣。此天理人欲之间,正当审决。"③

"父母爱其子"是天理的自然发见,从而是无目的、无动机的,而"必欲其如何"则是为了特定的目的、出于特定的动机的。当然,"欲"所具有的意向性特点是与"人"分不开的,因为与意向性关联的目的、动机正是"人为"的具体内涵。

然而,从天人之辨所达成的对天理人欲之辨的理解还主要是形式上

---

① 朱子在注释孟子的上述表述时说"爱亲敬长,所谓良知良能者"[(宋)朱熹:《孟子集注》,《全书》第6册,第430页],这也表明他与孟子共享着良知、良能等观念。这在"人皆有良知……爱亲从兄,谁无是心?"[(宋)朱熹:《语类》卷115,《全书》第18册,第3635页]等表述中也能体现出来。

② (宋)朱熹:《语类》卷13,《全书》第14册,第398页。这段话的原文如下:"'父子欲其亲'云云,曰:'非是欲其如此。盖有父子,则便自然有亲;有君臣,则便自然有敬。'因指坐门摇扇者曰:'人热,自会摇扇,不是欲其摇扇也。'"

③ (宋)朱熹:《语类》卷13,《全书》第14册,第398—399页。

第三章 气禀与人欲：抑制人性功能的双重因素

的差别。它还不能回答人欲是如何抑制仁义礼智之性这一根本性的问题。因此，就需要对人欲的具体内涵做进一步的分析。正如朱子所言："人欲云者，正天理之反耳"①，这里的"反"并非简单地是前文所述的天与人，即天然与人为之间的差别，而更为实质地表现为人欲对天理的反动。本书第二章曾经指出：仁义礼智之性可以感而发为恻隐、羞恶、辞让、是非之情，并进一步引发亲亲、仁民、爱物、敬长、尊贤等具体的伦理道德行为，然而，虽然仁义礼智之性发而为四端之情具有必然性，但由四端之情到具体的伦理道德行为之间的转化却不具有必然性。问题的关键是，这种断裂性是何以形成的？康德曾经发现了主体的内在动机与外在行为之间的断裂性，但在康德看来，这种断裂性所涉及的实质上是意志的作伪，或者说是伪善②。与康德有所不同，在朱子看来，道德的行为在本源的意义上并不是主体有意而为的，这里并没有主体的意志或动机的参与，因此也不存在意志作伪的空间。事实上，朱子所说的四端之情与具体的道德行为之间的断裂性，所指的是这样一种事实，即主体虽然在相应的情境中必然有四端之心的呈现或流露，但主体却没有接受这种意识的指引而进一步导向道德的行为。这也就是"人欲云者，正天理之反耳"的实质内涵，即人欲实际上是对天理的反动，是对天理的违背、

---

① （宋）朱熹：《答何叔京三十》，《文集》卷40，《全书》第22册，第1842页。
② 黑格尔曾经指出："近代人特别对行为常常追问动机。以前人们只不过问，这个人是否是正直的人？他是否在尽他的义务？今天人们却要深入他们的内心，而同时假定在行为的客观方面与内在方面——即主观动机——之间隔着一条鸿沟。"（［德］黑格尔：《法哲学原理》，第124页）黑格尔实际上并不承认主体的内在意识与外在行为之间存在断裂性，他认为这种断裂性不过是"近代人"的一种"假定"。毋庸置疑，黑格尔这里所说的"近代人"是以康德为代表的。在康德那里，意识与行为之间的断裂性在他所谓的"出于义务"的行为与"合于义务"的行为之间的区分中可以清楚地看到。对康德而言，只有真正出于义务，即为了道德义务本身而做出的行为才具有真正的道德价值，或者说，才是真正的善的行为，而那些虽然合乎义务，但不是以善良意志为前提，或者说在动机上不是为他的行为，都不是真正善的行为。康德发现，有些行为就其现实性而言是合乎道德义务的标准的，但主体在做出这些行为时，在动机上却不一定是善的。不难理解，康德发现的这种意识与行为的断裂性主要体现为动机与行为之间的断裂性。而很显然，康德之所以要强调出于义务而不仅仅是合乎义务，其中的关键就在于主体的动机是可以伪装的，这在他所举的小商贩的童叟无欺的例子中可以清楚地看到：小商贩之所以童叟无欺，并不是出于对义务，即对诚实守信这一道德义务的遵守，而实质上是出于本人的自利的意图。或者说，这种童叟无欺的行为并不是真正意义上的善的行为，而是一种伪善。参看［德］康德《道德形而上学奠基》，第17—18页。

压制。正如朱子所言:"人性无不善,虽桀纣之为穷凶极恶,也知此事是恶。恁地做不奈何,此便是人欲夺了。"① "人欲夺了"所夺的正是天理,其具体的内涵就在于主体虽然已经感受到那种内在的"不容已"之情的流露与呼唤,但考虑到自身的安危利害,而将这种不容已之情压抑住了②。因此,人欲对天理的反动,也就是人欲对以仁义礼智之性为具体内容的天理(也即人性)的现实功能的抑制。而从人欲所具有的人为性、意向性的特点来看,人欲对天理的反动,对仁义礼智现实功能的抑制,实质上是主体有意而为的,换言之,人欲是主体对仁义礼智功能有意抑制。

如前所论,主体之所以会不听从那种"发之人心而不可以已"的四端之情的引导反而有意地对之加以抑制,主要是考虑到自身的安危利害等因素,如果没有这一出于自身利益的考量,那么从四端之情到具体的伦理道德行为的转化也就不会有断裂,而是会必然实现的了。因此,人欲对天理的反动,对人性功能的抑制,更为具体地就表现为:在面对一件具体的事务时,主体明明知道自己应该怎么做,但考虑到自己的安危利害,却做了相反的选择。虽然从前文所论的气禀的角度看,由于所禀之气的不良,世间的绝大多数人都不是生来就是圣人,其气质之性在发用时也并不能够总是发而皆中节,或者说,主体并不能在任何情况下都做到"事物之来,随其是非,便自见得分晓"③。但事实是,很多时候主体明明知道是非善恶之所在,或者说,在其遭遇某件具体的事务时明明

---

① (宋)朱熹:《语类》卷59,《全书》第16册,第1875页。
② 这里也不难联想到几年前在社会上引起广泛关注的小悦悦事件以及在社会上引起巨大争议的老人跌倒无人扶的现象。事实上,每一个当事者在看到这种情境时,都会心头一颤,这就是内在的天理良知油然而生的表现,但之所以不是所有人将这种心理意识转化为现实的行动,就在于考虑到一旦采取行动,或许会给自己带来不必要的麻烦,甚至重大的损失或伤害。但之所以也有人采取了相应的行动,就在于他们听从了自己的天理良知的指引与呼唤。顺便说一下,正如阳明所言"良知即是天理"(王阳明:《传习录》卷中,转引自陈荣捷《王阳明传习详注集评》,第144页),在朱子看来也可以说"天理即是良知",所不同的是,朱子的良知不仅包括阳明所说的是非之知,恻隐、羞恶、辞让、是非都是良知,这一点在"恻隐、羞恶、辞让、是非,固是良心"[(宋)朱熹:《语类》卷87,《全书》第17册,第2984页]这一说法中即得到了明确的体现。
③ (宋)朱熹:《语类》卷12,《全书》第14册,第361页。

第三章 气禀与人欲：抑制人性功能的双重因素

知道自己该怎么做，但考虑到自己的安危、利害、得失，总是做出符合自身利益的选择而没有接受天理良知的指引。这正是胡宏所说的"天理人欲同行异情"。事实上，朱子虽然决绝反对胡宏的"天理人欲同体异用"之说，但他对"同行异情"之说却特别赞同①，而他之所以赞同这一说法，就在于它揭示了上述这种基本事实。实际上，虽然每个人的先天禀赋、教育程度、社会地位、经济状况等都存在着这样那样的差异，但在人伦日用之中，正如朱子所言，"凡一事便有两端：是底即天理之公，非底乃人欲之私"②。当主体遭遇一件具体事务时，在其内在意识之中，是非善恶的判断其实是明确的，而且当主体有意去违背天理时，往往还需要进行思想的斗争，即所谓的"天理人欲交战"③。然而，即便如此，现实的情况是，众多的人在考虑到自身的安危、利害、得失后，还

---

① 参见（宋）朱熹《胡子知言疑义》，《文集》卷73，《朱子全书》第24册，第3556页。胡宏的原话是："天理人欲同体而异用，同行而异情。进修君子宜深别焉。"（今本《胡宏集》不见，引自《胡子知言疑义》）这里需要指出的是，朱子之所以反对"天理人欲同体而异用"之说，因为朱子那里，天理与仁义礼智之性实质上是异名而同实的，而仁义礼智之性是善的，也就意味着天理是善的。与此相对，在后文中可以看到，人欲则是恶的，因此天理人欲之辨的实质涉及善恶之分，当然不可能是同体的。

② （宋）朱熹：《语类》卷13，《全书》第14册，第390页。

③ （宋）朱熹：《语类》卷140，《全书》第18册，第4343页。朱子曾经借用程子的话形象地描述了"天理人欲交战"的具体状况："一心之中如有两人焉：将为善，有恶以间之；为不善，又有愧耻之心。此正交战之验。"［见（宋）朱熹《语类》卷64，《全书》第16册，第2303页］程子的原话为："有人胸中常若有两人焉，欲为善，如有恶以为之间；欲为不善，又若有羞恶之心者。本无二人，此正交战之验也。"［见（宋）程颢、程颐《河南程氏遗书》卷2下，《二程集》，第53页］此外，朱子自己对"天理人欲交战"的现象也有明确的观察与表述，如他说："方要做好事，又似乎有个做不好事底心从后面牵转去。"［（宋）朱熹：《语类》卷9，《全书》第14册，第305页］值得一提的是，杨祖汉先生曾经指出，朱子的上述观念"与康德所言的'自然的辩证'之现象，是很相似的"。康德曾经指出："对理性如此值得敬重地向人展示出来的那个义务的一切诫命，人在需要和爱好方面在自身中感到一种强有力的抗衡，他把这种需要和爱好的全部满足总括在幸福的名下。于是，理性不妥协地发布命令，却绝不同时对爱好预约某种东西，因而仿佛带着某种如此狂烈，同时又显得如此有理的要求（这些要求不愿自身被任何命令取消）的冷漠和蔑视而颁布它的规范。但从这里就产生了一种自然的辩证论（natürliche Dialektik），即针对义务的严格法则进行玄想、对其有效性至善是其纯洁性和严格性加以怀疑、并且尽可能使义务更加适合于我们的愿望和爱好这样一种偏好（Hang），也就是说，从根本上败坏它，取消它的全部尊严。"（见［德］康德《道德形而上学奠基》，第28—29页）杨祖汉曾经对此有详细的分析，并将康德的相关观点与程颐、朱子关于"真知"的论述与理解进行了比较，见杨祖汉《程伊川、朱子"真知"说新诠——从康德道德哲学的观点看》，《台湾东亚文明研究丛刊》2011年第2期。

是选择了违背天理。不难理解，正是主体自身的安危、利害、得失，构成了主体有意地违背天理的指引、有意地抑制人性的现实功能的根本动力。

主体自身的安危、利害、得失，实质上都是一己之私，换言之，正是一己之私欲构成了主体有意地违背天理的更深层的原因①。正因如此，在朱子看来，人欲与私欲往往被等同起来。这在"只此一心，但看天理私欲之消长如何尔"②，以及"私欲净尽，天理流行"③ 等表述中都可以清楚地看到。在上述意义上，人欲之"人"在"人为"的内涵之外，另一个重要的特点即是个体性、私人性④。与此相对，天理之"天"则具有普遍性、公共性的内涵。这一点在"仁义根于人心之固有，天理之公也。利心生于物我之相形，人欲之私也"⑤ 这一表述可以明确地看到：天理以仁义礼智之性为内容，而仁义礼智之性就其实在性而言，是每个人都生来就有的，因而是普遍存在的。不过，对朱子而言，天理之"公"不仅体现在其存在的普遍性上，更重要的是与其发用的必然性相关的。正如前文所论，虽然四端之心会遭遇人欲的反动，但就其感通与呈露而言则就有必然性；人欲则是出于主体与外物相接时对自身利害的考量，而每个人的处境、喜好等等都存在着差异性，进一步而言，每个人的利害得失也就会有差异性，那么人欲就其存在及其具体内容而言都必然存在很大的差异性。正因如此，朱子说"人生都是天理，人欲却是后来没巴鼻生底"⑥："没巴鼻生底"这一宋代人的口头语言，形象地传达出人欲的私人性，而私人性也就内在地蕴含着差异性。不过，天理之"公"不仅涉及天理的普遍存在性及其发用上必然性，更涉及公与义之间的关联；与此相对，而人欲之"私"更为实质的内涵则是"私利"。不难发现，天

---

① "欲"与"己"的关联在朱子所说的"存理去欲"与孔子所说的"克己复礼"之间的关联中可以看到，关于这一点，本书将在下一章再做进一步的分析。
② （宋）朱熹：《语类》卷13，《全书》第14册，第390页。
③ （宋）朱熹：《语类》卷6，《全书》第14册，第258页。
④ 朱子曾言"涉于人为，便是私"[（宋）朱熹：《语类》卷17，《全书》第14册，第572页]，这里也清楚地看到，私欲与人欲之间的内在关联。
⑤ （宋）朱熹：《孟子集注》，《全书》第6册，第247页。
⑥ （宋）朱熹：《语类》卷13，《全书》第14册，第388页。

第三章　气禀与人欲：抑制人性功能的双重因素

理人欲之辨经由公私之辨，更进一步涉及的是义利之辨①。义利之辨是儒学的一个核心论题，在先秦时期，不仅孔子提出过"君子喻于义，小人喻于利"（《论语·里仁》）之说，孟子也明确指出："何必曰利，亦有仁义而已矣。"（《孟子·梁惠王上》）义利之辨作为一种价值观念，对主体在人伦日用中的行为选择具有重要的引导意义。在宋明理学那里，义利之辨仍然具有重要的位置。不仅朱子的辩论对手陆九渊曾经说"凡欲为学，当先识义利公私之辨"②，而且朱子最重要的论学对象张栻也说："学者潜心孔孟，必得其门而入，愚以为莫先于义利之辨。"③ 而朱子更是明确指出"义利之说乃儒者第一义"④。不过在朱子等人看来，对义利之辨的讨论往往不是直接从对义利的辨析着手的，而是借助于天理人欲之辨进行的。正如杨国荣老师所指出的："在理学那里，义利之辨又被引申为理欲之辨。"⑤ 当然，正如陈亮所言：

> 自孟荀论义利王霸，汉唐诸儒未能深明其说。本朝伊洛诸公辨析天理人欲，而王霸义利之说大明。⑥

按照陈亮这一说法，理学家们将义利之辨"引申"为理欲之辨有其不得已之处，它实质上是鉴于汉唐儒者对先秦儒学的义利王霸之辨"未

---

① 陈乔见业已指出，"朱熹不仅把理欲之辨等同于义利之辨，而且把理欲之辨与公私之辨联系在一起"（见陈乔见《公私辨：历史衍化与现代诠释》，生活·读书·新知三联书店2013年版，第104—105页），这就明确点出了理欲之辨与公私之辨、义利之辨之间的关联。
② （宋）陆九渊：《语录》下，《陆九渊集》卷35，中华书局1980年版，第470页。
③ （宋）张栻：《孟子讲义序》，《南轩先生文集》卷14，见《朱子全书》（外编）第4册，华东师范大学出版社2010年版，第230页。
④ （宋）朱熹：《与延平李先生书》，《文集》卷24，《全书》第21册，第1082页。金春锋先生指出，朱子对义利之辨的强调虽然早年到晚年是一以贯之（这封早年写给李延平的信更能支持金先生的观点，不过金先生没有提到这封信），但在淳熙八年请陆九渊到白鹿洞书院以"君子喻于义，小人喻于利"为题大讲义利之辨后，朱子对义利之辨更加强调，并认为这与陆九渊的演讲对朱子"发生了极其深刻的影响"（金春峰：《朱熹哲学思想》，东大图书股份有限公司2000年版，第309页）有关。
⑤ 杨国荣：《善的历程：儒家价值体系研究》，第287页。
⑥ （宋）陈亮：《甲辰秋答朱晦庵秘书书》，《陈亮集》卷20，中华书局1974年版，第281页。

能深明其说",因此,这一"引申"的目的在于以理欲之辨的方式使得义利之辨重新得到理解,并重建其在人伦日用中的价值引导意义。由此可见,理学家们对理欲之辨的言说,并非一种抽象的理论思辨,其背后隐含着以义利之辨为核心的价值关切。朱子对天理人欲的辨析无疑是植根于二程以来的理学传统之中的。当他说:"而今须要天理人欲、义利公私,分别得明白。"① 这就明确表明对天理人欲的"分别"与义利之辨、公私之辨的密切关联。而"义利公私"这一表达表明,公私的实质即是义利②,因此,在朱子看来,对天理人欲的"辨析""分别"所考虑的就不仅仅是为现代学者所强调的饮食男女等感性欲望等问题③,而实质上是以义利之辨为重心之所在的。对义利之辨的价值关切,在朱子看来,既有其历史的背景,又有其现实的需要:它涉及对北宋时期两次变法失败的历史经验的反思④,也涉及回应陈亮等功利学派的现实需要⑤。事实上,朱子对天理人欲的讨论,如果借用陈亮的说法,是试图通过天理人欲之辨而使得义利之辨得以"大明"于世⑥。而义利之辨之所以要建立在天理人欲之辨的基础之上,则在于义利之辨最终根源于天理人欲之辨。在注释孔子所说的"君子喻于义,小人喻于利"时,朱子写道:"义者,天理之所宜;利者,人情之所欲。"⑦ 事实上,义利之辨的实质涉及人欲对天理的反动,这是因为是非之心是天理的重要内容,因此循天理则自然能是非分明,并于具体行为中得其是非,则所行必出于义;而循人欲,则

---

① (宋)朱熹:《语类》卷13,《全书》第14册,第392页。
② 朱子曾经指出:"以公心出之,利亦是义;以私心出之,义亦是利。"(见刘刚中编《师友问答》,《朱子佚文辑录·语录抄存》,《全书》第26册,第456页)陆九渊也非常明确地指出这一点:"公私,其实即义利也。"[(宋)陆九渊:《与王顺伯一》,《陆九渊集》,第17页]
③ 虽然天理人欲之辨也不可避免地涉及这一点,后文将对此有所涉及。
④ 杨国荣老师曾经指出:"理学家严于辨析义利,并非仅仅出于思辨的兴趣,它同时也是对历史的曲折反射。"(杨国荣:《善的历程》,第291页)杨老师还从庆历新政与熙宁变法的失败与理学家们对此反思的角度进一步分析了理学家严于辨析义利的历史背景(参见《善的历程》,第291—293页)。
⑤ 金春峰业已指出:"朱对陈亮的批判,突出的中心思想亦是义利之辨。"(金春峰:《朱熹哲学思想》,第318页)
⑥ 当然,义利之辨的"大明"于世最终必须建立在主体存理去欲的工夫之上,这一点本书下一章将有进一步的分析。
⑦ (宋)朱熹:《论语集注》,《全书》第6册,第96页。

第三章 气禀与人欲：抑制人性功能的双重因素

虽知是非之所在，却并不能抛却个人的利害得失，因此虽知义之所在，但却弃义而循利①。正是在这一意义上，朱子指出："天理者，此心之本然，循之则其心公而且正；人欲者，此心之疾疢，循之则其心私而且邪。"② 进一步而言，人欲对天理的反动实质上是主体对自身的私利、私欲的考量。而私利、私欲总是有其具体的对象，实际上，主体之所以会违背天理，其更为直接的动因则是涉及自身对声色、货财等的欲求。从对象的角度说，私利、私欲在朱子那里常常被称为"物欲"。朱子曾经以举例的方式指出何为物欲："假如或好饮酒，或好货财，或好声色，或好便安，如此之类，皆物欲也。"③ 物欲的膨胀无疑会导致天理的沦丧："清明之地，物欲昏之，则父或忘其为慈，子或忘其为孝。"④ 因此，物欲实质上是人欲产生的对象性因素，因为正是对声色、货财等的过度欲求构成了主体有意地违背天理的最为直接的动力。而物欲与人欲之间的关系则表现为，主体对物欲的追求构成了其有意地去抑制人性功能的直接动因，从而人欲是在物欲的激发下产生的。正因如此，在导言部分所引的众多材料中可以看出，朱子常常直接以物欲代替人欲而与气禀并列言之，因为虽然人欲是对天理的有意违背，但如果没有物欲的存在，主体也就不会有意地违背天理。

通过以上的分析不难理解，"人欲云者，天理之反也"不仅涉及形式

---

① 这里有必要对天理、人欲与具体的善恶行为之间的关系加以分析。理论地看，无论是善的行为还是恶的行为，就其作为具体的行为而言，都离不开主体的动机（关于这一点可以参看杨国荣《人类行动与实践智慧》，第45—53页）。然而本书一再指出，作为天理的四端之心不能在动机的意义上加以理解，那么四端之心与动机以及与具体的善的行为之间的关系是如何的呢？实际上，四端之心虽然不是动机，但四端之心如果要转化为具体的善的行为则必须经由主体接纳为动机之后才能得以可能。而人欲对天理的抑制，实质上也就是阻碍了四端之心向动机的转化。另一方面，人欲本身也不是动机，但不同于天理的是，人欲具有意向性的特点，其实质是与目的相关的意欲，意欲要想转化为具体的行为，也必须先转化为动机。当正如杨国荣老师所指出的"意欲可以转化为动机，但并非一切意欲都会转化为动机"（杨国荣：《人类行动与实践智慧》，第46页）。事实上，正如朱子常言，天理人欲交战是"此胜则彼退，彼胜则此退"[（宋）朱熹：《语类》卷13，《全书》第14册，第390页]，人欲有时候也会被天理所战胜而转化为动机，从而天理向动机并进一步向具体的善的行为的转化才得以可能。
② （宋）朱熹：《延和奏札二》，《文集》卷13，《全书》第20册，第639页。
③ （宋）朱熹：《甲寅拟上封事》，《文集》卷12，《全书》第20册，第628页。
④ 同上。

意义上的天然与人为的差异，更进一步而言，人欲所导致的背公而循私、见利而忘义以及对声色、货财等的过度追求实质上都表现为现实的恶。由此可见，人欲对天理的反动所涉及的更为实质的问题则是善恶之间的对立。事实上，朱子曾经明确指出："善恶者，正天理人欲之实体。"① 天理之善，在朱子那里不难理解：如前所论，天理与仁义礼智之性实质上是异名而同实的，因此仁义礼智之性是善的，天理自然也是善的；而人欲之所以是恶的，在于它实质是主体有意为恶，或者说，这种恶是主体有意而为的，即是意向性的恶。由此可见，如果说，由气禀所带来的恶实质上是过与不及，是过失性的，那么人欲之恶则是主体有意为恶，是意向性的②；进一步而言，如果说气禀是抑制人性（仁义礼智之性）功能

---

① （宋）朱熹：《答胡季随十五》，《文集》卷53，《全书》第22册，第2527页。这也就不难理解，朱子何以坚决反对胡宏所说的"天理人欲同体而异用"，因为在朱子那里，天理人欲之别所涉及的实质是善恶之分，在这一意义上，天理人欲同体之说实质上也就是性无善恶之说。实际上，朱子业已明确指出，"天理人欲同体而异用"之说即"性无善恶之意"（《胡子知言疑义》，《文集》卷73，《全书》第24册，第3556页）。然而，在他看来，"性之为善未有恶之可对则可，谓终无对则不可。盖性一而已，既曰无有不善，则此性之中无复有恶与善为对，亦不待于言而可知矣。若乃善之所以得名，是乃对恶而言"，更为重要的是，"其曰性善，是乃所以别天理于人欲也。天理、人欲，虽非同时并有之物，然自有先后、公私、邪正之反而言之，亦不得不为对也"［（宋）朱熹：《答胡广仲五》，《文集》卷42，《全书》第22册，第1902页］。因此，无论是性无善恶之说，还是天理人欲同体之论，都是不能成立的。而在他看来，胡宏的天理人欲同体之说正是根源于性无善恶之说："五峰云：'天理人欲，同体异用，同行异情。'以'同行异情'，却是。所谓同体者，却只是言同一事。但既犯了'体用'字，却成是体中亦有人欲。五峰只缘错认了性无善恶，便做出无限病痛。"［（宋）朱熹：《语类》卷43，《全书》第15册，第1532页］

② 值得一提的是，朱子对过与恶的区分具有非常明确的意识，他曾经说，"有心悖理谓之恶，无心失理谓之过"［（宋）朱熹：《通书注》，《全书》第13册，第111页］。"有心悖理"实际上也就是人欲对天理的反动，是主体有意而为的，也就是意向性的恶；而"无心失理"即本章上节所论的气禀所导致的过失，它不是主体有意而为的，如果说它是恶的，那是就其具体后果而言的。这一点与程颢等人有所不同。当程颢说："天下善恶皆天理，谓之恶者非本恶，但或过或不及便如此，如杨、墨之类。"［（宋）程颢、程颐：《河南程氏遗书》，《二程集》上册，第14页］他似乎认为恶只存在过失性的，而没有意向性的（这不难让人联想到苏格拉底所谓的没有人有意为恶），从而也就未能对失性的恶与意向性的恶做出恰当的区分与定位。此外，当黄宗羲说，"刚柔善恶，有过不及，则流而为恶，是即人心无所为恶，止有过不及而已"［（清）黄宗羲：《孟子师说》卷2，《黄宗羲全集》第1册，浙江古籍出版社2005年版，第68页］，也表现出与明道类似的倾向。不过黄宗羲的上述观念则是来源于周敦颐。周敦颐曾说，"性者，刚柔、善恶、中而已矣"（见《通书》，《周敦颐集》，第20页），这里从"性"的角度来理解善恶，显然也是过失性的，而非意向性的。正因如此，朱子指出"此所谓性，以气禀而言也"［见（宋）朱熹《通书注》，《全书》第13册，第104页］。正如前文所言，气禀所导致的恶，实质上是过失性的，而非意向性的。可见周敦颐、程颢、黄宗羲等人对意向性的恶都没有给予足够的重视。

第三章　气禀与人欲：抑制人性功能的双重因素

的先天因素，则人欲是抑制人性功能的人为因素。

最后值得一提的是，众多学者①将朱子所说的人欲看作是饮食男女等基本的生理欲求，从而认为"存天理、去人欲"工夫就是要排斥、摒除这种基本的生理欲求，特别是男女之欲。这在戴震的如下论述中得到典型的表达：

> 其辨乎理欲，犹之执中无权；举凡饥寒愁怨，饮食男女、常情隐曲之感，则名之曰"人欲"，故终其身见欲之难制；其所谓"存理"，空有理之名，究不过绝情欲之感耳。何以能绝？②

实际上当陈确说"男女之欲，血肉之味，决不可绝"③ 时，也显然是将人欲与饮食男女等基本的生理欲求等同起来了④。但朱子所说的人欲，显然不是简单地指向饮食男女之欲，他所说的"存天理，去人欲"更不是"绝情欲之感"，即对饮食男女之欲的摒弃与灭除。这一点在他对"近世大儒"以"扞御外物"来诠释《大学》"格物"的批判中可以清楚地看到：

> （问）：近世大儒有为格物致知之说者，曰："格，犹扞也，御

---

① 这既包含戴震等反理学的学者，也包含近代以来众多反传统、反儒学的学者。
② （清）戴震：《孟子字义疏证》卷下，中华书局1961年版，第58页。
③ （明）陈确：《复朱康流书》，《文集》卷3，《陈确集》上册，中华书局1979年版，第128页。
④ 当然，我们也不难简单地将陈确、戴震等人的上述观念看作是对朱子的误解。事实上，一种观点的真实内涵只能放在其体系内部来考察、理解。但就其效果历史，或者说，就其在后世产生的社会效应而言，则必须放在社会历史中做具体的考察。一种观点或社会效应往往纠缠于政治、社会、经济等多重因素之中，因此其社会效应很难归结于这一观点或理论本身，因此提出这一观点或理论的思想家本身也很难对此负责。后世对程朱理学的很多批判基本上都不是对理论本身的批判，或者说，都不是站在其思想脉络中所进行的批判，而是站在社会效果历史的背景下所进行的批判。因此，其所理解的前人的观念或理论，往往是带着后世政治、社会等因素的包装、重塑的。但反过来，对于我们而言，也不能用一种理论还原的方式，借助思想家的真实观念来对后世的批判进行反批判。此外，至于朱子理学中理欲之辨的社会历史效应，或者说，在后世究竟产生了怎样的影响，从而导致后世的"误解"和批判，已经超出了本书的目的和笔者的能力范围，就不作考察了。

也,能扞御外物,而后能知至道也。"又有推其说者,曰:"人生而静,其性本无不善,而有为不善者,外物诱之也,所谓格物以致其知者,亦曰扞去外物之诱,而本然之善自明耳。"是其为说,不亦善乎?

曰:天生蒸民,有物有则,则物之与道,固未始相离也。今日御外物而后可以知至道,则是绝父子而后可以知孝慈,离君臣然后可以知仁敬也,是安有此理哉?若曰所谓外物者,不善之诱耳,非指君臣父子而言也,则夫外物之诱,莫甚于饮食男女之欲,则固亦莫非人之所当有而不能无者也,但于其间自有天理人欲之辨,而不可以毫厘差耳。惟其徒有是物,而不能察于吾之所以行乎其间者,孰为天理、孰为人欲,是以无以致其克复之功,而物之诱于外者,得以夺乎天理之本然也。今不即物而穷其原,而徒恶物之诱乎己,乃欲一切扞而去之,则是必闭口枵腹,然后可以得饮食之正,绝灭种类然后可以全夫妇之别也。是虽裔戎无君无父之教,有不能充其说者,况夫圣人大中至正之道,而得以此乱之哉?①

上述论述表明,在朱子看来,饮食男女之欲实际上是"人之所当有而不能无"的,如果像"近世大儒"所言,将饮食男女之欲"一切扞而去之",不仅将导致个体生命的终结,也必将进一步导致人类的类存在的绝灭,因此,这种完全意义上禁欲倾向自然是朱子所坚决反对的。事实上,朱子确实没有简单地将饮食男女之欲看作人欲,当他说"饥而欲食,渴而欲饮,则此欲亦岂能无"②时就表明了这一点。不仅如此,他甚至还说过"饮食者,天理也;要求美味,人欲也"③,这就明确地肯定了饮食(当然包括男女)之欲。

然而,"饮食者,天理也;要求美味,人欲也"这一表述又导致这样一种理解,即天理是指饮食男女这类基本的生理欲求,与此相应,人欲

---

① (宋)朱熹:《大学或问》,《全书》第6册,第529页。
② (宋)朱熹:《语类》卷94,《全书》第17册,第3179页。
③ (宋)朱熹:《语类》卷13,《全书》第14册,第389页。

第三章 气禀与人欲：抑制人性功能的双重因素

则是指这类欲求的过度；或者进一步将符合道德规范的感性需要被称为天理，将违背道德规范的感性需要称为人欲。如果说，这一理解与本书所论的人欲之间还有相近之处，那么它与本书所论的天理则是有本质的不同①。事实上，"饮食者，天理也"，并不能直接地理解为朱子对天理的界定，因为这样就无法理解"饮食者，人心"②等类似的表述。实际上，朱子说"饮食者，天理也"，正是对饮食男女之欲的肯定，而将其称为天理，表明它本身并不能被看作是恶的，"饮食者，人心也"表明了这一点：人心是相对于道心而言，道心是善的，而人心具有流于恶的可能，但不能说人心就是恶的③。换言之，饮食男女之欲本身不是恶的，虽然有流于恶的可能。事实上，"饮食者，天理也；要求美味，人欲也"这一表达必须在前文所论的天人之辨的意义上加以理解。对朱子而言，在天人之辨的意义上，凡是天然如此，而非出于后天人为安排、造作，即出于人力、人为的事物都可以称之为天理④。因此，就"饮食者，天理也；要求美味，人欲也"这一表述而言，正如亚里士多德所言："欲望有一部分是人所共有的，是自然的；另一部分则是个体性和人为的。食欲就是自然的，因为每个人都需要有食欲。"⑤饮食之欲（当然也包括男女之欲）作为本能性的生理需要，它的最大特点就在于它是人所共有的，就其存在而言，它是先天的，是人生来就有的，因此是天然如此、自然如此，从而是出于"天"的，在这一层意义上可以将其称为天理；与之相对，"要求美味"之所以是人欲，关键就在于它是出于主体自身的意欲，从而具有个体性、人为性，是出于"人"的，进一步而言，对美味的过度追

---

① 实际上，从前文所涉及的"天理人欲交战"这一说法中可以看到上述理解是有问题的：如果将天理理解为合符道德规范的感性需要，将人欲理解为违背道德规范的感性需要，那么天理人欲交战之说就无法理解了。
② （宋）朱熹：《语类》卷76，《全书》第16册，第2666页。
③ 关于道心人心之辨，本书将在下一章涉及。
④ 正因如此，朱子也将人伦称为天理，如他说"君臣、父子、兄弟、夫妇、朋友，岂不是天理？"[见（宋）朱熹《答吴斗南三》，《文集》卷59，《全书》第23册，第2837页]，而人伦之所以被称为天理，就在于这种本源性的存在秩序，就其存在而言，是先天的而非人为建构的。这里值得进一步指出的是，在朱子那里，天理、天性、天伦、天赏、天罚、天秩、天叙等一系列概念中的"天"都是在前文所说的天人之辨，也即是在非人力之所能为的意义上成立的。
⑤ [古希腊]亚里士多德：《尼各马可伦理学》，第129页。

求实质上也就是前文所说的物欲,而这种物欲则有为了满足饮食男女之欲而违背天理伦常的可能性,在这一层意义上也可以将其等同于人欲。由此可见,如果说"要求美味"意义上的人欲与前文所论的人欲具有一定的一致性;那么,"饮食者"之所以能够称为天理,是因为天人之辨的意义上与前文所论的天理具有一致性,而就实质内涵而言,两者具有根本的区别。实际上,在朱子看来,饮食男女是人类日常生活基本事物,它本身并不能称为天理,也不能等同于人欲。这在前文所涉及的如下论述中可以看到:

> 夫外物之诱,莫甚于饮食男女之欲,则固亦莫非人之所当有而不能无者也,但于其间自有天理人欲之辨,而不可以毫厘差耳。惟其徒有是物,而不能察于吾之所以行乎其间者,孰为天理、孰为人欲,是以无以致其克复之功,而物之诱于外者,得以夺乎天理之本然也。①

实际上,从胡宏所说的"天理人欲同行异情"来看,饮食男女是人类日常生活的基本事物,而天理、人欲则构成了人们处理、对待这种基本事物的基本方式,即朱子所说的"吾之所以行乎其间者",人们在面对饮食男女之事时基本都知道不能为了满足口腹之欲而食嗟来之食、不可为了满足基本的生理需求而"逾东家墙而搂其处子"(《孟子·告子下》),这样一种基本的是非判断是出于天理,而对这种是非判断的遵从则是循天理,相反,那些食嗟来之食、逾墙搂临家之处子者则是明知是否之所在而有意违背,这就是循人欲。在类似的意义上,朱子还说:

> 凡居处饮食言语,无不是事,无不各有个天理人欲。②
> 同是事,是者便是天理,非者便是人欲。③

---

① (宋)朱熹:《大学或问》,《全书》第6册,第529页。
② (宋)朱熹:《语类》卷15,《全书》第14册,第467页。
③ (宋)朱熹:《语类》卷40,《全书》第15册,第1433页。

这类表述都非常明确地表明,在朱子看来,饮食男女、言语动作等都是人类日常生活的基本事物,天理人欲则是主体对待这一事物的基本方式。因此,"饮食者,天理也;要求美味,人欲也"这一说法不可看作对天理、人欲的界定本身。实际上,它是在学生的发问引导下出现的,是朱子对学生所问的"饮食之间,孰为天理,孰为人欲?"[①] 这一问题的口头性回答,或者说,它是将天理人欲之辨放在"饮食之间"这一特殊场合中的一种权变性回答。事实上,在朱子看来,天理人欲之辨背后所关注的核心仍然是义利公私等问题,饮食男女等日常的感性欲求并不构成他关注的主要方向。当然,饮食男女这类基本事物如果处理得不好,必然会导致物欲的膨胀,并进一步导致背公循私、见利忘义,既导致人欲对天理的反动,也要求对其有所节制。

---

① (宋)朱熹:《语类》卷13,《全书》第14册,第389页。

第四章 修为以复性：人性的开显及其工夫进路

在前文的论述中可以看到，虽然以仁义礼智为具体内容的人性是每一个主体都先天地、内在地具有的，因此每个人就本性而言都是善的。但对不同的主体而言，这种能力的现实形态，更为具体地说是这种能力的现实功能，却存在着差异性。除了圣人之外，对现实中的芸芸众生而言，其内在的人性功能都在不同程度上受到了抑制。如前所述，作为一种功能性的存在，人性是主体内在的可以为善的感通能力，如果这种能力受到抑制，那么就意味着它无法在人伦日用之中最大程度地发挥其为善的功能，从而也就只是以潜能的形式存在①。不过，虽然人性在绝大多数人看来只是以潜能的形式存在，但这并不意味着，这种状况是不能改变的，换言之，作为潜能的人性是可以通过后天的开发而使得其功能得到提升的。不难发现，这里所涉及的实质问题也就是工夫的问题。在某种意义上，工夫问题可以说是宋明理学家们所关注的最为核心的问题。朱子对此有高度的自觉，他甚至认为儒学的核心内容就在于工夫："圣贤之言本以修为为主。"② 而修为或工夫之所以重要，在于一方面人性功能受到抑制、人性的潜能化是一个基本事实，而另一方面，这一现状又是

---

① 杨国荣老师曾经指出，在王阳明那里，"良知作为成圣的根据，首先以潜能的形式表现出来"（杨国荣：《心学之思：王阳明哲学的阐释》，华东师范大学出版社2009年版，第177页）。正如后文所指出的，在朱子那里，人性也是成圣的先天根据，不过对未成圣的常人而言，它还只是一种潜能，或者说，一种成圣的可能性根据。就这一点而言，阳明和朱子分享着同样的观念。

② （宋）朱熹：《答陈才卿一》，《文集》卷59，《全书》第23册，第2845页。值得一提的是，在朱子的文献中，"工夫"与"功夫"两个词并未做区分，而是交差使用，不过"工夫"一词的频率更高，本书则全部使用"工夫"一词而不用"功夫"。

可以改变的。因此，工夫的意义正在于对人性潜能的开发，或者说，是使得主体先天固有的人性功能得到重新开显的过程。对朱子而言，人性功能的开显过程也就是恢复人性本有功能的过程，从而也就是"复性"的过程。

第一节　修为以复性：工夫与人性的开显

"复性"是朱子哲学乃至整个理学的重要命题，而在朱子看来，它又与"学圣"这一理学中另一个重要的命题相关联。这一点与他对"学"的独特理解密不可分。在注释孔子所说的"学而时习之"时，朱子曾经对"学"做了这样的界定："学之为言，效也。人性皆善，而觉有先后，后觉者必效先觉者之所为，乃可以明善而复其初也。"①在这一界定中，"学"与简单化的知识学习或认知有本质的不同，其实质内涵即是对"先觉者"的"效"，即效法。而对先觉者的效法最终目标的是"明善而复其初"。毋庸置疑，这里的先觉者指向的是圣人，因此对先觉者的效法实质上也就是学圣，而这里的"复其初"则正是"复性"②。不难发现，"学圣"关联着"复性"这一终极目标，但反过来，"复性"则离不开"学圣"这一重大事件③。

"学圣"这一观念虽然不是朱子首先倡导的，但却是理学思潮形成之后才出现的独特观念。这是因为，在宋代之前的儒学传统中，圣人被看作"天纵之圣"④，他只是后人仰慕、崇敬的对象，而不是学习、效法的

---

① （宋）朱熹：《论语集注》，《全书》第6册，第67页。

② 这从"人性皆善，而觉有先后"这一前提中就很容易看出。

③ 朱子曾经说："佛经云：'我佛为一大事因缘出现于世。'圣人亦是为一大事出现于世。上至天，下至地，中间是人。塞于两间者，无非此理。须是圣人出来，左提右挈，原始要终，无非欲人有以全此理，而不失其本然之性。"[（宋）朱熹：《语类》卷13，《全书》第14册，第396—397页] 如果说，圣人的出现于事是一个"大事因缘"，那么后人的"学圣"正是一个重大事件。实际上，程颐、阳明等人都将学圣看作是人生的"第一等事"，这正是将"学圣"作为一个重大事件来看待的。

④ 孔门高足子贡曾说孔子是"天纵之将圣"（《论语·子罕》）。在汉唐时期，"天纵之圣"也成为圣人之为圣人的一般性论述。杨儒宾曾将这一意义上的圣人称为"理念型人物"（见杨儒宾《从〈五经〉到〈新五经〉》，"国立台湾大学"出版中心2013年版，第49页）。

对象。但在理学那里，出现了一种"圣人观之转换"①。首先明确提出这一点的是被誉为道学宗主的周敦颐。周敦颐在《通书》中专列《圣学》篇，并开宗明义地提出如下问题："圣可学乎？"对他本人的这一设问做出了非常明确的回答："可。"②周敦颐所提出的"圣可学"这一开创性的命题从理论上解决了"学圣"的可能性。虽然周敦颐没有指出他提出这一命题的针对性，但从逻辑上看，他显然是针对那种"圣不可学"的观念而言的。这一点对曾经受业于周敦颐的程颐而言显然是清楚的，因此程颐的如下论述可以看作是对其老师的思想的进一步发挥：

> 或曰："圣人，生而知之者也。今谓可学而至，其有稽乎？"曰："然。孟子曰：'尧、舜，性之也；汤、武，反之也。'性之者，生而知之者也；反之者，学而知之者也。"又曰："孔子则生而知也，孟子则学而知也。后人不达，以谓'圣本生知，非学可至'，而为学之道遂失。不求诸己而求诸外，以博文强记、巧文丽辞为工，荣华其言，鲜有至于道者，则今之学与颜子所好异也。"③

在这里可以看到，"圣可学"的观念所针对正是"圣本生知，非学可至"的观念。而这一观念正是秦汉以降，儒学的基本观念。如果说"圣

---

① 这是借用藤井伦明的术语，见藤井伦明《朱熹思想结构探索》，第41页。藤井伦明也对汉唐与宋明时期不同圣人观及其理论意义做了分析，具体的分析可以参看氏著《朱熹思想结构探索》，第40—42页。

② （宋）周敦颐：《通书·圣学第二十》，《周敦颐集》，第29页。杨儒宾在论及"圣可学"这一观念重要性时指出："圣人可学，此义现已成为陈说，但在当日发声的场合却是石破天惊的"。（见杨儒宾《从〈五经〉到〈新五经〉》，第41页）

③ 程颐：《颜子所好何学论》，《河南程氏文集》卷8，《二程集》上册，第578页。《颜子所好何学论》是程颐18岁游太学时所作，此论题虽然是胡瑗所出，然而考虑到几年前程颐与程颢从学周敦颐，周敦颐让他们思考"孔颜之乐，所乐何学？"《颜子所好何学论》也可以看作是程颐借着胡瑗的论题来回答周敦颐给他提出的问题。因此，自然可以看作是对其老师思想的进一步发挥。值得注意的是，正如陈来先生所指出的："周敦颐的'学颜子之所学'在当时的条件下，与胡瑗提出的'颜子所好何学'的论旨一样，实际上是针对辞章之学与佛老之学而为一般知识分子指出的一个精神发展新方向。这个新的学问之路就是学为圣人之路。"（陈来：《宋明理学》，华东师范大学出版社2004年版，第37页）这也表明学圣在宋初已经成为某种意义上的集体性思潮。

本生知"是对圣人的独特性的确认,在儒学系统中还是可以成立的,那么"非学可至"则意味着,对于常人而言,学圣并不具有可能性。既然如此,那么它也就不会成为学者致力的方向,在程颐看来,这是秦汉以来儒学流于"以博文强记巧文丽辞为工,荣华其言,鲜有至于道者"这一状况的根本原因所在。因此,秦汉以来学者之所以学失其道,并不是他们自甘堕落,或者希名慕利,而是因为,他们不知更高的追求,在如下的对话中,朱子明确地谈到了这一点:

> 敬子解"不求诸心而求诸迹,以博闻强记巧文丽词为工",以为"人不知性,故怠于为希圣之学,而乐于为希名慕利之学"。曰:"不是他乐于为希名慕利之学,是他不知圣之可学,别无可做,只得向那里去。若知得有个道理,可以学做圣人,他岂不愿为!缘他不知圣人之可学,'饱食终日,无所用心',不成空过。须讨个业次弄,或为诗,或作文。是他没着浑身处,只得向那里去,俗语所谓'无图之辈',是也。"①

朱子时代的"无图之辈"这一俗语换成今天通俗说法就是"没有什么追求的人",而秦汉以来学者之所以成为没有什么追求的人,乃是因为在朱子等理学家看来最值得追求的事物(即学圣),在他们看来根本就是不能追求的,因为他们"不知圣之可学"。但人不可能"饱食终日,无所用心",因此"为诗""作文"等就成为打发时间和精力的消遣方式。换言之,在"圣不可学"的观念下,学圣就不可能成为人们安顿人生意义或价值的方式,从而"为诗""作文"必然成为其替代品。由此可见,从秦汉时期的"圣人生知,非学可至"到宋代之后的"圣可学"这一"圣人观之转换"经历了理学家们前后几代人的努力②。对理学家而言,这一观念转换具有重大的意义,它意味着学者为学方向的一次根本性转换,

---

① (宋)朱熹:《语类》卷95,《全书》第17册,第3209页。
② 藤井伦明曾经列举了周敦颐、张载、程颐、谢良佐、杨时等多位学者关于"圣可学"的论述,这表明,"圣可学"构成了朱子的理学前辈们所共享的观念。参看氏著《朱熹思想结构探讨》,第40—41页。

它将学者从"以博文强记、巧文丽辞为工"、从"或为诗，或作文"这类学问路径引导到"学圣"的道路之上。不难理解，通过这一种"圣人观的转化"，理学家们为人们，特别是知识分子指引出一条新的人生意义的道路与方向①。

然而，虽然圣人可学，是否意味着每个人都能够通过学而成为圣人呢？在朱子等理学家看来，答案是肯定的。不仅张载曾经明确肯定了这一点"学则可以成圣"②，而且朱子也非常明确地指出："学之至则可以为圣人。"③ 事实上，不仅"圣可学"这一命题的提出意味着一种观念的转换，从"圣可学"的提出到"学则可以成圣"的提出也隐含着某种视角的转移：对朱子而言，"圣可学"，在于圣人与常人都是气化所生，因此，圣人不是"天纵之圣"，而是气化过程中偶然出现的。如果说，"天纵之圣"的观念，将圣人的出现诉诸具有神学目的色彩的"天"，那么，天既然没有将常人生为圣，常人也就不要妄想可以成为圣。但如果圣人与常人一样，生而为圣人还是生而为常人都不过是气化过程中的偶然性结果，那么对常人而言，学为圣人就没有任何超验意志的阻碍。在这一意义上，"圣可学"是本书第一章所论的"天的祛魅与目的论的消解"这一观念的题中应有之义，更为具体地说，它实际上意味着对"天纵之圣"这一观念的祛魅。因此，"圣可学"这一命题的立言侧重点仍然在于圣人。但"学则可以成圣"的立言侧重之点则是"学者"④：逻辑地看，由于现实生活中已经没有圣人，因此每一个走在学圣道路上的主体都是学

---

① 英语学界晚近 30 年来兴起了一场探讨人生意义（the meaning of life）的热潮，这与后尼采时代"上帝已死"这一时代背景密不可分（参看 T. J. Mawson, *God and the Meaning of Life*, London: Bloomsbury Academic, 2016, pp. 184 – 185）。不过无论中国、西方、印度等伟大的思想传统中，对人生意义的探讨，一直是那些伟大的思想家们精神劳作的核心内容。理学家们对成圣及其工夫的讨论，无疑是与其对人生意义的思考密不可分的。尤其是在佛教和道教的刺激下，为人们尤其是儒家知识分子找到一条安顿人生意义的道路，是他们关注的最为核心的问题。

② （宋）张载：《正蒙·乾称》，《张载集》，第 64 页。正是基于这一观念，张载对秦汉以来的学人也提出了批判："学必如圣人而后已。知人而不知天，求为贤人而不求为圣人。此秦汉以来学者之大蔽也。"（见《宋史·张载传》，转引自《张载集》附录，第 385 页）

③ （宋）朱熹：《论语集注》，《全书》第 6 册，第 108 页。

④ 在前文所引的相关论述中可以看到"学者"一词反复出现。"学者"一词在现代汉语中以在学术上有一定造诣的专业人才为基本内涵，而在朱子等人的话语词典中则是指学习者，当然这里的学习者也不是现代意义上的求学问、学知识的人，而是走在学为圣人的道路上之人。

第四章 修为以复性：人性的开显及其工夫进路

者，而这里的"可以"一词则意味着，现实中的主体并非一种现成的、固定不变的存在，而实质上是一种可能的存在，借用海德格尔的话说，是一种"能在"。海德格尔曾经指出："在生存论上，领会包含有此在之为能在的存在方式"，又说"此在原是可能之在，此在一向是它所能是者"①。需要进一步指出的是，将此在（即本书所说的主体②）这种特殊的存在者理解为"能在"，按照海德格尔自己的说法，完全是他的创新，因为在希腊传统的存在论哲学中，人被理解为与其他存在物一样的存在者，是一成不变的现成化存在。但将主体理解为"能在"并不是朱子等理学家们的创新，而是儒学的一贯观念。事实上，对儒学传统而言，生成论是其基本底色，从"能在"的角度来理解主体也是其一贯的传统，这从儒学一再强调的"学"的观念就可以得到理解：即便在宋代之前没有出现学为圣人的观念，但学为士、学为君子则是儒学的一贯主张，而"学"是以主体的完善、提升为诉求的，因此也内在地意味着主体是可以改变、提升的，这些观念都是主体是一种"能在"为前提的。

将主体理解为一种可能之在，只是表明学以成圣具有形式上的可能性，但对朱子等理学家而言，仅仅具备这一形式条件是不够的。那么，学以成圣的真正基础在哪里呢？程颐曾经在《颜子所好何学论》中对此作了回答：

> 圣人可学而至与？曰：然。学之道如何？曰：天地储精，得五行之秀者为人。其本也真而静，其未发也五性具焉，曰仁义礼智信。形既生矣，外物触其形而动于中矣，其中动而七情出焉，曰喜怒哀惧爱恶欲。情既炽而益荡，其性凿矣。是故觉者约其情使合于中，正其心，养其性，故曰"性其情"。愚者则不知制之，纵其情而至于邪僻，牿其性而亡之，故曰"情其性"。凡学之道，正其心，养其性而已。中正而诚，则圣矣。君子之学，必先明诸心，知所养，然后

---

① 参见［德］海德格尔：《存在与时间》，陈嘉映等译，生活·读书·新知三联书店2006年版，第167页。
② 这里的此在，按照海德格尔的说法，即是人这种特殊的存在者，本书使用"主体"一词加以指称，完全是出于行文的习惯，并非有特殊的内涵，虽然完全可以直接用"人"字替代。

力行以求至，所谓"自明而诚"也。故学必尽其心，尽其心则知其性。知其性，反而诚之，圣人也。①

这一论述关键在于，在肯定了"圣人可学而至"之后，程颐何以紧接着提出如下论述："天地储精，得五行之秀者为人。其本也真而静，其未发也五性具焉，曰仁义礼智信？"很显然，"天地储精，得五行之秀者为人"这是本书第一章所论的气化生物的问题，而"其本也真而静，其未发也五性具焉，曰仁义礼智信"则是说每个人都内在地具有仁义礼智（信）之性，即人性具有实在性，而非如佛教所言，是性空的②。对程颐而言，圣人可学而至就建立在气化生物与人性的实在性这两个前提之上。第一、圣人与常人都是气化所生，因此，圣人不是"天纵之圣"，而是气化过程中偶然出现的，从而生而为圣人还是生而为常人没有命定的性质，因此主体的现成状态也是可以改变的。第二、圣人与常人都内在地具有仁义礼智之性，所不同的是常人往往"牿其性而亡之"，但如果能够"尽其心则知其性。知其性，反而诚之"，则"圣人也"。在这里可以看到，如果说气化生物构成了圣人可学而至的天道根源，那么，每个人都内在具有的仁义礼智之性则构成了学以成圣的本体论基础③。就这一点而言，朱子与程颐无疑具有根本的一致性，正如他所说：

> 凡人须以圣贤为己任。世人多以圣贤为高，而自视为卑，故不肯进。……然圣贤禀性与常人一同。既与常人一同，又安得不以圣贤为己任？④

从能够与应当的关系看，常人之所以"须"（应当）以圣贤为己任在

---

① 程颐：《颜子所好何学论》，《河南程氏文集》卷8，《二程集》上册，第577页。
② 在这里可以看到，与朱子一样，万物从何而来以及人性（当然也包含着万物之性）是否具有实在性也构成了程颐所关注的首要问题。
③ 在类似的意义上，对阳明而言，"良知作为成圣的根据"实质上也意味着良知构成了成圣的本体论基础。
④ （宋）朱熹：《语类》卷8，《全书》第14册，第208页。

于他"可以"（能够）为圣人①，而之所以"可以"为圣人，就在于圣人"禀性与常人一同"，即在本性上圣人与常人是一致的，而这里的禀性即是以仁义礼智为具体内容的本然之善性。既然，圣人与常人禀性"一同"，常人也可以学以成圣，那么，圣人之为圣人就已经不再简单地指向历史或现实中的某个具体的人，事实上，在朱子那里再度发生了"圣人观之转换"：圣人从孔子、尧舜等具体人格代名词转换为主体的可能性存在。而这一转换意味着，每个常人都潜在地就是圣人，当朱子说"天地之生万物，一个物里面便有一个天地之心。圣人于天下，一个人里面便有一个圣人之心"②时，也明确体现出这一点。也正因如此，朱子曾经将学以成圣的过程概括为"超凡入圣"③，即超越主体现实的状态（凡）而达到作为其可能性的状态（圣）。

不过，可能性毕竟还只是可能性，对于走在学圣道路中的常人而言，可能性向现实性的转化，中间毕竟还有很长的路要走。而工夫的重要性也正体现在这里。正如郭晓东所言："对于宋代的新儒家来说，本体论的建构与心性论的讨论都离不开工夫问题。对他们而言，存在着两个最为基本的问题：第一，如何可能成为圣人？第二如何成为圣人？对于第一个问题，道学家们主要从心性本体论上予以了回答，而对于第二个问题，

---

① 康德提出如下命题："人们能够做某事，如果某事已经被要求，人们应当做此事。"（[德]康德：《实践理性批判》，韩水法译，商务印书馆1999年版，第31页）这一命题通常被人们概括为"能够蕴含应当"。在朱子这里，不难发现也存在着"能够蕴含应当"这一观念。

② （宋）朱熹：《语类》卷27，《全书》25册，第990页。从这里对前文的论述看，"天地之心""圣人之心"显然都是指作为人性的仁义礼智。此外，阳明所谓的"个个人心有仲尼"（王阳明：《咏良知四首示诸生》，《王阳明全集》第3册，浙江古籍出版社2010年版，第826页）与朱子的这一论述无疑是相通的。

③ 朱子曾说："曾子事杂见他书，他只是要聚做一处看。颜子事亦只要在眼前，也不须恁地起模画样。而今紧要且看圣人是如何，常人是如何，自家因甚便不似圣人，因甚便似常人。就此理会得，自是超凡入圣！"[（宋）朱熹：《语类》卷29，《全书》第15册，第1077页]值得一提的是，朱子这里的"超凡入圣"很容易使人联想起美国学者赫伯特·芬格莱特所著 Confucius: The Secular as Sacred 一书的中译本标题《孔子：即凡而圣》（彭国翔、张华译，江苏人民出版社2002年版）中的"即凡而圣"。不过，朱子所说的"超凡入圣"一词与工夫相关联，强调的是对主体的现成状态的超越，而芬格莱特的"即凡而圣"从其书中的具体论述看，则更多地具有对"圣人"形象进行祛魅的意义。

则主要从工夫论上回答。"① 对于朱子而言,现实中的每个常人虽然潜在地都是圣人,但如果没有工夫的介入,这种可能性就无法转化为现实性。这里需要进一步追问的是:何谓工夫?② 虽然朱子并没有给"工夫"一词以明确的定义,不过既然工夫关联着学以成圣这一重大事件,那么对工夫的论述就不可避免地涉及圣人与学者——走在学圣道路之上的常人之间的对比,由于这些论述在实质上构成了朱子对工夫内涵③的论述,因此这些论述对理解何谓工夫就显得尤其重要。在解释《论语》中"忠恕"与"一贯"之间的关系④时,朱子曾经对圣人与学者进行了如下的对比:"圣人一贯,是无作为底;忠恕,是有作为底。"⑤ 类似的表述还有很多,如:

> 学者是这个忠恕,圣人亦只是这个忠恕,天地亦只是这个忠恕。但圣人熟,学者生。圣人自胸中流出,学者须着勉强。然看此"忠

---

① 郭晓东:《识仁与定性:工夫论视域下的程明道哲学研究》,复旦大学出版社2006年版,自序部分,第3页。郭晓东还指出:"一般来说,本体论与工夫论构成了道学研究的两个最基本视域,二者相辅相成","从某种意义上说,工夫论甚至更为重要"(同上)。需要指出的是,这里所说的第一个问题(即"如何可能成为圣人")实际上是说"成为圣人是否可能",也就是本书前面所论的学圣是否具有可能性的问题,郭氏原来的表述似乎与第二个问题(即"如何成为圣人")不易区分。

② 藤井伦明曾经追问了这一问题,并指出:"(1)工夫是基于人是一种不完全的存在(亦即不是圣人),而被赋予的修为;(2)'工夫'是'意识性'的行为。"(见藤井伦明《朱熹思想结构探讨》,第37页)不过这里的概括似乎还存在需要进一步说明的地方:(1)说工夫是"基于人是一种不完全的存在"无疑是正确的,不过说工夫是一种"被赋予"的行为却并不恰当,因为工夫实际上是一种自修、自治与自律,从而是主动的而不是被动的,而这里的"被赋予"似乎意味着工夫是被动的,是来自于外在意志的强制。当然,工夫过程中固然存在着强制,但那是一种自我强制,而非外在强制;(2)说工夫是一种"意识性"行为,藤井氏的本意是说工夫是主体有意而为的,或许用本书在第二章所说的"意向性"一词或许更好。因为"意识性"一词虽然包含着"意向性"的内涵,但"意向性"更能突出工夫所具有的有意而为的特点。关于这一点,后文还将进一步论及。

③ 工夫的内涵的论述与工夫的进路的论述不同。前者关联着"何谓工夫"这一问题,后者则关联着如何具体地做工夫这一实践活动。对朱子而言,"何谓工夫"并不重要,重要的是工夫实践的具体进路问题,但对本书而言,在论述具体的工夫进路之前,对"何谓工夫"进行先行考察也是十分必要的。

④ 《论语·里仁》有如下记载:子曰:"参乎!吾道一以贯之。"曾子曰:"唯。"子出,门人问曰:"何谓也?"曾子曰:"夫子之道,忠恕而已矣!"

⑤ (宋)朱熹:《语类》卷27,《全书》第15册,第973页。

第四章　修为以复性：人性的开显及其工夫进路

恕"二字，本为学者做工夫处说。①

圣人之恕与学者异者，只争自然与勉强。圣人却是自然扩充得去，不费力。学者须要勉强扩充，其至则一也。②

圣人是自然底忠恕，学者是勉然底忠恕。③

如前所述，在朱子那里发生了一种圣人观的再度转换，通过这一转换，圣人指向的是每一个常人的可能性存在，因此圣人叙事就不能简单地被理解为偶像崇拜或树立道德权威，在更实质的意义上，任何关于圣人的论述都是对主体自身可能性的论述。而既然圣人与学者的根本性差异即在于"自然与勉强"，那么"自然"实质上也就是学者的潜在可能性，从而，"勉强"也就构成了达到自然的中介性环节，朱子曾经通过对《中庸》所说的"不思不勉"的阐发指出了这一点：

今日勉之，明日勉之，勉而至于不勉；今日思之，明日思之，思而至于不思。自生而至熟，正如写字一般。会写底，固是会；不会写底，须学他写。今日写，明日写，自生而至熟，自然写得。④

实际上朱子所说的"勉强"正是来自于《中庸》中的"不思而得，不勉而中"之"勉"⑤。对朱子而言，"不思""不勉"必须经由"思之"

---

① （宋）朱熹：《语类》卷21，《全书》第14册，第730页。
② （宋）朱熹：《语类》卷27，《全书》第15册，第969页。
③ 同上书，第987页。
④ （宋）朱熹：《语类》卷36，《全书》第15册，第1346页。
⑤ 在理学传统中，很多人都强调勉强所具有的工夫意义，张载说："大亦圣之任，虽非清和一体之偏，犹未忘于勉而大尔，若圣人，则性与天道无所勉焉。"[见（宋）张载《正蒙·中正》，《张载集》，第28页] 程颐也说："为常人言才知得非礼不可为，须用勉强，至于知穿窬不可为，则不待勉强，是知亦有深浅也。古人言乐循理之谓君子，若勉强，只是知循理，非是乐也。才到乐时，便是循理为乐，不循理为不乐，何苦而不循理，自不须勉强也。若夫圣人不勉而中，不思而得，此又一等事。"[（宋）程颢、程颐：《河南程氏遗书》卷18，《二程集》上册，第186页] 朱子所强调的"勉强"显然也是植根于上述传统之中，不过他们又都以《中庸》的相关思想为前导。

"勉之"才得以可能，但思之、勉之最终又会自然而然地超越自身，而达到不思、不勉。而既然"勉强"正是学者"做工夫处"，那么工夫也就意味着一种自我扬弃。

藤井伦明曾经注意到了工夫的自我扬弃的性质，他说："吾人应该将理学之'工夫'理解为'有意识'地超越其'意识性'而趋向'自然'的行为。换言之，所谓'工夫'，即为一自身试图消灭自身，此种有着非常曲折之性质的行为。"① 不过，自我扬弃还只是工夫的消极内涵，工夫还具有更为积极的意义。当然，这里首先需要追问如下问题：既然工夫的意义在于通过勉强来达到自然，那么圣人之自然，或者作为学者潜在可能性的自然的基础何在？其实前文所引的"圣人自胸中流出"这一表述已经透露了答案之所在：很明显，圣人之自然，正是圣人随感而应、感而遂通的体现，更进一步而言，也就是天理之自然。正如前文所言，以仁义礼智为具体内容的天理，作为主体内在的功能性存在，在其功能未受到抑制的情况下，将自然发用。由此可见，工夫的过程也就是要通过勉强而使得天理的功能在受到气禀、人欲的抑制之后得以重新开显。在上述意义上，工夫的过程实际上涉及前文所论的天人关系。正如前章所论，在朱子看来，天人之辨是以天然与人为内涵的，更进一步而言，天然是天理之自然，人为则是主体的有意而为。而从前文的论述看，圣人之自然正是天理之自然，而工夫过程的勉强，实际上是主体的自我强制而非任何外在意志的强迫，因此它显然是主体有意而为的，即出于人为的意向性行为。正如朱子所言：

> 一个是天然底道理，一个是人为底道理。曾子以天然底难说，只得把人为底说与他，教他自此做得到尽处，便是天然底。②

在工夫论的意义上，圣人之自然与学者之勉强的对比更为具体地展

---

① 见〔日〕藤井伦明《朱熹思想结构探讨》，第45页。这里的"有意识"也就是本书前述的"有意而为"，即意向性，而"'自然'的行为"显然是指感发性的行为。
② （宋）朱熹：《语类》卷27，《全书》第15册，第987—988页。

第四章　修为以复性：人性的开显及其工夫进路

现为天理之自然与主体之人为之间的对比，而这一对比正是朱子哲学中的天人之辨在工夫领域中的具体体现。而在天人之辨的意义上，工夫也就是通过主体的人为而达到天理之自然。但既然天理之自然不过是主体内在的仁义礼智之性这一机能的重新发用，那么，工夫过程也是一个彰显天机的过程。事实上，朱子曾经明确地将仁义礼智之性这种主体内在的先天能力、先天机能直接地称为"天机"①。就每一个现实的主体而言，其内在的这种先天机能，在没有受到气禀、人欲抑制的情况下，是随感而应、天机自张，正因如此，朱子曾经借用庄子的术语将那种内在的天机没有受到抑制的圣人称为"人貌而天"：

> 圣人之心，直是表里精粗，无不昭彻，方其有所思，都是这里流出，所谓德盛仁熟，"从心所欲，不逾矩"，庄子所谓"人貌而天"。盖形骸虽是人，其实是一块天理。②

说圣人是"人貌而天""一块天理"，既不是说圣人是一种没有肉身的精神（spirit）性存在，也与基督教所说的"道成肉身"有所不同，它实际上是以一种非常形象化的方式指出了内在的先天机能在未受到抑制的情况下主体所可以达到的境界。朱子曾经将这种德盛仁熟、"从心所欲不逾矩"的境界称为"天理流行"：

> 孔子"与点"，"与圣人之志同"者，盖都是自然底道理。安老、怀少、信朋友，自是天理流行。天理流行，触处皆是。暑往寒来，

---

① 这里的天与天理之"天"一样，仍然是一种修饰性的表达。朱子在他所居住的紫阳楼晦斋中悬挂者他亲手书写的"涵养天机"四字匾额（参见葛荣晋《朱子"主静"思想的现代诠释》，《党政干部学刊》2011年第4期）。这里的"天机"一词显然与天理，即仁义礼智之性在内涵上是一致的。"天机"一词在朱子的其他文献中也多次出现。值得一提的是，朱子的"天机"一词是借自《庄子》，《庄子》中有"其嗜欲深者，其天机浅"（见《庄子·大宗师》）这一说法，朱子对此极其称道，曾说："庄子云'嗜欲深者，天机浅'，此言最善。"［见（宋）朱熹《语类》卷97，《全书》第17册，第3283页］
② （宋）朱熹：《语类》卷31，《全书》第15册，第1123页。"人貌而天"见《庄子·田子方》，是田子方对其师东郭顺子的描述："其为人也真，人貌而天，虚缘而葆真，清而容物。物无道，正容以悟之，使人之意也消。无择何足以称之！"

· 145 ·

川流山峙,"父子有亲,君臣有义"之类,无非这理。①

"天理流行"并非是说天理如同一物、流行运转,这里的"流"与前文所引的"圣人自胸中流出""圣人之心,直是表里精粗,无不昭彻,方其有所思,都是这里流出"的"流"在内涵上是一致的,它传达出的正是前文所说的随感而应、天机自张。在上述意义上,工夫的过程正是要通过后天的人为,使得主体内在的先天机能得以重新的开显,从天人之辨的角度说,工夫的过程也就是一个"由人而天"的过程②。

在上述意义上,以学以成圣为目标的工夫,实质上是一个开显主体内在天机的过程。但既然这种天机是主体先天固有的内在本性,那么,工夫的过程实质上也是向主体自身内在本性回归的过程。实际上孟子曾经通过"尧、舜,性之也,汤、武,反之也"(《孟子·尽心下》)这一论述指出了这一点:这里的"反"作为"返"的通假字,正是以回归、返回为本意的。在理学那里,这种向主体固有的先天本性的回归过程,曾经被以一个专有名词所概括,即"复性"。这一点在朱子对孟子上述论述的注释中可以看得更为明确:

---

① (宋)朱熹:《语类》卷40,《全书》15,第1435页。
② 在阐释《中庸》中的"诚者,天之道;诚之者,人之道"时,朱子说:"诚者,实而已矣……圣人于此,故以其无一毫之不实,而至于如此之盛,其示人也,亦欲其必以其实而无一毫之伪也。盖自然而实者,天也;必期于实者,人而天也。"[(宋)朱熹:《中庸或问》,《全书》第6册,第594页]这里的"人而天"显然是从学者的工夫角度说的,因此与本书所说的主体内在先天机制的开显是一致的。出于表达的明晰性,本书将朱子所说的"人而天"补充为"由人而天"。值得一提的是,瑞士汉学家毕来德曾经将《庄子》中的"天"理解为"必然的、自发"的活动机制,与此相应,他将"人"理解为"故意的、有意识的"活动机制(见[瑞士]毕来德《庄子四讲》,宋刚译,中华书局2009年版,第39页)。进一步将其分别概括为"天的机制"和"人的机制"(见《庄子四讲》,第44页),毕来德更进一步指出:在《庄子》那里存在着一种"有意义的过渡",他将其称为"由'人'的机制向'天'的机制的上升"(见《庄子四讲》,第44页)。陈赟老师曾经将毕来德这一观念概括为"由人而天的机制转换"(参见陈赟《由人而天的"机制转换"与新主体观——论毕来德的〈庄子四讲〉》,《社会科学》2013年第7期)。从本书对朱子哲学中天人之辨的分析看,毕来德对天、人的理解无疑与朱子非常相近。此外,毕来德虽然没有使用过"工夫"一词,也不了解朱子等理学家们所说的工夫的内涵与意义,但无疑,他所理解的"有意义的过渡"与朱子等理学家那里的工夫具有极大的相近之处。

第四章　修为以复性：人性的开显及其工夫进路

性者，得全于天，无所污坏，不假修为，圣之至也。反之者，修为以复其性，而至于圣人也。尹氏曰："无意而安行，性者也；有意利行，而至于无意，复性者也。尧、舜不失其性，汤、武善反其性，及其成功者一也"。①

朱子所引用的尹氏，即程门高足尹和靖之言。这里特别值得注意的是，尹氏在区分"性之"与"反之"时分别使用了"无意"和"有意"，显然"无意"的"安行"是前文所论的天理之自然感通而引发的行为，而"有意"的"利行"正是作为工夫的意向性行为，而其最终目标是通过"有意"以达到"无意"。从天人之辨的角度说，"无意而安行"是"出于天，不系于人"，而"有意利行"显然是后天的人为工夫，因此，通过"有意"以达到"无意"正是前文所说的"由人而天"的过程。在尹氏看来，通过这一"由人而天"工夫的过程，正是"复性"的过程，而朱子则更为明确地将其概括为"修为以复其性"：这里的"修为"正是工夫的代名词，而"修为以复其性"表明，工夫的目标正是为了"复性"②。

如果说，工夫论构成了朱子哲学的重要环节，那么作为工夫目标与旨归的"复性说"显然在朱子哲学中具有根本性的地位。但并不能因此而认为朱子哲学的根本宗旨就在于复性。事实上，正如前文所一再指出的，对朱子而言，人性是一种功能性的存在，只是由于它受到气禀、人欲等因素的抑制而不能够在人伦日用中如此本然地发挥其功能，因此工夫虽然以复性为目标，但复性并不能被抽象地理解为向某种本体的回溯，其更为实质的内涵则在于通过开显人性本有的功能而使得其能够在人伦

---

① （宋）朱熹：《孟子集注》，《朱子全书》第6册，第454页。
② 正如杨儒宾所言："朱子的学问终是东方风味的性命之学，他的工夫论的旨归也在复性。"（杨儒宾：《悟与理学的动静难题》，《国文学报》2012年总第52期）在另一个场合他甚至说："朱子思想的整体结构也可以说建立在'复性说'的基础上。"（杨儒宾：《从〈五经〉到〈新五经〉》，第28页）当然，"反之者，修为以复其性，而至于圣人也"这一表述也表明，"复性"与"成圣"实际上是一体两面的，两者实质上是对同一个过程的不同说法。

日用中重新发挥。这可以在论述中得到明确的体现:

> 自天之生此民,而莫不赋之以仁、义、礼、智之性,叙之以君臣、父子、兄弟、夫妇、朋友之伦,则天下之理,固已无不具于一人之身矣。但以人自有生而有血气之身,则不能无气质之偏以拘之于前,而又有物欲之私以蔽之于后,所以不能皆知其性,以至于乱其伦理而陷于邪僻也。是以古之圣王设为学校,以教天下之人,使自王世子、王子、公、侯、卿、大夫、元士之适子以至庶人之子,皆以八岁而入小学,十有五岁而入大学,必皆有以去其气质之偏、物欲之蔽,以复其性,以尽其伦而后已焉。①

"以去其气质之偏、物欲之蔽"作为一个做工夫的过程,实质上是消解那些抑制、遮蔽人性功能的因素,但这一"以复其性"工夫过程,最终是为了"以尽其伦",也就是重新发挥人性作为人伦秩序内在法则的功能。正如前文曾经指出的,朱子对性空论的克服所进行的思想努力正是基于人性作为人伦秩序内在法则的重要性,而复性的工夫诉求也同样是基于人性所具有这一根本性的价值意义,就这一点而言,对性空论的克服与复性的工夫诉求之间虽然面临的问题意识有所不同,但其对人性所具有的功能性意义的强调则是一致的。

不过,虽然复性的工夫诉求直接针对的是人性功能受到抑制这一经验性事实,从而与朱子对性空论的批判所面临的问题意识有所不同,但二者之间也存在着密切的关联。这一点可以通过朱子对"成性"说的批判来加以理解。在朱子的学术视野中,"成性"说主要体现在董仲舒、张载甚至朱子最尊敬的学者程颐的一些论述中:董仲舒曾经提出"质朴之谓性,性非教化不成"②一说,而张载则被王夫之等人看作"成性"说的真正代表,在《张载集》中"成性"一词频繁出现,而其中最为典型

---

① (宋)朱熹:《经筵讲义》,《文集》卷15,《全书》第20册,第691—692页。
② 转引自(宋)朱熹《语类》卷125,《全书》第18册,第3915页。

的则是"知礼成性而道义出"①之说。张载的这一说法实际上是出于他对《周易·系辞传》中"成性存存,道义之门"的注释。此外,程颐在注释"成性存存"时则说"成其性,存其存"②。如前所述,对朱子而言,复性说是建立在人性的先天实在性的基础之上的,而在他看来,"横渠、伊川说'成性',都是就人为处所,恐不如此"③。这是因为,如果"就人为处说"性,那么人性就不具有先天实在性,而是后天人为塑造、人为建构的结果。也正是基于这一点,朱子对董仲舒所说的"性非教化不成"批判到:"董仲舒云:'质朴之谓性,性非教化不成。'性本自成,于教化下一'成'字,极害理。"④"性本自成"也是说人性先天就具有实在性,因此不是后天教化的所成就的结果。实际上朱子之所以严厉地批判"成性"说,以至于连张载、程颐都不放过,就在于,在他看来,"成性"说意味着人性是后天人为塑造、人为成就的,从而也就意味着人性没有先天的实在性,在他看来,这与他所严厉批判的佛教性空论是很难划清界限的。而"复性说"一方面肯定了现实中人性功能的不完满性,即对现实的常人而言,人性是以潜能的形式存在,从而也就确认了工夫、修为的必要性,但另一方面又是建立在人性的先天实在性的前提之下,从而不会倒向性空论⑤。也正因如此,虽然朱子具有如此严格判教立场,但他不惮于使用"复性"这一具有明显的"佛老气息的哲学语汇",甚至还直

---

① (宋)张载:《正蒙》,《张载集》,第36页。
② (宋)朱熹:《语类》卷74,《全书》第16册,第2539页。
③ 同上书,第2537页。
④ (宋)朱熹:《语类》卷125,《全书》第18册,第3915页。
⑤ 朱子曾经基于上述观念对张栻的"己私既克,则廓然大公,与天地万物血脉贯通,爱之理得于内,而其用形于外,天地之间无一物非吾仁矣。此亦其理之本具于吾性者,非强为之也"这一说法提出批评:"盖己私既克,则廓然大公,皇皇四达,而仁之体无所蔽矣。夫理无蔽,则天地万物血脉贯通,而仁之用无不周矣。然则所谓爱之理者,乃吾本性之所有,特廓然大公而后在,非因廓然大公而后有;以廓然大公而后达,非以血脉贯通而后存也。今此数句有少差牴,更乞详之。"[见(宋)朱熹《答钦夫仁说四十八》,《文集》卷32,《全书》第21册,第1417—1418页]在朱子那里,从"仁包四德"的角度说,仁正是人性最为核心的内涵,在朱子看来,张栻之说意味着人性是后天修为而来,从而是一种成性说;而朱子则区分了人性的"有"和"在","有"是本有,也就是说人性不是后天人为的结果,而是人的先天本性;"在"的反面是不在,不在是说其功能未能发挥出来,从而只是一种潜能,而后天的人为工夫只是将这种潜能开发出来,从而使人性从潜在转化为现在。显然朱子是立足于复性说对张栻展开批评的。

接借用了庄子的"复其初"一词①。

虽然复性说在后朱子时代曾经遭到一些思想家的批判，一些当代学者甚至认为复性说带有明显的宿命论倾向②。但实际上，在儒学的传统中，只要坚持性善论，复性说就仍然是具有理论效力的，即便在极力主张"成性说"的王船山那里，复性说都仍然具有重要的地位③。事实上，复性说与成性说之间并非水火不容，复性说更不会倒向宿命论。前文指出，复性说虽然是以对性善论的坚持为基本前提的，但它并没有因此而将主体理解为一种现成的、一成不变的存在，而实质上是将主体理解为一种能在。另一方面，复性的诉求又将自身建立在对主体现实不完满性的深刻洞察之上，并进一步试图通过主体自身的修为工夫而改变这种状况。在这一意义上，复性说下的工夫与海德格尔所谓的"筹划"具有相近的内涵：海德格尔曾经指出，此在（即主体）作为能在，"是委托给它自身的可能之在"④，并总是对自身的可能之在有所"筹划"："作为此在一向已经对自己有所筹划。只要此在存在，它就筹划着。"⑤ 这种自我筹

---

① 杨儒宾已指出："'复性'说也是带有很强的佛老气息的哲学语汇，顾名思义，我们很容易联想到老子的'吾以观复'或庄子的'复其初'。"（见杨儒宾《从〈五经〉到〈新五经〉》，第28页）值得补充的是，首先提出"复性"这一观念的是作为理学前驱的李翱，其核心著作即《复性说》三篇，在其中他提出了"灭情以复性"［见（宋）朱熹《中庸集解序》，《文集》卷75，《全书》第24册，第3639页］的工夫主张。李翱的这一主张是建立在"情者，性之邪也"（见李翱《复性书》中篇，《李翱集》，甘肃人民出版社1992年版，第10页）。对朱子而言，四端之情也是情，但四端之情是仁义礼智之性所发，因此并不能说所有的情都是"性之邪"。基于此，他赞同程颐从王弼那里所借用的"性其情"的主张，而反对"灭情以复性"："孟子道性善，性无形影处，故说其发出来底，曰'乃若其情，可以为善'，则性善可知。情本不是不好底。李翱灭情之论，乃释老之言。程子'情其性，性其情'之说，亦非全说情不好也。"［（宋）朱熹：《语类》卷59，《全书》第16册，第1881页］朱子虽然反对"灭情"之说，但对"复性"之说却极力主张，因此在朱子的文献中可以经常看到"复其性""复其初"等说法，他甚至说："圣贤千言万语，只是使人反其固有而复其初耳。"［（宋）朱熹：《语类》卷8，《全书》第14册，第280页］

② 参见丁祯彦《简析宋明时期"成性"与"复性"之争》，《天府新论》1988年第2期。

③ 王夫之一方面主张"性日生而日成"，但另一方面，在他那里有大量涉及复性说的论述，如他说"民因所生之地异，浸渐成俗，不可卒革，而俗宜之中，原有可因以复性之理，即此而政教固已行焉"［见（清）王夫之《礼记章句》，第333页］。这些论述在实质上构成了船山对复性说的主张。其实正如下文所论，复性说与成性说有其相通之处，因此船山在主张成性说的同时也有复性说的论述，二者并非自相矛盾。

④ ［德］海德格尔：《存在与时间》，第169页。

⑤ 同上书。

第四章　修为以复性：人性的开显及其工夫进路

划,实质上就具有工夫的性质,它意味着将主体带向可能的存在。而对朱子而言,作为主体有意而为的行为,工夫实质上也是主体提升自己,从而将自身带向其可能的存在的一种方式。从自我筹划的角度看,复性说与成性说没有根本的区别,二者都是立足于主体是一种能在这一前提之下,并试图通过主体自身的努力带向其可能的存在。所不同的是,成性说下的可能存在是一种没有目标、没有方向的可能性,因此是一种抽象的可能性。就这一点而言,成性说与海德格尔那里的筹划更为接近。实际上,当代众多学者对复性说的批判正是借助于海德格尔的存在主义哲学,借助于海德格尔对能在以及基于能在的自我筹划的论述而展开的。在海德格尔那里,主体通过自我筹划而将自身带向其可能存在的过程,最终指向的是"成为你所是"①,然而,由于他对能在的理解是一种抽象的可能性,他所说的"成为你所是"最终也只是一种抽象的可能性,因此海德格尔那里的自我筹划,与成性说一样,也就同样没有目标、没有方向。但在朱子看来,作为自我筹划的工夫以复性为指向,其目标与方向是十分明确的,而复性的实质又不过是对主体自身潜在可能性,即潜能的开采,是开显作为潜能的人性的过程,从而实质上也就是潜能的开发。由此可见,复性说与海德格尔的"筹划"以及成性说的根本区别就在于,前者坚持主体内在地具有某种先天的潜能,而后者只是将主体理解为某种抽象的可能性。实际上,任何真正意义上的工夫,都是基于对主体具有某种先天潜能的先行肯定之上的,并通过一定的工夫进路使得这种先天潜能得以开发。但成性说由于将主体理解为一种抽象的可能性,其工夫进路的问题也就无从谈起,因此,其所谓的将主体带向可能的存在,也就仅仅停留在一种抽象的思辨之上,正如在海德格尔看来虽然有所谓的自我筹划这一类似于工夫的表述,但却无法对具体的工夫进路有任何的言说,因此,所谓的自我筹划就仅仅停留在思辨的理论层面,从而这种"筹划"也只不过是一种抽象的可能性,它并不能给主体的存在带来真正的指引人生意义与价值的方向。

---

① [德]海德格尔:《存在与时间》,陈嘉映译,生活·读书·新知三联书店2006年版,第169页。

第二节　涵养与察识：日常工夫的具体进路

当然，在张载甚至王夫之那里，他们所说的"成性"实质上与儒家一贯所说的成德基本上是在一个意义上说的，这在王船山的如下说法中就可以体现出来："以德之成性者言之，则凡触于事，兴于物，开通于前言往行者，皆天理流行之实，以日生其性者也。"① 从成德的角度说，成性说与复性说自然不会有根本性的差异，实际上朱子认为的复性也是以成德为基本内涵的。但由于张载等人对复性与成性的差异没有非常明确的理论自觉，他们并没有非常明确地表示要以成性说来对抗复性说。而朱子鉴于佛教性空论的挑战，因此对成性说也就比较敏感。不过，朱子与张载等人又确实有所不同，实际上，作为儒家学者，张载等人不可能对工夫进路问题无所言说，张载的高足吕大临曾经说："学者有问，多告以知礼成性、变化气质之道。"② 这里的"知礼成性""变化气质"都是广义上的工夫。但究竟其"道"如何，即其具体的工夫进路如何，在张载那里就似乎很难看到明确的论述。但在朱子那里，在主张复性说的同时，他对以复性为宗旨的工夫进路问题有非常明确的理论自觉。

谈到朱子哲学中的工夫进路问题，自然不可避免地涉及"中和旧说"向"中和新说"的转变问题。旧说向新说的转变首先所涉及的是朱子对已发未发的理解，简单地说，是从旧说的"未发为性、已发是心"转变为新说的"未发是性、已发为情、心统性情"。关于这一转变过程，前贤已经有很细致的考察③，这里不再赘述。不过，朱子从中和旧说向中和新说的转变，主要是与其对工夫进路的理解之间关联在一起的。正如陈来先生所指出的那样："已发未发学说作为一种心性哲学主要是为确定一种

---

① （清）王夫之：《读四书大全说》卷3，第174页。
② 吕大临：《横渠先生行状》，转引自《张载集》，第383页。
③ 参见牟宗三《心体与性体》（下册）第三章关于"朱子参究中和问题之发展"，刘述先《朱子哲学思想的形成与发展》第三章《朱子参悟中和问题所经历的曲折》，以及陈来在《朱子哲学研究》第七章关于"已发未发"等论述对此都有详细的考察。

第四章　修为以复性：人性的开显及其工夫进路

适当的修养方法提供一个理论的基础。"① 事实上，朱子对中和问题的参悟本身就源于对工夫进路的探求，这一点与其师李延平对他的教育有着直接的关系。朱子曾说："李先生教人，大抵令于静中体认大本未发是气象分明，即处事应物自然中节。"② 这里的"未发"与"中节"即涉及以已发、未发为中心的中和问题，但在李延平的教法中更为重要的则是"静中体认"这一工夫进路。后来朱子对中和问题的探究实际上是起源于对延平教法的反思③，因而这种反思的核心也必然在于对工夫进路的探究。这一点可以从朱子本人的如下总结性的概括中看出：

> 《中庸》未发、已发之义，前此认得此心流行之体，又因程子"凡言心者，皆指已发"之云，遂目心为已发，而以性为未发之中，自以为安矣。比观程子《文集》、《遗书》，见其所论多不符合，因再思之，乃知前日之说虽于心性之实未始有差，而未发、已发命名未当，且于日用之际欠缺本领一段工夫。盖所失者，不但文义之间而已。④

朱子中和新说确立后所作的《已发未发说》表面上看是对何为已发、何为未发的系统性分析，但从"日用之际欠缺本领一段工夫"这类论述中也可以明确地看到，在朱子看来，对已发、未发的"命名"并非仅仅是一个抽象的理论问题，它更进一步关系到的是日用工夫的安顿问题。由此可见，中和旧说向中和新说的转变并不仅仅是对何者为性、何者为情，以及心、性、情之间关系的理论探讨，它所涉及的更为核心的问题

---

① 陈来：《朱子哲学研究》，第164—165页。
② （宋）朱熹：《答何叔京二》，《文集》卷40，《全书》第22册，第1802页。
③ 刘述先先生业已指出了这一点："延平的思想却好像一种触媒，引起朱子对中和问题的参究发生几度转折。"（刘述先：《朱子哲学思想的发生与完成》，中国台湾学生书局1982年版，第71页）此外陈来先生也曾指出："从绍兴末到乾道中，朱熹苦究中和未发已发之义，表明李侗的《中庸》哲学对他曾有较大影响。"（陈来：《朱子哲学研究》，第272页）
④ （宋）朱熹：《已发未发说》，《文集》卷67，《全书》第23册，第3267页。这一论述与朱子刚刚参悟出中和新说时所作的《与湖南诸公论中和第一书》的开头部分基本一致，在那里他说："前日之说，非惟心、性之名命之不当，而日用工夫全无本领，盖所失者不但文义之间而已。"[（宋）朱熹：《与湖南诸公论中和第一书》，《文集》卷64，《全书》第23册，第3130页]

是日用工夫的理解与安顿。

众所周知，朱子的中和旧说主要来源于张栻向其介绍的以胡宏为代表的湖湘学派的学说。湖湘之学对工夫进路有其独特的理解，即"先察识后涵养"。在中和旧说时期，朱子对此工夫进路非常推崇，曾说："大抵衡山之学，只就日用操存辨察，本末一致，尤易用功。"① 然而，在乙丑之悟的中和新说确立后，朱子对"先察识后涵养"这一种工夫进路进行了一次翻转，从而确立了"先涵养后察识"的工夫进路。那么，朱子为何要进行这一翻转呢？要回答这一问题，就必须首先弄清湖湘之学的"先察识后涵养"的具体内涵是什么。湖湘学派关于"先察识后涵养"的论述首先集中体现在胡宏与彪居正的如下对话中：

> 彪居正问："心无穷者也，孟子何以言尽其心。"曰："惟仁者能尽其心。"居正问为仁，曰："欲为仁，必先识仁之体。"曰："其体如何？"曰："仁之道弘大而亲切，知者可以一言尽，不知者虽设千万言亦不知也。能者可以一事举，不能者虽指千万事亦不能也。"曰："万物与我为一，可以为仁之体乎？"曰："子以六尺之躯，若何而能与万物为一。"曰："身不能与万物为一，心则能矣。"曰："人心有百病一死，天下之物有一变万生，子若何而能与之为一？"居正竦然而去。他日某问曰："人之所以不仁者，以放其良心也。以放心求心可乎？"曰：齐王见牛而不忍杀，此良心之苗裔，因利欲之间而见者也。一有见焉，操而存之，存而养之，养而充之，以至于大，大而不已，与天地同矣。此心在人，其发见之端不同，要在识之而已。"②

通过这一论述可以看到，湖湘之学将工夫的最终目标设定为"识仁

---

① （宋）朱熹：《答罗参议》，《续集》卷5，《全书》第25册，第4747页。按陈来先生的考证，此书作于乾道元年（1165年）（见陈来《朱子书信编年考证》，生活·读书·新知三联书店2007年版，第34页），而确立中和新说的乙丑之悟发生在乾道五年（1169年），因此这显然是中和旧说时期的说法。
② 转引自（宋）朱熹《胡子知言疑义》，《文集》卷73，《全书》第24册，第3560—3561页。

之体",而按照胡宏的说法,要达到这一境界,具体的工夫进路是在良心发现之时能够通过反省的方式自觉地意识到良心的呈现这一经验性事实,由于良心即是恻隐之心,是作为性体的仁的经验性流露,对良心的察识实质上也就是通过对仁的经验性呈现这一事实的察觉而认识仁之体本身,因此,胡宏一方面说"必先识仁之体",另一方面又说"要在识之而已"。所谓涵养,则是在察识到良知的存在之后,即在"一有见焉"之后,"操而存之,存而养之,养而充之",实际上即是对良心的进一步体认、扩充。后来张栻将胡宏的上述观点概括为"学者先须察识端倪,然后可加存养之功"①,即"先察识后涵养"。在深受张栻影响的中和旧说时期,朱子对工夫进路的理解基本与此一致,在著名的"人自有生四书"的第一书中,朱子写道:

> 天理本真,随处发见,不少停息者,其体用固如是,而岂物欲之私所能壅遏而梏亡之哉?故虽汩于物欲流荡之中,而其良心萌蘖,亦未尝不因事而发见。学者于是致察而操存之,则庶乎可以贯乎大本达道之全体而复其初矣。②

这里的"致察而操存之"显然是与湖湘学派"先察识后涵养"的工夫进路是一致的。很显然,无论是胡宏、张栻,还是朱子本人对工夫进路的上述理解都明确地具有察识的环节与包含涵养的环节,朱子为什么在中和新说成立后认为这里欠缺涵养工夫呢?关键就在于,从胡宏和朱子本人的论述看,先察识而后涵养中的涵养实质上不过是察识工夫的补充性环节,从根本上说,它仍然属于察识工夫,而不具有独立的工夫意义,因为按照"先察识后涵养"这一种工夫路径的安排,如果没有"先察识"这一个先行的环节,则"后涵养"这一个环节就无从下手。更为重要的是,"先察识"这一个环节是建立在良心的呈现这一经验性事实的基础上的,无论是胡宏说的"良心之苗裔",还是朱子说的"良心萌蘖",

---

① (宋)朱熹:《答张钦夫四十九》,《文集》卷32,《全书》第21册,第1420页。
② (宋)朱熹:《与张钦夫三》,《文集》卷30,《全书》第21册,第1315—1316页。

都是说良心（即恻隐之心）的呈现这一经验性事实，对察识工夫而言，如果没有良心呈现这一经验性事实存在的话，那么察识本身也无从下手，更不要说察识后的涵养工夫了。然而，这里需要考虑的是，良心是永无停息地呈现在那里的呢，还是需要特定的条件才能呈现呢？事实上，在胡宏和朱子的上述论述中都可以很清楚地看到，良心的呈露并不是无条件的，它实际上是作为主体内在性体的仁在与特定境域相感通时才会呈现出来的：胡宏说"齐王见牛而不忍杀，此良心之苗裔"，朱子说"良心萌蘖，亦未尝不因事而发见"，都表明了这一点，即良心的呈现必须因事而发，或者说，仁之体必须感于物①而动，倘若没有见孺子入井或者见牛觳觫这样的具体事件发生，就不会有良心的呈现这一经验性事实出现②。正如王夫之所言：

> 意或无感而生，（如不因有色现前而思色等。）心则未有所感而不现。（如存恻隐之心，无孺子入井事则不现等。）③

良心的呈现不同于一般性的意识、思维，它只会在主体与特性的情境相遭遇时才会呈现。但问题的关键是，主体在日常生活中并不是时时刻刻都会遭遇触动良心呈现的事件。实际上，能够触动主体，从而流露出恻隐、羞恶、辞让、是非之心的情境在日常生活中并不多见。如果按照"先察识后涵养"的工夫进路，在没有良心呈现的大多数时间内，主体的工夫显然无法安顿。正因如此，在中和新说确立后，朱子对张栻所说的"学者先须察识端倪之发，然后可加存养之功"进行了批判：

> 所谓"学者先须察识端倪之发，然后可加存养之功"，则熹于此不能无疑。盖发处固当察识，但人自有未发时，此处便合存养，岂

---

① 在儒家传统中"物"的基本内涵即是"事"。朱子在注释《大学》的"格物"之"物"时，就明确说"物，尤事也"。而无论是郑玄，还是王阳明、王夫之都是如此理解的。
② 这一点本书在第二章中已经有非常详尽的论述，这也是朱子区分性与情的根本性的问题意识所在。
③ （清）王夫之：《读四书大全说》（上册）卷1，第23页。

第四章　修为以复性：人性的开显及其工夫进路

可必待发而后察、察而后存耶？且从初不曾存养，便欲随事察识，窃恐浩浩茫茫，无下手处，而毫厘之差、千里之谬将有不可胜言者。①

良心的呈现就是性体、仁体的发用，也就是已发，但问题的关键就在于"人自有未发时"。如果按照"先察识后涵养"的工夫进路，在良心未发时，就不用做工夫，也不知该如何做工夫了。但对于朱子而言，"此处便合存养"，也就是说，真正的涵养工夫是在良心未呈现的那些日常生活的大多数时间内进行的，而不仅仅是依赖于良心呈现这种特殊的、暂时的情境所进行的察识工夫的补充性环节。正因如此，朱子又说："近看南轩文字，大抵都无前面一截工夫也。大抵心体通有无、该动静，故工夫亦通有无、该动静，方无透漏。若必待其发而后察，察而后存，则工夫之所不至多矣。"②之所以说南轩（即张栻）那种"先察识后涵养"的工夫是"无前面一截工夫"，从而"工夫之所不至多"，根本原因是良心的呈露只是因事而发、感物而动，因此就时间上说是短暂的。如果仅仅依赖先察识而后涵养，那么主体日常生活中做工夫的时间也就不会很多。另一方面，日常生活的绝大多数时间内反而无须做工夫了。正因日常生活中良心的呈现是一种非常态的情况，因此，"先涵养后察识"的工夫进路中的"先涵养"就是在日常生活的绝大多数时间内所进行的修养工夫，而"后察识"则意味着在良心呈现这种特殊情况下所进行的工夫。与其说，在"先察识后涵养"的工夫进路中，涵养工夫只是察识工夫的一个补充性的环节，不如说察识工夫才是工夫的根本所在；在"先涵养后察识"的工夫进路中，涵养工夫则具有更为根本性的地位，它实际上构成了察识工夫的基础性前提③。正如朱子所言：

---

① （宋）朱熹：《答张钦夫四十九》，《文集》卷32，《全书》第21册，第1419页。
② （宋）朱熹：《答林择之二十二》，《文集》卷43，《全书》第22册，第1981—1982页。
③ 因此，如果说在湖湘学派所倡导的"先察识后涵养"这一工夫进路中，察识与涵养构成了时间上的先后关系；那么，在朱子那里涵养与察识之间并不具有时间上的先后关系。对于朱子而言，涵养与察识作为不同的工夫进路在日常生活中适应于不同的生活境域，更进一步而言，应该是当涵养时需要涵养，当察识时则须察识，涵养与察识一起构成了一个完整的过程，贯穿于日常生活的不同时间与境域之中。

> 未发有工夫，既发亦用工夫。既发若不照管，也不得，也会错了。但未发已发，其工夫有个先后，有个轻重。①

未发时的工夫显然是指涵养工夫，已发时的工夫则是察识的工夫，而涵养与察识不仅"有个先后"，而且"有个轻重"，也就是说在"先涵养后察识"工夫进路中，涵养显然比察识具有更为重要的地位，朱子本人就曾经用"本领工夫"② 一词来表达涵养工夫所具有的根本性地位。

不过，对朱子而言，涵养工夫之所以是根本性的工夫，不仅因为它在日常生活中所能够进行的时间长，更为重要的是，"先察识后涵养"与"先涵养后察识"两种不同的工夫进路中的"涵养"在内涵上具有根本的不同。事实上，由"先察识后涵养"到"先涵养后察识"的转变并不仅仅是一种形式上的先后顺序的翻转，倘若如此，朱子就不会说在张栻那里"无前面一截工夫"，也不会说他自己的中和旧说欠缺"平日涵养一段工夫"③，而欠缺"平日涵养一段工夫"则表明，在朱子看来，"先察识后涵养"中的涵养并非真正意义上的涵养，因为它实质上不过是察识工夫的一个补充性环节。那么，朱子所说的涵养工夫的真正内涵何在呢？

众所周知，朱子认为的涵养工夫实际上继承了程颐所说的"涵养须用敬"之说④。当然，持敬工夫并非程颐的发明，实质上在孔子那里已经将"敬"作为自我修养的方式而提出来了。《论语·宪问》中"子路问君子"，孔子首先的回答就是"修己以敬"。孔子已经将"敬"作为一种君子修己、成德的基本方式而提出来了。此外，《论语·雍也》中也有

---

① （宋）朱熹：《语类》卷94，《全书》第17册，第3151页。
② （宋）朱熹：《已发未发说》，《文集》卷67，《全书》第23册，第3268页。
③ （宋）朱熹：《与湖南诸公论中和第一书》，《文集》卷64，《全书》第23册，第3131页。
④ 朱子中和新说确立后的工夫论是继承程颐的"涵养须用敬，进学则在致知"。从广义上说，无论是涵养还是致知都属于工夫的范畴，前者属于《中庸》所谓的尊德性，后者属于道问学。不过从狭义上说，尊德性属于更为具体的工夫，而道问学属于广义上的工夫，对朱子而言，道问学对于尊德性具有引导性、补充性的意义，而尊德性才是工夫的核心内涵。关于道问学与尊德性，或者说，致知与涵养之间的关系问题，本书将在第五章作进一步探讨。

第四章　修为以复性：人性的开显及其工夫进路

"居敬"之说。对朱子而言，持敬工夫实际上是儒学最为核心的修养工夫，他甚至说："敬之一字，圣学所以成始成终者也。"① 那么作为涵养工夫的敬又该如何下手呢？在《大学或问》中朱子曾经以自问自答的方式回答了这一点：

> 曰：然则所谓敬者，又若何而用力邪？曰：程子于此，尝以主一无适言之矣，尝以整齐严肃言之矣。至其门人谢氏之说，则又有所谓常惺惺法者焉。尹氏之说，则又有所谓其心收敛不容一物者焉。观是数说，足以见其用力之方矣。②

在这一个论述中，持敬工夫被概括为四个方面，即：A、主一无适；B、整齐严肃；C、常惺惺；D、其心收敛不同一物。A、B 两者来自程子，实际上主要是程颐，而 C、D 则是来自程门后学。不过，如果全面地阅读朱子的文献，可以发现，朱子所强调的持敬工夫主要是主一无适和整齐严肃两个方面，这在《敬斋箴》一文中即得到明确的体现：

> 正其衣冠，尊其瞻视；潜心以居，对越上帝。足容必重，手容必恭；择地而蹈，折旋蚁封。出门如宾，承事如祭；战战兢兢，罔敢或易。守口如瓶，防意如城；洞洞属属，毋敢或轻。不东以西，不南以北；当事而存，靡他其适。勿贰以二，勿参以三；惟精惟一，万变是监。从事于斯，是曰持敬；动静弗违，表里交正。③

这里的"正其衣冠，尊其瞻视""足容必重，手容必恭"等主要涉及的是整齐严肃，而"不东以西，不南以北；当事而存，靡他其适。勿贰以二，勿参以三；惟精惟一，万变是监"则非常明确地属于主一无适的范围。这一点也体现在如下的论述中：

---

① （宋）朱熹：《大学或问》，《全书》第 6 册，第 506 页。
② 同上。
③ （宋）朱熹：《敬斋箴》，《文集》卷 85，《全书》第 24 册，第 3996—3997 页。

> "持敬"之说，不必多言，但熟味"整齐严肃""严威严恪""动容貌""整思虑""正衣冠""尊瞻视"此等数语而实加功焉，则所谓直内、所谓主一，自然不费安排而身心肃然，表里如一矣。①

而从以上对于持敬内容的介绍又可以很明显地看出，整齐严肃与主一无适作为日常涵养工夫的具体内容实际上涉及两个不同的层面，如果说整齐严肃所涉及的是对身体的调节，那么主一无适显然涉及的是对意识的调节。如果借用儒学的固有词汇，持敬涵养工夫实质上涉及身、心两个层面，正因如此，朱子所持敬工夫可以到达"身心肃然，表里如一"。在这一意义上，由整齐严肃与主一无适所共同构成的涵养工夫实质上是包含身、心两个层面在内的一种全方位的工夫进路。就这一点而言，朱子认为的持敬涵养的工夫，就与那种仅仅关注意识层面修养的工夫具有本质的区别。事实上，从前文的论述中可以看到，湖湘学派的"先察识后涵养"工夫就是一种仅仅关注意识层面的工夫，在那里身体层面的调节就没有得到应有的关注。因此，朱子这种身心兼顾的修养工夫就值得特别注意。这一点如果与西方思想中的精神修炼（spirit cultivation）的传统加以对比，就更能显现出其独特性。在西方主流的思想传统中，身体往往被看作灵魂的负担。正如彭国翔所指出的，"对大部分古希腊罗马的哲学家来说，哲学实践就是一个将灵魂从肉体中摆脱出来的过程"，因此其修养工夫也就成为一种"纯粹的精神修炼，其中并无身体的位置"②。当然，西方哲学传统中的这种精神修炼的工夫植根于其根深蒂固的身心二元论传统。这一观念从以亚里士多德为代表的古希腊时期就已经存在，到笛卡尔那里达到顶峰。赖尔曾经对这种被他称之为"官方学说"的理论进行了如下的概括："可能除了白痴和怀抱的婴儿外，每个人都有一个躯体和一个心灵。有些人则宁愿说，每个人都既是一个躯体又是一个心灵。通常，他的躯体和他的心灵被套在一起，但在躯体死后，他的心灵

---

① （宋）朱熹：《答杨子直一》，《文集》卷45，《全书》第22册，第2072页。
② 彭国翔：《儒家传统的身心修炼及其治疗意义》，见杨儒宾、祝平次编《儒学的气论与工夫论》，华东师范大学出版社2008年版，第11页。

可以继续存在并依然发挥作用。"① 在赖尔看来，西方传统中以二元论为主流的对身心关系的理解，将一个具体的人假定为两个不同形态的存在的结合，它们分别是物理性的存在和心理性的存在，前者代表是身体，后者则是人的心灵；前者存于时空之中，后者则是超越时空的②。这种对身心关系的理解，一方面将身心理解为两种完全异质的存在，二者如同两个不同的性质的物体一样机械性地结合在一起，无法相互作用；另一方面这种理解的背后又隐含着贵心（spirit/consciousness）而贱身（body）的观念。从而反映在修养工夫上就是精神修炼，也就是仅仅从心上做工夫。但在朱子看来，心是"气之精爽"③，心是身体的内在机能④，因此身体层面的修养工夫与意识层面的修养工夫实际上是相互作用的。正如朱子所言：

> 根本枝叶本是一贯，身心内外元无间隔。今日专存诸内而略乎外，则是自为间隔，而此心流行之全体常得其半而失其半也。曷若动静语默由中及外，无一事而不敬，使心之全体流行周浃而无一物之不遍、无一息之不存哉？观二先生之论心术，不曰"存心"而曰"主敬"，其论主敬，不曰虚静渊默而必谨之于衣冠容貌之间，其亦可谓言近而指远矣。⑤

由此可见，朱子对修养工夫的理解是建立在一种一元化的、身心互动的身心观之上的。正因如此，他不会将修养工夫仅仅理解为一种意识

---

① ［美］吉尔伯特·赖尔：《心的概念》，徐大健译，商务印书馆2009年版，第4页。
② 同上书，第6页。
③ （宋）朱熹：《语类》卷5，《全书》第14册，第209页。
④ 朱子这种对心的理解与前文所提到的、将心理解为一种实体化存在不同，而与现代科学对心的理解更为接近。在现代科学中，心的实质内涵即是意识，无论是理智、情感还是意志，乃至于潜意识都是意识的不同表现形式，而意识是在生物进化过程中产生的（参见［美］杰拉尔德·埃德尔曼《第二自然》，唐璐译，湖南科学技术出版社2012年版，第21页）。需要指出的是，前文曾经一再指出，在朱子看来，以仁义礼智为内涵的人性实质上也是身体的内在机能。这一点与心是身体的内在机能并不矛盾。在朱子看来，仁义礼智之性也是心的一个层面，即也是身体内在机能的一个层面。
⑤ （宋）朱熹：《答何叔京二十四》，《文集》卷40，《全书》第22册，第1835页。

层面的精神修炼，而且对身体层面的修养工夫也非常重视。

实际上，对朱子而言，身体层面的修养工夫比心灵层面、意识层面的修养工夫更为根本。在他看来，身体层面的整齐严肃是持敬涵养工夫的最为核心的层面。他曾多次谈到这一点，如：

> 熹窃观尊兄平日之容貌之间，从容和易之意有余，而于庄整齐肃之功终若有所不足。岂其所存不主于敬，是以不免若存若亡而不自觉其舍而失之乎？二先生拈出"敬"之一字，真圣学之纲领，存养之要法，一主乎此，更无内外精粗之间，固非谓但制之于外而无事于存也。所谓"既能勿忘勿助，则安有不敬"者，乃似以敬为功效之名，恐其失之愈远矣。①
>
> 比因朋友讲论，深究近世学者之病，只是合下欠却持敬工夫，所以事事裂灭。其言敬者，又只能说存此心，自然中理，至于容貌词气往往全不加工。……程子言敬，必以整齐严肃、正衣冠、尊瞻视为先。又言未有箕踞而心不慢者，如此那是至论。②

上述议论虽然都有其针对性，但如果考虑到朱子还有"夫子教人持敬，不过以整衣冠、齐容貌为先"③的说法，那么丝毫不用怀疑身体层面的修养工夫在朱子那里所具有的根本性地位。事实上，朱子之所以会给予身体层面的修养工夫以如此重要的地位，自然还是根源于本书第三章所论抑制人性的双重因素，即气禀和人欲。在朱子看来，虽然人欲和气禀是抑制人性功能的两种不同因素，由于两者属于先天与人为，实际上也就是先天与后天两个不同层面，而先天的层面无疑是更为根本性的层面。正如朱子所说，人欲乃是"气质中一事"④，因此，人欲这一后天的

---

① （宋）朱熹：《答何叔京二十一》，《文集》卷40，《全书》第22册，第1833页。
② （宋）朱熹：《答林择之九》，《文集》卷43，《全书》第22册，第1979页。
③ （宋）朱熹：《答方宾王十五》，《文集》卷56，《全书》第23册，第2671页。
④ 朱子的原话为"有人生下来便自少物欲，看来私欲是气质中一事"[（宋）朱熹：《语类》卷78，《全书》第16册，第2675页]。正如前章所论，无论是物欲还是私欲都最终要转化为人欲，即对天理（人性）的有意违背，才会导致对人性功能的抑制。

第四章 修为以复性：人性的开显及其工夫进路

人为因素最终还是根源于先天的气禀，由此可见，气禀构成了抑制人性功能的根本性因素。人欲根源于气禀，而气禀之所以会抑制人性的功能则是因为主体先天所禀受之气的品质不良，因此，张载所说的"变化气质"就显得尤其重要，而对具体的存在者而言，身体构成了气的具体化存在，因此变化气质的最为恰当而直接的途径自然是对身体的调节。事实上，在儒学传统中，身心之学中最为核心的工夫就被称之为修身，《礼记·大学》甚至提出"自天子以至于庶人，一是皆以修身为本"，这里的修身固然可以做广义的理解，即看作修养、修为的代名词，但这一名词无疑也体现了身体层面的修养在儒学修养工夫中所具有的核心地位，可以说，修身最为直接的进路无疑是对身体的调节。而对于朱子而言，身体的调节构成了工夫最为核心的部分，因此他对《礼记·玉藻》所说的"君子之容舒迟，见所尊者齐遬。足容重，手容恭，目容端，口容止，声容静，头容直，气容肃，立容德，色容庄，坐如尸，燕居告温温"，以及《论语·季氏》所说的"君子有九思：视思明，听思聪，色思温，貌思恭，言思忠，事思敬，疑思问，忿思难，见得思义"这类以身体的调节为核心的修养工夫非常重视，认为它们是真正的"涵养本原"① 的工夫。

不过，对朱子而言，不仅对整齐严肃这类直接的身体层面的工夫具有变化气质的意义，而且实际上，以主一无适为主要内容的意识层面的调节也同样具有变化气质的意义。张载曾经说"为学大益，在自求变化气质"②，而程颢却以现身说法的方式说："某写字时甚敬，非是要字好，只此是学。"③ 这里的敬显然是从主一无适的角度说的，而这里的"学"显然是变化气质之学。朱子对程颢的这一说法非常肯定，并将其收入以"存养"为主题的《近思录》第四卷中④，而朱子自己则作《书字铭》对此加以阐发："握管濡毫，伸纸行墨，一在其中；点点画画，放意则慌，取妍则惑。必有事焉，神明厥德"，并认为这才是真正的学问进路："只

---

① （宋）朱熹：《语类》卷87，《全书》第17册，第2965页。
② （宋）张载：《经学理窟》，《张载集》，第274页。
③ （宋）程颢、程颐：《河南程氏遗书》卷3，《二程集》上册，第60页。
④ 参见陈荣捷《近思录详注集评》，华东师范大学出版社2007年版，第151页。

此是学"①。这里的以主一无适为具体内容的持敬工夫更为具体地说就是专一，这从朱子反对"放意"就可以明确地看出。事实上，在朱子看来，主一正是以专一为核心内容的，他曾经非常明确地说"主一只是专一"②。无论是主一还是专一，它所强调的无非是现代人常说的专心致志，做起事来不三心二意③。正如朱子所言："做这一事，且做一事；做了这一事，却做那一事。今人做这一事未了，又要做那一事，心下千头万绪。"④ 事实上，人们在日常生活中总是有很多事务需要处理，而处理事务的意识状态决定了效率与效果，因此意识层面的专一显然十分必要。但意识层面的专一并不仅仅具有工具性的意义，它同时也具有修身的意义——我们很难设想一个整日心猿意马，做起事来三心二意的人会是一个很具有修养的人。但正如朱子所发现的"今人做这一事未了，又要做那一事，心下千头万绪"，这是一种衡诸古今都不变的基本事实，因此这种专一的工夫诉求就具有非常明确的现实意义，它虽然不具有直接的道德伦理的内涵，但仍然是变化气质、涵养本原的不可或缺的组成部分，正因如此，朱子也将其作为涵养工夫的重要内容。

在朱子看来，无论是对身体的调节还是对意识状态的调节，作为涵养工夫最终都指向变化气质。由于气质是每个人先天所禀，因此，气质的变化一方面非常重要，但另一方面又非常困难。但在朱子看来，"气有可反之理，人有能反之道"⑤，这就意味着一方面变化气质具有可能性⑥，另一方面，主体也具有变化气质的具体进路，而上述所论的涵养工夫正是朱子对变化气质的具体进路的探讨。而通过上文的论述也可以看到，以整齐严肃、主一无适为主要内容的持敬构成了朱子所说的涵养工夫的

---

① （宋）朱熹：《书字铭》，《文集》卷87，《全书》第24册，第3997页。
② （宋）朱熹：《语类》卷96，《全书》第17册，第3240页。
③ 钱穆也曾指出，敬"照现在话说，只是一个精神集中"。见钱穆《中国思想史》，九州出版社2012年版，第198页。
④ （宋）朱熹：《语类》卷96，《全书》第17册，第3240页。
⑤ （宋）朱熹：《论语或问》，《全书》第6册，第863页。
⑥ "气有可反之理"中的理是在可能性的意义上说，这涉及朱子哲学中理的另一种内涵。在朱子那里，在作为人性的性理之外，作为一个概念的理还包含着可能性、必然性、规范性等多重内涵，关于这一点，本书第五章将作进一步的探讨。

基本进路。这一层意义上的涵养工夫，与那种作为察识工夫的补充性环节的体认、扩充式的涵养工夫具有本质的不同，它不仅对主体的意识状态加以调节，同时也对主体的身体姿态加以调节，换言之，这一工夫进路实际上是将工夫安顿在身体与意识的不同层面，同时它也不依赖于作为道德意识的良知呈现这一前提，从而能够将工夫安顿到日常生活行住坐卧的任何时空之中。因此，它既是对儒学传统中身心之学的自觉继承，同时也是对它的自觉发展，这就使得儒学的身心之学能够以一种更容易被人们所把握的方式展现出来。正因如此，有学者指出："朱熹在思想理论上通过对二程'持敬'思想的创新阐释，构成了具有普遍适用性的'中和新说'，其根本意向，就在于上至最高权力者下至百姓的所有成员，皆能在人伦日用之间得以实践。"①

由于上述这种以整齐严肃、主一无适为主体内容的持敬涵养工夫以变化气质为具体目标，是对气禀这种抑制人性功能的先天因素的克服，从而在朱子中和新说所确立的工夫进路中具有根本性的地位。正如前文所言，"先察识后涵养"的工夫依赖于良心呈现这一具体情况，但不可否认一些气禀非常差的人往往是麻木不仁，因而，变化气质能够对气禀的不良加以克服，从而使得主体在遭遇孺子入井等具体情况下人性能够更好地发用，这也就为良心的呈现提供了前提保证。正是在这一层意义上，朱子指出：

> 古人只从幼子常视无诳以上、洒扫应对进退之间，便是做涵养底工夫了。此岂待先识端倪而后加涵养哉？但从此涵养中渐渐体出这端倪来，则一一便为己物。又只如平地涵养将去，自然纯熟。今日"即日所学，便当察此端倪而加涵养之功"，似非古人为学之序也。②

由此可见，朱子之所以特别强调涵养工夫，正是因为涵养工夫构成

---

① 王健：《在历史真实与价值真实之间》，华东师范大学出版社2007年版，第227页。
② （宋）朱熹：《答林择之二十一》，《文集》卷43，《全书》第22册，1980页。

察识工夫的基本前提，涵养工夫能够保证察识工夫更好地发挥其效用——如果气质不美，麻木不仁，即便见孺子入井也默然视之，那么察识工夫也就无法着手了。正因如此，在朱子看来，涵养与省察"诚不可偏废，然圣门之教详于持养而略于体察……夫必欲因苗裔而识本根，孰若培其本根，而听其枝叶之自茂耶"①。对朱子而言，涵养工夫正是涵养本原、培植根本的工夫，只有气质得以变化，人性的功能才能够更好地发用，察识工夫才能更好地发挥其作用。

当然，从上述论述也可以看到，朱子即使给予持敬涵养的工夫以非常根本的定位，也没有否认察识工夫的重要性，不过，朱子在中和新说后所确立的察识工夫，实际上与湖湘学派的察识工夫也存在着很大的差异性。这明确地体现在朱子对胡宏所说的"欲为仁，必先识仁之体"的批判上。虽然胡宏的这一说法根源于程颢在著名的《识仁篇》中说："学者须先识仁。仁者，浑然与物同体。义、礼、知、信皆仁也。识得此理，以诚敬存之而已。"②但胡宏所言与程颢毕竟还是有所不同，这里的关键就在于，胡宏这一说法是对彪居正"为仁"之问的回答。对朱子而言，彪居正之问与胡宏的回答涉及的知与行之间的关系："为仁"是行，而"识仁之体"是知，但胡宏之说中的一个"必"字意味着为仁的道德行动必须建立在知"仁之体"这一前提之下，那么就会产生如下的问题，即在未知"仁之体"的情况下，主体还是否应该践行道德行为。显然，按照胡宏的说法，主体的日常道德实践将缺乏可能，因为，对"仁之体"的体察、认知并非是一种非常容易达到的境界③。正因如此，朱子虽然并没有明确对程颢之说提出异议，但对胡宏则毫不客气地批判道："'欲为仁，必先识仁之体'，此语大可疑。"④对朱子而言，伦理道德实践无疑是人伦日用之中不可或缺之事，它不因主体未能"识仁之体"而

---

① （宋）朱熹：《知言疑义》，《文集》卷73，《全书》第24册，第3562页。
② （宋）程颢、程颐：《河南程氏遗书》卷2（上），《二程集》，第16—17页。
③ 正如陈代湘所言："湖湘学知先行后说的最大危险就在这里，识得仁体是一种很高的境界，这种境界不是人人都可以瞬间直悟的，但未识体之前还是要躬行践履，不能坐待识仁之后再践履。如果硬要等到识仁之后，那么道德践履就会出现未识仁而不践行的空缺时段。"（见陈代湘《朱熹与胡宏门人及子弟的学术论辩》，《船山学刊》2012年第3期）
④ （宋）朱熹：《知言疑义》，《文集》卷73，《全书》第24册，第3561页。

第四章 修为以复性：人性的开显及其工夫进路

减损其重要性与必要性。实际上，主体或许一生之中永远也不能"识仁之体"，但不会对事亲、从兄之事一无所知，主体内在的人性总会在人伦日用之中有所呈露，见父则孝、见兄则悌这是发之人心而不容已的，主体所该做的就是循而行之。正是在这一层意义上，朱子对湖湘学者吴晦叔批判道：

> 大抵向来之说，皆是苦心极力要识"仁"字，故其说愈巧而气象愈薄。今日究观圣门垂教之意，却是要人躬行实践、直内胜私，是轻浮刻薄、贵我贱物之态潜消于冥冥之中，而吾之本心浑厚慈良、公平正大之体常存而不失便是仁处。其用功著力，随人浅深，各有次第。要之须是力行久熟，实到此地，方能知此意味。盖非可以想象臆度而知，亦不待想象臆度而知也。①

对朱子而言，既然作为人性主要内涵的仁实质上是主体内在的功能性存在，那么，只有在身体力行的行仁实践中，这种功能性存在才能够使得这种能力得到一步一步的提升。而且仁体作为一种身体的内在机能，它非一种实体化的存在，它不会以任何形象化的方式向人们展现，因此如果不能够身体力行，那么所谓的识仁、知仁不过是一种"想象臆度"罢了。不难发现，朱子对湖湘之学的上述批判正是出于对力行道德实践的强调②。

更为重要的是，这种以识仁、见体为导向的察识工夫，还存在着一个巨大的问题，即将人伦日用中的道德行为工具化。杨儒宾先生曾经对湖湘学派的察识工夫做了如下的概括："先察识后涵养"的工夫进路中"学者为学的首要工夫就是体认本体，等有所见了以后，再涵养此本体，而且涵养也不是静态的涵养、后天的涵养，而是人生的动态行为随

---

① （宋）朱熹：《答吴晦叔八》，《文集》卷42，《全书》第22册，第1912—1913页。
② 本书第二章曾经指出，朱子曾经批判程门高足谢良佐的学问是"以活者为训，知见为先"。关于"以活者为训"在第二章那里已经有过详细的分析，而朱子对"知见为先"的批判正是与他对力行道德实践的强调密不可分。

时随地体证此'理'。"① 从这一概括中不难看出，人伦日用之中事亲、从兄的道德实践成为体认本体的工具。这一点在作为胡宏门人张栻那里就有很明显的体现，并突出地体现在他的《癸巳论语说》之中，如在注释"志士仁仁"章时，张栻说："仁者，人之所以生也，苟亏其所以生，则其生亦何为哉？"② 但在朱子看来这一诠释存在着很大的问题，他说：

> 志士仁人所以不求生以害仁者，乃其心中自有打不过处，不忍就彼以害此耳，非为恐亏其所以生而后杀身以成仁也。所以成仁者，亦但以遂其良心之所安而已，非欲全其所以生而后为之也。此解中常有一种意思，不以仁义忠孝为吾心之不能已者，而以为畏天命、谨天职，欲全其所以生者而后为之，则是本心之外别有一念，计及此等利害轻重而后为之也。诚使真能舍生取义，亦出于计较之私，而无恳实自尽之意矣。大率全所以生等说，自它人旁观者言之，以为我能如此则可，若挟是心以为善，则已不妥帖。况自言之，岂不益可笑乎？③

从朱子的这一批判不难发现，在张栻那里存在着将日常的伦理道德实践工具化的严重倾向，毋庸置疑，这一倾向根源于其所继承的湖湘之学的识仁之说，它以识仁、见体为诉求，而将日常的实践行为都作为达到这一目的的工具。但在朱子看来，对人伦道德的身体力行不过是"遂其良心之所安"，这是天理之自然，而并非是为了识仁、见体。如果"欲全其所以生者而后为之"，那么道德实践不过成了"计较之私"。也正是在这一层意义上，朱子又对张九成所说的"当事亲，便当体认取那事亲者是何物，方识所谓仁；当事兄，便当体认取那事兄者是何物，方识所

---

① 杨儒宾：《论"观喜怒哀乐未发前气象"》，《中国文哲研究通讯》2005年第3期。
② 转引自（宋）朱熹《与张敬夫论〈癸巳论语说〉》，《文集》卷31，《全书》第21册，第1379页。
③ （宋）朱熹：《与张敬夫论〈癸巳论语说〉》，《文集》卷31，《全书》第21册，第1379页。

第四章 修为以复性：人性的开显及其工夫进路

谓义"① 进行批判，他说：

> 顷年张子韶之论，以为："当事亲，便当体认取那事亲者是何物，方识所谓仁；当事兄，便当体认取那事兄者是何物，方识所谓义。"某说，若如此，则前面方推这心去事亲，随手又便去背后寻摸取这个仁；前面方推此心去事兄，随手又便着一心去寻摸取这个义，是二心矣。②

这里的"二心"与前述引文中的"本心之外别有一念"在内涵上是一致的。其实质内涵就在于，本来事亲、从兄出于主体的爱亲、敬长之心，是人性感通的自然而言的结果，主体只要"遂其良心之所安"，尽其爱亲、敬长之心即可，但如果在事亲、从兄之时又要别起一念来反思"我"所以能事亲、从兄的这一本心是何物，并进一步借此达到识仁、识义的目标，那么事亲、从兄的行为实际上不过成为达到识仁、识义这一目标的工具，从而事亲、从兄的道德行为也就不再具有伦理道德内涵和价值③。

而在朱子看来，察识工夫与湖湘学派这种借助察识以体证本体的进路具有根本的不同。与湖湘学派一样，朱子认为的察识工夫也是建立在良心呈现这一基本前提之下的，良心的呈现在本然的状态下可以直接指引主体当下采取行为，但由于主体往往会在这一当下考虑到自己的安危利害而抑制了良心的召唤，这也就是本书前章所论人欲对人性功能的抑制。对朱子而言，真正意义上的察识工夫意味着，当你察知到良心的召唤之时，就应该"遂其良心之所安"，换言之，真正的察识工夫，就是要在天理人欲交战之时，察见自己的本然之善心，并听从它的指引以采取

---

① 转引自（宋）朱熹《语类》卷35，《全书》第15册，第1303页。张九成虽然不属于湖湘学派，但是他这里所说的"识仁""识义"等工夫诉求与湖湘之学的识仁、见体之学具有极大的相近之处，从理论上说，这里工夫进路所包含的问题也是类似的。
② 同上书，第1303—1304页。
③ 关于朱子对张子昭的批判的相关分析，可以参看陈赟《儒佛之辨：理学的一个向度》，载《儒家思想与中国之道》，浙江大学出版社2016年版，第219页。

相应的行为，这也就是朱子所说的"存天理，去人欲"①。由此可见，朱子认为的察识工夫实质上是通过对主体自身的道德本心的察知，并进一步将其落实到具体的道德行为之中，即便自身的道德本心受到来自人欲的干扰、抑制，也要"遂其良心之所安"，而不可为人欲所夺。由此可见，与湖湘学派将察识良心作为体证本体的中介、工具性环节不同，朱子所言的察识工夫，仍然强调的是力行道德实践的重要性。这从如下论述中可以进一步地看到：

> 只如一件事，见得如此为是，如此为非，便从是处行将去，不可只恁休。误了一事，必须知悔，只这知悔处便是天理……道理只要人自识得，虽至恶人，亦只患他顽然不知省悟；若心里稍知不稳，便从这里改过，亦岂不可做好人？孟子曰："人之所以异于禽兽者几希！庶民去之，君子存之。"去，只是去着这些子，存，只是存着这些子，学者所当深察也。②

这一论述清楚地表明察识工夫最终要落实在"从是处行将去"这一道德践履之上。而这里的"去，只是去着这些子，存，只是存着这些子"正是"存天理，去人欲"的口头化表述。由于从察识到践履的转化，存在着天理人欲交战的心理斗争过程，因此，这一过程实质上也就是一个道德自律的过程，相反那种将对良心的察知当作体认本体的工具性活动的察识工夫反而与他律道德很难划清界限，正如朱子所言，这种察识工夫骨子里正是"出于计较之私，而无悫实自尽之意"③。

---

① 值得一提的是，朱子曾经有"克去己私，复由天理"（见《周敦颐集》，第16页）之语。这一表述与"存天理，去人欲"这一命题在内涵上是一致的，而这里的"由"字传神地表达出天理所具有的动态的指引性功能，这与通常人们将其理解为一种静态化的、实体化的存在具有本质的不同。此外，从这里可以看到，"存天理，去人欲"这一表述，虽然近代以来饱受诟病，但那是因为人们并不了解这一表述的实质内涵。而从本书的论述看，这一表述实质上是朱子工夫论的一个重要组成部分，并且具有重要的价值意义。
② （宋）朱熹：《语类》卷117，《全书》第18册，第3678页。
③ 正如康德所言："凡是在必须把意志的某个客体当做根据，以便向意志颁布那决定意志的规则的地方，这规则就只是他律；这命令就是有条件的，即：如果活着由于一个人想要这个客体，他就应当如此这般地行动；因而它永远不能道德地，即定言地下命令。"（见康德（转下页注）

第四章 修为以复性：人性的开显及其工夫进路

通过以上论述，可以看到，在朱子中和新说后所确立的"先涵养后察识"的工夫进路与湖湘之学的"先察识后涵养"不仅在涵养的具体进路上具有本质的不同，而且在察识的具体进路上也存在着巨大的差异。这里需要进一步追问的是，朱子从"先察识后涵养"向"先涵养后察识"转换与中和旧说向中和新说的转变之间究竟有什么关联呢？实际上，正如前文所言，中和旧说和中和新说并非是对心性问题的抽象的理论思考，而是对不同工夫进路的理论基础的一种探讨，或者说，对心性问题的不同理解，也就意味着不同的工夫进路，这可以通过如下的列表来展示。

	具体内容	工夫进路
中和旧说	性是未发、心是已发	先察识后涵养
中和新说	性是未发、情是已发，心统性情	先涵养后察识

（接上页注③）《道德形而上学奠基》，第85页）事实上，在湖湘学派那里，以体证本体为目标的察识工夫，实际上是将本体作为工夫过程的目标，即康德这里所说的客体，而察识工夫作为一种行为实际上是"想要这个客体"，因此察识工夫本身则是工具性的，从而是他律的。有意思的是，牟宗三先生曾经认为朱子是他律道德，因此别子为宗，而胡宏一系则是自律道德，是儒学正统所在。李明辉先生曾经将牟宗三的这一判教的依据概括为："他们是否承认孟子底'本心'义，而接受'心即理'的义理架构？如果是的话，则必属自律伦理学。不接受此义理架构，但有一独立的'道德主体'概念，仍不失为自律伦理学；……若连'道德主体'底概念亦不能挺立起来（如朱子），便只能归诸他律伦理学。"（见李明辉《儒家与康德》，台北：联经出版公司1990年版，第45页）但正如杨泽波先生所指出的："按照李明辉的划分，能否称为道德自律，主要是看其有没有一个独立的道德主体。孟子的道德本心自然属于道德主体……但我们知道，朱子哲学的最高范畴是天理或理，理必须在事中显现，落实在具体的事物之中而为事物之性，理是就总体而言，性是就个体而言，就此而言，性或性体就是朱子学理中的道德主体。"在这一层意义上，杨先生不同意李明辉从是否承认道德主体的角度判定朱子为他律道德，因为既然朱子那里确认了性体的实在性，自然也可以归入道德自律。不过他又进一步指出："朱子学理的问题不在有没有一个独立的道德主体，而在这个理没有孟子的心义，使理没有活动性，最后沦为死理。"（见杨泽波《牟宗三道德自律学说的困境及其出路》，《中国社会科学》2003年第4期）然而，事实上，如果回顾本书第二章、第三章的相关分析，就可以看到，在朱子看来，以仁义礼智为具体内涵的天理或性体，不仅具有其实在性，从而是"存有"的，而且具有其功能性，从而是"活动的"。因此，朱子认为的性体实际上是"既存有又活动"的，因此，他认为的理或天理也不是死理，从而将朱子判为他律伦理学显然是不合适的。当然，更为重要的是，从自律、他律的角度来理解朱子哲学乃至儒家哲学都是有其内在的限度的，在很大程度上，是一种理论的误置（关于这一点可以参看唐文明《隐秘的颠覆：牟宗三、康德与原始儒家》，生活·读书·新知三联书店2012年版，第63—137页）。

问题的关键就在于,为什么"心是已发,性是未发"的工夫进路所关联的工夫进路是"先察识后涵养",而"性是未发,情是已发,心统性情"所关联的工夫进路是"先涵养后察识"?事实上,从上述列表中不难发现,就其内容而言,中和新说与中和旧说相比最为明显的是多出了一个"情"字,并对心作了重新定位,即心不再被看作已发,而是"统性情"者,而其中唯一不变的则是"性是未发"这一定位。正如本书第二章所论,朱子认为的性以仁义礼智之性为具体内容,作为一种感通能力,它在没有遭遇孺子入井等具体情境时是不会以经验性的方式呈现出来的,但一旦主体与相应的情境相遭遇,则就会以恻隐、羞恶、辞让、是非等方式呈现出来,这就即性体的发用,也就是已发。在这一意义上,所谓的心是已发还是情是已发,实质上差异就在于恻隐、羞恶等究竟被称为心还是情的问题。正如朱子所言,这首先是一个"命名"[①]的问题。中和旧说的"心是已发"这一命名,实际上是将心看作仁义礼智之性的发用,而在"情是已发"这一命名中,则意味着情是仁义礼智之性的发用。但这一命名的差异到底意味着什么呢?这就必须进一步从工夫进路上来考察。如前所论,无论是"先察识后涵养",还是"先涵养后察识",这里的察识工夫都是作用于已发之时,也就是作用四端呈现之时[②],但察识过程作为一种心理行为实际上包含着察者与被察者两个层面,即包含着察识的意识主体和这一意识主体的对象。首先可以确定无疑的是,四端是作为被察者,即作为察识的对象而出现的。但在中和旧说的"心是已发"这一命名中,四端即是心,心即是四端,那么这里就只有被察识者,而没有察识的意识主体。正因如此,朱子说旧说中"未发、已发命名未当"[③]。而在中和新说"情是已发,心统性情"这一结构中,四端被命名为情,而"心统性情"的"心"则是以察识

[①] 他在《与湖南诸公论中和第一书》中说中和旧说是"心、性之名命之不当"[(宋)朱熹:《与湖南诸公论中和第一书》,《文集》卷64,《全书》第23册,第3131页],在《已发未发说》中又说"未发、已发命名未当"[(宋)朱熹:《已发未发说》,《文集》卷67,《全书》第23册,第3269页],这明确指出这里首先涉及的是一个"命名"的问题。

[②] 前文曾经直接称之为良心,在中和新说中,这里的良心更为恰当地应该称之为情,这里先姑且称之为四端。

[③] (宋)朱熹:《与湖南诸公论中和第一书》,《文集》卷64,《全书》第23册,第3131页。

主体的身份出现的。这就对察识这一工夫过程中不同的层面给予了很好的定位,或者用朱子自己的话说,这里的察识主体与被察识者都有了恰当的"命名"。需要进一步指出的是,之所以说这里涉及的是一个命名的问题,在于命名总是"制名义指实"的过程,从察识工夫的具体进路看,察识者与被察识者这两个层面的存在都是一个基本事实,这也是可以通过人们的日常经验加以证实的,其并非一个理论上的预设或虚构,而命名实际上就是对已经存在的基本事实进行恰当的分殊与定位。

而从上述分析也不难发现,在"情为已发,心统性情"这一新的命名与定位中的心与中和旧说中的"心为已发"中的心在内涵上具有实质的差别。在"心为已发"这一命名中的心以四端为具体内涵,实际上它是性体的发用,但在"情是已发,心统性情"中,情才是性体的发用,而心则以一般意义上的知觉意识为具体内容。换言之,在中和新说中,朱子实际上对主体的知觉意识能力给予了前所未有的关注。问题的关键是,朱子为什么要重视这种能力?这是因为,"人之一身,知觉运用莫非心之所为"①。这一论述出自中和新说确立后的《答张钦夫第四十九书》,在此书中朱子还特别强调"比观旧说,却觉无甚纲领,因复体察,得见此理须以心为主而论之,则性情之德、中和之妙,皆有条而不紊矣"②。可以追问的是,为什么在中和新说确立后朱子要强调这一点?这是因为,并不是朱子先行确立了"性是未发、情是已发,心统性情"这一理论前提,然后才有"先涵养后察识"的工夫进路,而是朱子反思到"先察识后涵养"的工夫进路存在巨大的问题、反思到涵养工夫的重要性之后,他才发现中和旧说中的"性是未发、心是已发"并不恰当,而其中最大的问题就在于它未能给知觉运动能力以恰当的定位。而之所以一定要给知觉运用能力以恰当的定位,是因为无论是涵养还是察识都离不开这种能力。如前所述,察识工夫无疑离不开那种作为察识主体的知觉能力;而在涵养工夫中,无论是调节身体姿态的整齐严肃的工夫,还是调节意

---

① (宋)朱熹:《答张钦夫四十九》,《文集》卷32,《全书》第21册,第1419页。
② 同上书。

识状态的主一无适的工夫都离不开知觉运动的能力。由此可见，倘若没有这种能力，那么察识工夫尚且无法进行，更遑论涵养工夫了。当然，这种能力的存在是一个本体论的事实，它不因主体没有发现它、没有重视就不存在，即便是"先察识后涵养"的工夫中，这种能力在实质层面上还是进入了工夫的具体过程中，因此朱子是在确立"先涵养后察识"的工夫进路时重新发现了这一能力的重要性，从而对其加以特别强调。

不难发现，在朱子看来，从中和旧说"性为未发、心为已发"到中和新说"性为未发、情为已发、心统性情"的转变，既涉及对主体内在的知觉运用能力的重新发现，又涉及对心的内涵进行重新界定，还涉及对张载所提出的"心统性情"这一命题重新发现，因此在本章结束之前对有必要对其加以分析。"心统性情"这一命题首先是由张载提出的，朱子对这一命题特别重视，曾经将它与程颐提出的"性即理"这一命题并列，说："伊川'性即理也'，横渠'心统性情'，二句颠扑不破！"① 他甚至认为："'心统性情'，二程却无一句似此切。"② 在朱子看来，仁义礼智之性与恻隐、羞恶、辞让、是非之情在非严格的意义上都可以称之为心或本心，他也在孟子的意义上使用恻隐之心，以及非常口语化的良心等概念。在这一层意义上，"心统性情"中的心可以被看作性和情的统称。事实上，不仅朱子的门人蔡季通明确地指出"'心统性情'，不若云，心者，性情之统名"③，朱子也曾说："心，统性情者也。故仁义礼智，性也。四端，情也。而皆得以心名之，盖以其所统者言尔。"④ 正是从心作为性与情的"统名"的角度出发，在朱子那里"恻隐之心"与"恻隐之情"往往不做严格的区分。但是，如果心仅仅作为性与情的统称，那么心这一概念也就是可有可无的了。但朱子那里的心有比本心意义上的心更为复杂的内涵，从宽泛的意义上看，人的理智、情感、意志、欲

---

① （宋）朱熹：《语类》卷5，《全书》第14册，第229页。
② （宋）朱熹：《语类》卷98，《全书》第17册，第3304页。
③ 同上书，第3306页。
④ （宋）朱熹：《孟子或问》，《全书》第6册，第939页。

第四章 修为以复性：人性的开显及其工夫进路

望等在朱子那里都被称之为心①。但这其中最为重要的就是前文所涉及的作为知觉运用能力的心。这一意义上的心与理智的分辨、意识的自觉等密切相关，因此它构成了主体日常行为（当然也包括前文所论的修养工夫）的基础，因此在朱子那里具有特殊的地位。正如朱子所言："知觉运用莫非心之所为。视听行动，亦是心向那里。"② 这一意义上的心，具有如此重要的意义，自然会得到特别关注，而这也是"心统性情"中的心的主要内涵，这在如下的论述中都可以体现出来：

> 性者，心之理也；情者，心之用也；心者，性情之主也。③
> 性以理言，情乃发用处，心即管摄性情者也。④
> 性者，理也。性是体，情是用。性情皆出于心，故心能统之。统，如统兵之"统"，言有以主之也。⑤

这种具有主宰、管摄功能的心显然是从知觉运动等能力的角度说的。正如前文所言，这一意义上的心，无论在察识工夫中还是在涵养工夫中都是不可或缺的，因此朱子也不可能不对其加以特别的关注⑥。

---

① 这里特别值得一提的是朱子所说的道心和人心。不难发现，道心、人心都是心，但道心与四端之情在内涵和功能上具有一致性，而人心则是一般意义上的意志、意识，并包含欲望在内。正因如此，朱子认为，"心即理"这一命题不能成立，除非心在本心的意义上说——在本心的意义上，心即性、性即理，因此，心即理是可以成立的。但作为一般意志、意识乃至欲望等的人心显然与性、理具有本质的不同。
② （宋）朱熹：《语类》卷5，《全书》第14册，第220页。
③ （宋）朱熹：《元亨利贞说》，《文集》卷67，《全书》第23册，第3254页。
④ （宋）朱熹：《语类》卷5，《全书》第14册，第230页。
⑤ （宋）朱熹：《语类》卷98，《全书》第17册，第3304页。
⑥ 值得特别一提的是，作为"心"这一概念的重要内涵之一的知觉运用能力之所以在朱子那里得到特别的重视，还有一个重要的原因就在于，这一能力包含着认知能力，而对朱子而言，认知能力是格物致知这一广义上的工夫得以可能的基本前提——倘若朱子没有内在的认知能力，又如何能够格物致知呢？而在下一章本书将指出，格物致知的工夫在朱子的哲学系统中具有重要的地位。因此，心所具有的知觉运用的内涵就更需要特别的重视、特别的关注。

第五章　格物致知：工夫进路的引导与实践盲目性的克服

前章的论述表明，朱子中和新说后所确立的工夫进路是以涵养与察识为基本内容的，不难发现，无论是涵养工夫还是察识工夫无不与尊德性密不可分。而由此也可以看出，尊德性在朱子为学工夫中具有重要的地位。但这一点与通常人们对朱子为学工夫的理解有巨大的差异。一般而言，人们常常将朱子与其同时代的陆九渊加以对比，认为二人之间的一项根本性差异即在于前者强调"道问学"而后者强调"尊德性"①，黄宗羲曾经对此作了明确的概括："先生之学（指陆九渊。——引者注），以尊德性为宗……同时紫阳之学，则以道问学为主。"② 如果说黄宗羲说朱子之学"以道问学为主"已经忽略了尊德性在朱子为学工夫的重要性，那么当牟宗三说朱子"工夫的落实处全在格物致知"时，尊德性工夫在朱子为学工夫中的重要性就已经被完全淹没了③。不过，相对于陆九渊而

---

① 余英时先生认为，元儒吴澄对这一观点的流布负有主要的责任。参见余英时《朱熹哲学体系中的道德与知识》，载余英时《宋明理学与政治文化》，广西师范大学出版社2006年版，第61—62页。

② （清）黄宗羲原著、（清）全祖望补修：《象山学案》，《宋元学案》卷58，第1885页。余英时也指出黄宗羲的这一概括对后世人们对朱陆之别的理解具有重要的影响。见余英时《朱熹哲学体系中的道德与知识》，载余英时《宋明理学与政治文化》，第62页。

③ 牟宗三指出伊川朱子一系："工夫特重后天之涵养（'涵养须用敬'）以及格物致知之认知的横摄（'进学在致知'），总之是'心静理明'，工夫的落实处全在格物致知，此大体是'顺取之路'。"（见牟宗三《心体与性体》上册，第43页）但正如杨泽波先生所指出的："朱子论尊德性的主要条目，清清楚楚，明明白白，所以不能讲朱子只讲道问学，不讲尊德性。"[见杨泽波《孟子性善论研究（修订版）》，中国人民大学出版社2010年版，第200页]林安梧先生也注意到牟宗三的上述概括存在巨大的问题，他说："经由粗略的'道问学'与'尊德性'的区别，去讲明'程朱'与'陆王'，那是不足的。"（见林安梧《关于朱子"格物致知"以及相关问题之讨论："续别为宗"或"横摄归纵"》，陈来、朱杰人主编：《人文与价值：朱子学国际学术研讨会暨朱子诞辰880周年纪念会论文集》，华东师范大学出版社2011年版，第31页）

第五章　格物致知：工夫进路的引导与实践盲目性的克服

言，朱子确实更加重视道问学①。事实上，在朱子中和新说所确立的工夫进路中，有狭义和广义两个不同的层次：就狭义的工夫进路而言，朱子是从湖湘学派的"先察识后涵养"转向为"先涵养后察识"，这一狭义上的工夫进路实际上正是尊德性的工夫；但更进一步而言，朱子中和新说后所确立的工夫进路实际上是向程颐所倡导的"涵养须用敬，进学则在致知"这一广义的工夫进路的回归②。在这一广义的工夫进路中，涵养实际上是尊德性，而进学则是道问学，二者缺一不可。正因如此，朱子强调："尊德性，所以存心而极乎道体之大也；道问学，所以致知而进化道体之细也。二者修德凝道之大端也。"③不难发现，在朱子看来，无论是尊德性还是道问学都具有重要的意义。不过需要追问的是，既然朱子与陆九渊一样重视尊德性的工夫，那么他何以又要强调道问学呢？要回答这一问题，就必须弄清道问学的工夫进路在朱子的整个哲学系统中所承担的功能。当然，正如"进学则在致知"这一表述所表明的，在朱子看来，道问学更多地是以格物致知的名义出现的（有时也被朱子称之为格

---

① 但这只是说相对于陆九渊不重视道问学而言，朱子确实更加重视道问学；而不是说，在尊德性与道问学之间，朱子更加重视道问学。实际上，就尊德性与道问学而言，尊德性在朱子那里无疑具有更为根本的地位。

② 许家星业已指出："朱子经'中和之悟'，树立了'涵养须用敬，进学在致知'的为学之方。"[见许家星《真知格物，必成圣贤——朱子"格物"解发覆》，《南昌大学学报》（人文社会科学版）2013年第5期]实际上牟宗三判朱子为儒学传统中的"别子"一个重要的原因就是没有注意到朱子的为学工夫实际上是包含着涵养与致知或者说尊德性与道问学两个不同的层面。林安梧也曾经指出了这一点："牟先生之判朱子为'继别为宗'，判朱子为'静涵静摄的横摄系统'，此皆因忽略了朱子强调'涵养用敬'与'格物致知'如'车之双轮、鸟之双翼'所致。"（见《人文与价值：朱子学国际学术研讨会暨朱子诞辰880周年纪念会论文集》，第38页）值得注意的是，在"涵养需用敬，进学则在致知"这一工夫进路中，似乎没有察识工夫这一工夫项目的位置。不过在这里之所以没有提到察识，并不意味着在朱子的工夫系统中察识工夫不重要。这一方面是因为，"涵养需用敬，进学则在致知"这一具体表述出自程颐，由于程颐那里并没有提过察识工夫，朱子在引用程颐的这一论述时自然不会提到察识。但更为重要的是，正如前章所论，察识工夫依赖于良知发见这一事实，而良知总是感物而动，即在特定情境中才会发见，而就日常生活而言，绝大多数时间中察识工夫是无其用武之地的，因此涵养工夫就构成了日常生活中的主要工夫。而涵养工夫既涉及身体的调节，也涉及意识的调节，这种工夫却是在无事之时就能进行的，对朱子而言，无事之时正好可以用来致知进学。而涵养工夫中的主一无适又恰恰为读书进学提供了保障。因此，"涵养须用敬，进学则在致知"就构成了主体日常生活中最为基本而重要的修养方式。

③ （宋）朱熹：《中庸章句》，《朱子全书》第6册，第35—36页。

物穷理等)。在朱子的文献中,对格物致知的讨论非常复杂,甚至显得十分烦琐而没有系统性,不过,透过这些复杂而烦琐的讨论,可以发现,朱子之所以要强调道问学,要强调格物致知,主要涉及两个方面的问题,一是格物致知对尊德性工夫的引导性意义,这涉及道问学与尊德性之间的关系;二是朱子这些儒家学者必须面对家、国、天下的众多实践事务,而处理这些事务也有其规范性与规律性,否则实践活动就会陷入盲目性,而实践规范与规律的获得也离不开格物致知。因此格物致知还涉及实践盲目性的克服问题。概言之,在朱子看来,格物致知或道问学既关联着对工夫进路的引导,也涉及实践盲目性的克服。

第一节 格物致知与工夫进路的引导

朱汉民先生曾经指出,朱子的格物致知论"是关于如何实现和完成修己治人的工夫论的一个组成部分"[①]。如果说,治人与实践活动密不可分,那么修己正是以尊德性的工夫为实质内涵的。在这一层意义上,格物致知正是广义的工夫论的一部分,而对工夫进路的引导则构成了其首要功能。事实上,这一点在前章对工夫进路的论述中已经明确地体现出来了:无论是涵养与察识的先后关系这一意义上的工夫进路,还是涵养与察识如何进行这一意义上的工夫进路,都涉及一定的规范,也就是朱子所说的"当然之则",但这种当然之则对于每一个具体的主体而言都不是自明的。对今天的学者而言,要想弄清上述意义上的当然之则,必须通过对《文集》《语类》等相关文本进行全面、细致的分析。很多文本正是朱子当年与同时代的学者相互切磋、相互辩论的历史记录,对朱子而言,这种相互切磋、论辩的过程正是一个格物致知的过程。当然,简单地说这是一个格物致知的过程还显得抽象,但正如程颐所言:"穷理亦多端,或读书,讲明义理;或论古今人物,别其是非;或应接事物而处其

[①] 朱汉民:《朱熹格物致知论的两种解读》,载陈来、朱汉民主编《传承与开拓:朱子学新论》,华东师范大学出版社2014年版,第140页。

第五章 格物致知：工夫进路的引导与实践盲目性的克服

当，皆穷理也。"① 这一论述实际上是对格物致知具体方式的论述②，而其中尤其重要的则是读书——因为即便是"论古今人物"也同样离不开读书。朱子全面继承了程颐关于格物致知的论述，而对读书尤其重视。实际上朱子与同时代的学者之间关于工夫进路的讨论正是建立在读书这一格物致知的工夫基础之上的，读书构成了他们对相关问题进一步展开讨论、辩论的基础与前提，因此翻检相关的文献可以看到其中有大量关于"四书"以及二程的《语录》、胡宏的《知言》等相关文本的讨论。这些讨论的一个重要内容就在于弄清主体日常的工夫究竟该采取怎样的方式，到底是先涵养而后察识，还是须以日常涵养为基础而同时在应事接物之时察识本心而力行之呢？不难理解，这种讨论的根本性意义就在于为工夫进路提供指引，也就是为主体的日常工夫提供一种可操作的规范系统。

实际上，涵养察识是朱子工夫进路的一个总体性架构，但这一工夫架构并不是朱子自身的通过思辨性的理论设计的结果，它实际上是对先秦时期就已经存在的儒家工夫论述的一种概括、总结，这一点在如下对话中得以体现出来：

> 或问："圣贤教人，如'克己复礼'等语，多只是教人克去私欲，不见有教人变化气质处，如何？"曰："'宽而栗，柔而立，刚而无虐'，这便是教人变化气质处。"③

克去私欲的工夫即存理去欲的察识工夫，而变化气质的工夫则以涵

---

① （宋）程颢、程颐：《河南程氏遗书》卷18，《二程集》上册，第188页。需要指出的是，格物致知在程颐和朱子那里往往以不同的概念来表达，如道问学、穷理、读书、博文等，这种概念的不一致性加深了人们理解上的困难，但实际上其基本内涵是一致的。因此本书如无必要将不对其进行具体的分辨。

② 当然程颐对格物穷理具体方式的论述还有很多，甚至他还说"一草一木皆有理，须是察"［（宋）程颢、程颐：《河南程氏遗书》卷18，《二程集》上册，第198页］，以致在后世产生很多误解，关于这一点后文还将进一步涉及。

③ （宋）朱熹：《语类》卷78，《全书》第16册，第2675页。

养工夫为基本方式①，在朱子及其弟子看来，无论是存理灭欲的察识工夫，还是变化气质的涵养工夫，都是"圣贤教人"的基本内容，换言之，涵养与察识实际上是对先秦儒学中就已经存在的"克己复礼"以及"宽而栗，柔而立，刚而无虐"等具体的工夫进路的一种总结与提炼，而后者才是圣贤教人的具体方法。当然，如果更为具体地考察，孔子、孟子等先秦儒者关于工夫的论述包含着非常丰富的内容，如《论语》中所说的"克己复礼""忠恕""动容貌、正颜色、出辞气"，《孟子》所说的"求放心""知言养气"，《大学》中的格物致知、诚意正心乃至通常所谓的《中庸》中的"道心惟微，人心惟危，惟精惟一，允执厥中"十六字心传，等等。但问题的关键在于，对后世学者而言，对生活在圣贤不在的时代的人们而言，没有圣贤的言传身教，又当如何做工夫呢？实际上，从朱子对于工夫进路的讨论来看，那些记载在经典文本中的圣贤教人之法构成了后世学者进行自我修养工夫的重要思想资源。因此，对于朱子而言，后世学者要想弄清圣贤教人之法以进行修养工夫，一个最为直接的方式即是读圣贤之书。正是在这一层意义上，朱子说：

> 道之在天下，其实原于天命之性，而行于君臣、父子、兄弟、夫妇、朋友之间，其文则出于圣人之手，而存于《易》、《书》、《诗》、《礼》、《乐》、《春秋》，孔、孟氏之籍。本末相须，人言相发，皆不可以一日而废焉者也。盖天理民彝，自然之物，则其大伦大法所在，故有不依文字而立者。然古之圣人欲明是道于天下而垂之万世，则其精微曲折之际，非托于文字，亦不能以自传也。故自伏羲以降，列圣继作，至于孔子，然后所以垂世立教之具，粲然大备。天下后世之人，自非生知之圣，则必由是以穷其理，然后知有所至而力行以终之，固未有饱食安坐，无所猷为而忽然知之，兀然得之者也。故傅说之告高宗曰："学于古训乃有获"，而孔子之教人亦曰："好古敏以求之"，是则君子所以为学致道之方，其亦可知也已。自秦汉以来，士之所求乎书者，类以记诵剽掠为功，而不及穷

---

① 关于涵养工夫与变化气质之间的关系前章已经有所论述，可以参看。

第五章　格物致知：工夫进路的引导与实践盲目性的克服

理修身之要，其过之者则遂绝学捐书，而相与驰骛乎荒虚浮诞之域，盖二者之蔽不同，而于古人之意则胥失之矣。呜呼！道之所以不明不行，其不以此与？①

在朱子看来，读书之所以重要，在于"古之圣人欲明是道于天下而垂之万世，则其精微曲折之际，非托于文字，亦不能以自传"，换言之，上古圣贤所流传下来的经典文本实际上构成了载道之具，或者构成了圣贤教人之法的载体，甚至可以说是唯一载体。正如柏格森所言："人类在数千年的文明中所获得的一切都在这里，都在人的手边，存储在被赋予他的知识之中。"② 经典文本作为知识载体，是一个文明最为核心的精华所在，世界上各大文明之所以都有自己的经典，如印度文明的《奥义书》，希伯来文明的《旧约全书》《塔木德》，伊斯兰文明的《古兰经》，等等，这些经典甚至都被赋予了非常神圣的地位，就在于，这些经典保存着古人的智慧成果，是一个民族精神文明的精华所在。朱子对这一点有非常明确的意识③。正是在这一层意义上，他甚至说"吾道之所寄，不越乎言语文字之间"④。而对于后世学者而言，对经典文本的阅读思考，既是吸取古人精神创获的经验成果的过程，又构成了理解、认知圣贤教人之法的基本途径，正因如此，朱子说："圣贤教人之法，具存于经，有志之士，固当熟读深思而问辨之。"⑤ 对经典文本的阅读与思考之所以如此重要，在于"圣贤之言可以引路"⑥，换言之，这种以读书为具体方式的格物致知之学，实际上构成了对工夫进路及其具体展开方式的一种指引或引导。

当然，在上述所引的"自秦汉以来，士之所求乎书者，类以记诵剽掠为功，而不及穷理修身之要，其过之者则遂绝学捐书，而相与驰骛乎

---

① （宋）朱熹：《徽州婺源县学藏书阁记》，《文集》卷78，《全书》第24册，第3734页。
② ［法］亨利·柏格森：《道德与宗教的两个来源》，王作虹、成穷译，译林出版社2011年版，第62页。
③ 由此也就不难理解，朱子何以一方面对先秦时期的"五经"这一经典系统非常重视，同时又花了毕生精力建构起了"四书"这一新的经典系统。
④ （宋）朱熹：《四书章句集注》，《全书》第6册，第30页。
⑤ （宋）朱熹：《白鹿洞书院揭示》，《文集》卷74，《全书》第24册，第3578页。
⑥ （宋）朱熹：《语类》卷124，《全书》第18册，第3890页。

荒虚浮诞之域,盖二者之蔽不同,而于古人之意则胥失之矣"这一论述中也可以看到,朱子对读书的强调也有其明确的针对性。一方面,秦汉以来的众多学者由于没有把握读书对修养工夫的引导性意义,而陷于"以记诵剽掠为功,而不及穷理修身之要"①,在朱子看来,这种对待经典的方式不过成为卖弄才学、博取功名的工具,显然是不可取的;但对朱子而言,另外一种对待经典的方式则特别值得警惕,这就是他所说的"绝学捐书,而相与驰骛乎荒虚浮诞之域"。这一批判主要是针对陆九渊而发的②。众所周知,在鹅湖之会上,陆九渊一方面认为朱子所强调的读书穷理为先而后反己自修的为学进路为支离;另一方面则主张一种发明本心式的工夫进路③。发明本心式的工夫进路实际上并不仅仅是陆九渊的个人主张,历史地看,它既与佛学所倡导的坐禅顿悟式的工夫进路有关,同时类似的工夫进路在朱子同时代的士大夫中还有多种表现,如所谓的"不起意"之说④以及"反身自认、存真合体者"之论⑤等。类似的工夫进路都存在两个基本问题:一方面,这种工夫进路往往试图通过收视反

---

① 在朱子看来以读书为核心的格物致知之学之所以不同于世俗的夸多斗博式的博物之学,就在于对朱子而言,读书穷理是以反己修身为指向的,他曾经以自问自答的方式谈到了这一点:"曰:然则所谓格物致知之学,与世之所谓博物洽闻者,奚以异?曰:此以反身穷理为主,而必究其本末是非之极至;彼以徇外夸多为务,而不核其表里真妄之实。然必究其极,是以知愈博而心愈明;不核其实,是以识愈多而心愈窒。此正为己为人之所以分,不可不察也!"[(宋)朱熹:《大学或问》,《朱子全书》第6册,第532页]

② 按照陈来先生的考证,上述引文的出处——《徽州婺源县学藏书阁记》正是作于朱子与陆九渊鹅湖之会的第二年(参见陈来《朱子哲学研究》,第362页)。因此可以看作朱子对鹅湖之会上陆九渊关于"尧舜之前何书可读"的诘难以及"发明本心"的修养方式的一种回应。

③ 当然,鹅湖之会后,陆九渊对读书的态度也有所转变,如他说:"自《大学》言之,固先乎讲明矣。自《中庸》言之,'学之弗能,闻之弗知,辨之弗明,则亦何所行哉?'未尝学问思辨,而曰吾唯笃行而已,是冥行也。自《孟子》言之,则事犹未有无始而终者。讲明之未至,至徒恃其能力行,是盖射者不习于教法之巧,而徒恃其有力,谓吾能至于百步之外,而不计其未尝中也。"[(宋)陆九渊:《答赵咏道二之二》,《陆九渊集》卷12,第160页]如果对比朱子的如下论述:"盖明德新民,固欲其止于至善,然非先有以知夫至善之所在,则不能有以得其所当止者而止之。如射者固欲其中夫正鹄,然不先有以知其正鹄之所在,则不能有以得其所当中者而中之也。"[(宋)朱熹:《大学或问》,《朱子全书》第6册,第510页]虽然陆九渊最终并没有放弃其发明本心式的工夫进路,但上述论述可以看到,朱陆二人在立场上已经比较接近。

④ 此为陆九渊弟子杨慈湖所主张的工夫进路。见(清)黄宗羲原著、(清)全祖望补修《慈湖学案》,《宋元学案》第3册,卷74,第2479页。

⑤ 此为江元适所主张的工夫进路,见(宋)朱熹《答江元适三》,《文集》卷38,《全书》第21册,第1703页。

第五章 格物致知：工夫进路的引导与实践盲目性的克服

听而在意识层面"见"到某种实体化的、有形有象的"事物"。朱子曾经对类似的工夫进路进行了严厉的批评：

> 廖子晦得书来云："有本原，有学问。"某初不晓得，后来看得他们都是把本原处是别有一块物来模样。圣人教人，只是致知、格物，不成真个是有一个物事，如一块水银样，走来走去那里。这便是禅家说"赤肉团上自有一个无位真人"模样。①

实际上，上述这类工夫进路与佛教的坐禅悟道甚至道教的内丹修炼具有很强的类似性，这种进路往往通过将意识高度集中，以获得某种特殊的心理乃至生理体验，但进行这种修养进路往往会出现心理乃至生理上的差错②，很多进行类似修养工夫的人往往一旦获得某种特殊的体验，便以为这是体道、得道的表现。但事实表明，这种特殊的体验并不能在人伦日用之中发挥一个儒家学者所期待的现实作用，因此这种所谓的体道、得道在朱子看来并不值得推崇。这点在如下的对话中得到明确的体现：

> 时举因云："释氏有'豁然顿悟'之说，不知使得否？不知倚靠得否？"曰："某也曾见丛林中有言'顿悟'者，后来看这人也只寻常。如陆子静门人，初见他时，常云有所悟；后来所为，却更颠倒错乱。看来所谓'豁然顿悟'者，乃是当时略有所见，觉得果是净洁快活。然稍久则却渐渐淡去了，何尝倚靠得！"③

可以看到，朱子之所以对上述种种修养工夫进行批判，在于这类工夫进路下的所谓顿悟、所谓得道其实并不能真正完善人的人格、培

---

① （宋）朱熹：《语类》卷113，《全书》第18册，第3593页。
② 如朱子曾提到由于工夫不当而导致的"失心""丧心"的现象，甚至会因此而导致死亡。参见（宋）朱熹《语类》卷124，《全书》第18册，第3888页。这也是朱子对这类工夫进路保持警惕的重要原因之一。
③ （宋）朱熹：《语类》卷114，《全书》第18册，第3619页。

养人的德性,朱子曾经不无讽刺地说:"江西学者自以为得陆删定之学,便高谈大论,略无忌惮。忽一日自以为悟道,明日与人饮酒,如法骂人。某谓,贾谊云'秦二世今日即位而明日射人',今江西学者乃今日悟道而明日骂人,不知所修者果何道哉!"① 很明显,在朱子看来,以发明本心为代表的工夫进路并不能培养真正意义上的理想人格,因为其所谓的悟道、得道的"道"并非真正意义上的人伦日用之道。

在上述背景下我们就不难理解朱子强调道问学、强调格物致知、强调读书的良苦用心,因为只有通过这种方式才能够为主体的日常工夫提供一个行之有效的规范系统,从而引导主体更好地修身成德而避免误入歧途。不过,正如前文所言,在朱子看来格物致知作为道问学最终关联着尊德性,但上述对格物致知的分析虽然涉及修身成德的具体进路问题,从而涉及尊德性。但正如张荫麟在论及朱陆异同时所追问的:"朱陆同以为'人之所应然之道理'是具于各人心中。那么,他们应当同以为:欲知道怎样做一个理想的人,欲明'心之全体大用',反求诸心就够了。何以朱子于此更注重'道问学'呢?"② 实际上,就陆九渊而言,在心即理的意义上,心是主体本然的道德本心,如同王阳明说"尔那一点良知,是尔自家底准则"③,本心或良知是主体内在的道德法则,因此,反求诸心、发明本心是可以为主体的人伦日用提供道德保障的。更为重要的是,朱子本人也主张"心具众理"④,在这一背景下,朱子所强调的道问学、格物致知或读书就似乎显得多余。

要回应上述问题,就不可避免地涉及心与理之间的关系,更进一步

---

① (宋)朱熹:《语类》卷120,《全书》第18册,第3801页。
② 张荫麟:《评〈中国哲学史〉下卷》,转引自冯友兰《三松堂学术文集》,北京大学出版社1984年版,第342—343页。赵峰曾经将上述问题概括为"张荫麟问题",并对此作了具体的分析。参见赵峰《论朱熹的格物致知之旨》,《孔子研究》1998年第4期。
③ 王阳明:《传习录》卷下,转引自陈荣捷《王阳明传习详注集评》,第173页。
④ "心具众理"是朱子的一个重要命题,但它与"心即理"存在着本质的区别,简单地说,"心即理"主张心与理是完全一致的,但"心具众理"则意味着,心即有与理一致的情况,但也存在着与理不一致的情况。实际上,"道心"与"人心"都是心,但在朱子看来,只有道心是与理一致的,人心则与理不一定一致,而人欲实际上是人心的一种特殊情况,但它却恰恰是与理相违背的。

第五章　格物致知：工夫进路的引导与实践盲目性的克服

而言，"心即理"与"心具众理"之间的关系问题。如前所述，"心即理"实际上意味着主体内在地具有道德本心，从而可以为人伦日用提供内在的道德法则①。实际上，对朱子而言，在本然的状态下，这一点也是可以承认的。但正如本书第三章所论，朱子敏锐地发现，就现实中的常人而言，其内在的道德本性只是以潜能的方式存在的，它并不能自然而言地为人伦日用提供道德准则，因此所谓的"心即理"在本体论的层面固然是一个事实，但就性或理的现实功能而言，还只是一种潜在的状况，主体在日常生活中的心并不能始终与理（性）处于完全一致的状态。实际上，陆九渊虽然一方面主张"心即理"但另一方面也强调要发明"本心"，这里的"本心"一词就表明，"心即理"意义上心是从其本然的状况，也就是说，从其潜在的状况说的，它意味着心与理是一致的。但这也意味着就现实的状况而言，心与理是不一致的。正是在这一层意义上，朱子对陆九渊提出了如下批评："陆子静之学，看他千般万般病，只在不知有气禀之杂，把许多粗恶底气都把做心之妙理，合当恁地自然做将去。"② 可以看到，朱子对现实中心与理的不一致具有非常清晰的洞察与警惕③。在他看来，陆九渊主张"心即理"存在着将主体的现实的、当下的心看作是本心，看作与理完全一致的理论危险。不过朱子所担心的状况，在陆九渊那里确是一个历史的事实，这体现在他所

---

① 这里需要注意的是，理学家所说的"心即理"或"心具众理"意义上的"理"，就其功能，具有道德法则的意义，虽然，从本书对朱子哲学的分析看，这种道德法则与一般意义上的道德规范的意义不同，它是一种主体内在的功能性存在，但这种功能性存在的功能即在于它能够先天地、内在地提供道德法则。
② （宋）朱熹：《语类》卷124，《全书》第18册，第3886页。
③ 这在如下的对话中可以清楚地看到：周季俨云："在兴化摄学事，因与诸生说得一部《孟子》。"先生因问："《孟子》里面大纲目是如何？"答云："要得人充扩。恻隐、羞恶、许多固要充扩，如说无欲害人，无穿窬之心，亦要充扩。"先生曰："人生本来合有许多好底，到得被物遮蔽了，却把不好处做合着做底事。"周云："看孟子说性，只是道顺底是，才逆便不是。"曰："止缘今人做不好事却顺。"[（宋）朱熹：《语类》卷53，《全书》第15册，第1775页] 可以看到，朱子对人性的潜能化，对现实中心与理的不一致这一现象有着非常清醒的洞察，实际上朱子是一个非常注重经验现实的学者，他的很多论述都不是一种思辨的理论构造，而是立足于现实的观察之上的。

说的"当下便是"①这一命题之中。从理论上看,"当下便是"这一主张将导致将主体当下性的意志、欲念等作为行动的准则,但由于主体当下性的意志、欲念等并非都是善的,从而也就不能为行为的正当性提供担保。更进一步而言,"当下即是"的观念与禅学所谓的"本心"②的观念具有相近性,但正如朱子所指出的"夫心何常之有"③——因为主体当下性的"心"往往都是反复无常的。实际上,无论是陆九渊所说的"当下便是"还是禅宗所主张的"本心",与叔本华所批判的"意志所准,所为无害"这一观念都具有极大的相似性。叔本华说:"有这样一条不证自明的原则:意志所准,所为无害。因为我所做的事总是我决意做的事,因而可以说我对我自己做的事,决不是我不愿意做的事,所以它不能够是不公正的。"④由此也就不难理解,"当下便是"的观念将导致主张主体的所有行为都是正当的,它进一步也将导致主体的行为无所规范,肆意妄为。实际上,上述这种理论上存在的可能性在陆九渊的门人那里已经化为现实,朱子曾经对此批评道:"后生才入其门,便学得许多不好处,便悖慢无礼,便说乱道,更无礼律,只学得那许多凶暴。可畏!可畏!"⑤正是基于上述理论与现实的双重后果,朱子对"当下便是"的观念提出了严厉的批判:

> 问:"陆象山道,当下便是。"曰:"看圣贤教人,曾有此等语无?圣人教人,皆从平实地上做去。所谓'克己复礼,天下归仁',

---

① 在《陆九渊集》中没有直接出现"当下便是"这一表述,与这一表述最为接近的是"即今便是",如他说:"吾友适意时,即今便是。"[见(宋)陆九渊《语类》下,《陆九渊集》卷35,第444页] 又如:"当吾友适意时,别事不理会时,便是'浩然','养而无害,则塞乎天地之间','是集义所生者,非义袭而取之也'。"[见(宋)陆九渊《语类》下,《陆九渊集》卷35,第445页]

② 这里的"本心"一词与陆九渊、王阳明常说的"本心"有所不同:陆九渊、王阳明那里的本心之"本"是本然的意思,是形容词;而这里的本心之"本"是动词,"本心"也就是以"心"为本,即当下的意识或意愿作为行为的依据。朱子曾说:"不见天理而专认此心以为主宰,故不免流于自私耳。前辈有言,圣人本天,释氏本心,盖谓此也。"[见(宋)朱熹《答张钦夫二》《文集》卷30,《全书》第21册,第1313页]

③ (宋)朱熹:《答柯国材三》,《文集》卷39,《全书》第22册,第1733页。

④ [德]叔本华:《伦理学的两个基本问题》,第148页。

⑤ (宋)朱熹:《语类》卷124,《全书》第18册,第3877页。

第五章　格物致知：工夫进路的引导与实践盲目性的克服

须是先克去己私方得。孟子虽云'人皆可以为尧舜'，也须是'服尧之服，诵尧之言，行尧之行'，方得。圣人告颜子以'克己复礼'，告仲弓以'出门如见大宾，使民如承大祭'，告樊迟以'居处恭，执事敬，与人忠'，告子张以'言忠信，行笃敬'，这个是说甚底话？又平时告弟子，也须道是'学而时习'，'行有余力，则以学文'，又岂曾说个'当下便是'底语？"①

在朱子看来，由于主体所内在的善的本性在现实中还只是一种潜能，即使当下的心虽有与理合一之时，也不可能完全合一。因此，在主体的日常工夫中对道德规范的认知就显得非常必要：日常的读书学习中对道德规范的学习、认知，作为一种先行的准备性作为，对具体的行为具有范导、规范的意义。从上述引文看，无论是"出门如见大宾，使民如承大祭""居处恭，执事敬，与人忠"等都具有道德规范的意义，对这类道德规范的认知构成了主体在遇到相应情形时的准则。正是在这一层意义上，朱子虽然强调道德践履的根本性意义，但又强调道德认知的优先性，他说："知、行常相须，如目无足不行，足无目不见。论先后，知为先；论轻重，行为重。"② 这里的知行主要涉及道德认知与道德践履③，朱子对知行关系的理解包含两个不同的层面：一方面从轻重的角度说，无疑道德践履具有更为重要的地位；另一方面，从先后的关系看，道德认知则具有优先性。优先性的实质内涵也就在于道德认知对于道德践履的引导性、范导性意义④。这在如下的对话中也得以体现：

符舜功言："只是'由仁义行'，好行仁义，便有善利之分。"

---

① （宋）朱熹：《语类》卷124，《全书》第18册，第3890页。
② （宋）朱熹：《语类》卷9，《全书》第14册，第298页。
③ 当然，正如本章下一节所言，知行关系也涉及实践活动及相应的规律的认知问题。
④ 正是在这一层意义上，杨国荣老师指出，朱子"以成就知识为成就德性的条件"，展现出一种"由知入德"的进路（见杨国荣《当然与必然的交融：朱熹思想的内在趋向》，载吴震主编《宋代新儒学的精神世界——以朱子为中心》，华东师范大学出版社2009年版，第32页）。当然，必须指出，"由知入德"并不是朱子认为的成就德性的最为重要的进路，更不是唯一进路。

曰:"此是江西之学。岂不见上面分明有个'舜'字?惟舜便由仁义行,他人须穷理,知其为仁为义,从而行之。且如'仁者安仁,智者利仁',既未能安仁,亦须是利仁。利仁岂是不好底!知仁之为利而行之。不然,则以人欲为利矣!"①

基于朱子对气禀的理解②,他当然不排斥有些人生来禀赋较好(如这里提到的舜),无须后天的学习、教育就能够很好地践行事亲孝、事兄悌等道德规范。在朱子看来,这种上智大贤之资不是一般人生来就具备的,尧舜可以"由仁义行",但那毕竟是尧舜,对常人而言,则须通过格物穷理"知其为仁为义,从而行之"。由此可见,朱子之所以强调道德认知的优先性,是因为这样一条工夫进路对现实中的绝对多数人而言具有普遍的适用性。这一点明确地体现在如下的对话中:

王子充问:"某在湖南,见一先生只教人践履。"曰:"义理不明,如何践履?"曰:"他说:'行得便见得。'"曰:"如人行路,不见,便如何行。今人多教人践履,皆是自立标致去教人。自有一般资质好底人,便不须穷理、格物、致知。圣人作个《大学》,便使人齐入于圣贤之域。若讲得道理明时,自是事亲不得不孝,事兄不得不弟,交朋友不得不信。"③

从这里可以清楚地看到,朱子之所以强调大学的格物致知之学,一个非常重要的原因就在于,通过道德认知来范导、引导道德践履构成了一条普适性的工夫进路,每个人都可以通过这一进路修身成德,因此是一个"使人齐入于圣贤之域"的道路。

更进一步来说,对不同的主体而言,通过读书、格物等活动所获得的道德认知,在具体的道德践履过程中,由于每个人的理解不同,往往

---

① (宋)朱熹:《语类》卷57,《全书》第15册,第1840页。
② 关于这一点,可以参见本书第三章的相关分析。
③ (宋)朱熹:《语类》卷9《全书》第14册,第303—304页。

第五章 格物致知：工夫进路的引导与实践盲目性的克服

会出现这样那样的偏差，这就又进一步需要深化道德认知，而深化道德认知仍然离不开格物致知，朱子曾经以"恕"为例指出了这一点：

> 近世名卿之言有曰："人虽至愚，责人则明；虽有聪明，恕己则昏。苟能以责人之心责己，恕己之心恕人，则不患不至于圣贤矣。"此言近厚，世亦多称之者。但恕字之义，本以如心而得，故可以施之于人，而不可以施之于己。今日"恕己则昏"，则是已知其如此矣。而又曰"以恕己之心恕人"，则是既不知自治其昏，而遂推以及人，使其亦将如我之昏而后已也，乃欲由此以入圣贤之域，岂不误哉！藉令其意但为欲反此心以施于人，则亦止可以言下章爱人之事，而于此章治人之意，与夫《中庸》以人治人之说，则皆有未合者。盖其为恕虽同，而一以及人为主，一以自治为主，则二者之间，毫牦之异，正学者所当深察而明辨也。若汉之光武，亦贤君也，一旦以无罪黜其妻，其臣郅恽不能力陈大义以救其失，而姑为缓辞以慰解之，是乃所谓不能三年而缌功是察，放饭流歠而齿决是问者，光武乃谓恽为善恕己量主，则其失又甚远，而在启为人臣者不肯责难陈善以贼其君之罪。一字之义，有所不明，而其祸乃至于此，可不谨哉！①

忠恕之道无疑是孔子以来儒家修身成德的基本方式，因此朱子也将其看作修身工夫的一个基本项目。究竟何为"恕"却并不是自明的，这就需要一个"讲明义理"的过程。而朱子的上述论述就是一个讲明义理，也就是格物致知的过程，通过这一过程，使得何为恕更加明确，从而也为如何行恕提供了引导。不难发现上述格物穷理的过程，实质上是深化道德认知的过程，而对道德认知的深化正是为了更好地引导道德践履。

通过以上的分析不难发现，朱子哲学中的格物致知论所涉及的首要问题就在于对工夫进路的引导，或者说，对朱子而言，一方面工夫进路并不是自明的，是通过反复的读书穷理才能弄清的。另一方面，格物致

---

① （宋）朱熹：《大学或问》，《全书》第6册，第528页。

知也具有道德认知的意义，从而为道德践履提供指引与范导。当然，正如本书第四章所论，道德践履构成了存理灭欲的工夫的基本要求。在这一层意义上，道德践履本身也属于工夫进路不可分割的组成部分。因此作为道德认知的格物致知对道德践履的引导，实际上也是格物致知对工夫进路的引导性意义的重要组成部分。从上述双重的意义上来说，格物致知的首要意义就在于对工夫进路的指引。正如朱子所言，"所知不精，害于涵养"①，反过来，只有深化对工夫进路的理解，深化道德认知才能够更好地修身成德。

第二节　格物致知与实践盲目性的克服

前文对格物致知的讨论主要涉及的是道问学对尊德性的引导性意义，但这并不意味着格物致知仅仅涉及尊德性。实际上尊德性所关注的是主体的修身成德，也就是德性主体的成就；但在朱子看来，格物致知并不仅仅涉及德性问题，而且还涉及实践能力的问题。历史地看，对实践能力的诉求构成了儒家思想的重要面向，孔子所说的"君子不器"（《论语·为政》）以及程颐的所说的"君子者，才德出众之名"② 等论述都表明了这一点：在孔子和程颐看来，才德兼备构成了君子这一理想人格的两个不可或缺的方面。对理想人格的上述理解实际上构成了儒学的基本传统，朱子也非常自觉地继承了这一传统，这在如下对话中得以体现：

> 正卿问："'可以托六尺之孤'，至'君子人也'，此本是兼才节说，然紧要处却在节操上。"曰："不然。三句都是一般说。须是才节兼全，方谓之君子。若无其才而徒有其节，虽死何益。如受人托孤之责，自家虽无欺之之心，却被别人欺了，也是自家不了事，不能受人之托矣。如受人百里之寄，自家虽无窃之之心，却被别人窃

---

① （宋）朱熹：《答胡广仲五》，《文集》卷42，《全书》第22册，第1900页。
② 转引自（宋）朱熹《语类》卷35，《全书》第15册，第1289页。

第五章　格物致知：工夫进路的引导与实践盲目性的克服

了，也是自家不了事，不能受人之寄矣。自家徒能'临大节而不可夺'，却不能了得他事，虽能死，也只是个枉死汉！济得甚事！如晋之荀息是也。所谓君子者，岂是敛手束脚底村人耶！盖伊川说：'君子者，才德出众之名。'孔子曰：'君子不器。'既曰君子，须是事事理会得方可。若但有节而无才，也唤做好人，只是不济得事。"①

节即气节，其实质内涵即是主体的德性，而才则以才能为基本内涵，也即是主体的实践能力。在朱子看来，如果只有气节而无才能，实际上也不过是一个"好人"，或者说，还仅仅可以称之为德性主体，由于这种德性主体不具有相应的实践能力，因此当其面临一定的事务时往往也就无能为力了。实际上，才德兼备构成了君子这一儒家理想人格的基本特质，换言之，君子人格不仅应该是德性主体，也同样应该是实践主体。不过，朱子对实践能力的强调并不能看作对先秦儒学的一种教条式的继承，因为实践能力并不仅仅是君子人格的重要组成部分，而且是每个现实的主体都应该或者说不得不具备的。

历史地看，对实践能力的强调也构成了在理学思潮中《大学》一书得以由《礼记》中的一"篇"升格为"四书"中的一"书"的重要原因②。正如杨儒宾先生所指出的："韩愈作《原道》，引《大学》修齐治平、正心诚意之说，以破'治心而外天下国家'之非。"③ 韩愈作为理学思潮的先驱，他敏锐地发现佛老之学的一个基本倾向就在于仅仅关注个体内在的心性修养而对"天下国家"，也就是社会政治秩序等缺乏恰当的定位与关注。就这一点而言，朱子与韩愈有着同样的问题意识。对朱子

---

① （宋）朱熹：《语类》卷35，《全书》第15册，第1288—1289页。
② 丁纪曾指出："《大学》在《礼记》的序列里，和它在《四书》的序列里，地位迥乎不同。把这种不同说得像是有两种《大学》存在固然有失严重，但比之忽视这种不同的做法，还是要显得更加适宜些。"（见丁纪《〈大学〉在〈四书〉序列中的位置》，《四川大学学报》2014年第1期）这一论述非常简明地表达出《大学》在"五经"和"四书"两种不同的经典系统中的地位的变化。简单地说，在以韩愈为先驱的理学思潮中《大学》的地位得到了空前的提升。对这一问题的历史分析，也可以参看杨儒宾《〈大学〉与全体大用之学》，《从〈五经〉到〈新五经〉》，第239—240页。
③ 杨儒宾：《〈大学〉与全体大用之学》，《从〈五经〉到〈新五经〉》，第239页。

而言，修齐治平与正心诚意二者同样不可或缺，虽然后者构成了前者的基础，但没有前者，后者也无法得到恰当的安顿。在谈到《大学》所说的"明明德"与"新明"之间的关系时，朱子说：

> 自孟子没而道学不得其传，世之君子，各以其意之所便者为学。于是乃有不务明其明德，而徒以政教法度为足以新民者；又有爱身独善，自谓足以明其明德，而不屑于新民者……是皆不考乎此篇之过，其能成己成物而不谬者鲜矣！①

"徒以政教法度为足以新民者"虽然不像佛老那样"治心而外天下国家"，但他们显然没有"明明德"对于"新民"所具有的基础性意义；而"爱身独善，自谓足以明其明德，而不屑于新民者"则显然与佛老之学的"治心而外天下国家"更为接近，他们仅仅关注自身的心性修养，但在朱子看来，这种缺乏对家国天下的关怀与责任意识的为学进路不过是"独善其身"而已。不过在朱子看来，《大学》的意义并不仅仅在于揭示了"明明德"与"新民"的双重重要性。更为重要的是，《大学》为学者提供了一个为学的基本框架②，朱子将其概括为"外有以极其规模之大，而内有以尽其节目之详"③。"外有以极其规模之大"是指《大学》将主体的修为放在身—家—国—天下这一大的格局之中进行定位，而不是"治心而外天下国家"那种"独善其身"式的为学进路。而"内有以尽其节目之详"则指"格物、致知、诚意、正心、修身、齐家、治国、平天下"等所谓的"八条目"构成了学者为学的基本环节。当然，在"八条目"中，格物致知又具有更为优先的地位④。这是因为，以家国天下为己任仅仅涉及动机意义上的正当性；而一旦以家国天下为己任，就

---

① （宋）朱熹：《大学或问》，《全书》第6册，第509页。
② 因此朱子常常用"间架""腔子""大坯模"等词来形容《大学》一书的性质。参见杨儒宾：《〈大学〉与全体大用之学》，《从〈五经〉到〈新五经〉》，第241页。
③ （宋）朱熹：《大学章句序》，《朱子全书》第6册，第14页。实际上，这构成了朱子将《大学》纳入其倾注毕生精力所建构的"四书"这一新的经典系统之中的根本原因之所在。
④ 这一点在前文所论的"格物致知对工夫进路的指引"中已经可以看出来。

第五章　格物致知：工夫进路的引导与实践盲目性的克服

不可避免地涉及诸多事务，这些事务如何处理，就进一步涉及处理事务的有效性问题，即如何克服具体的实践行动的盲目性问题[①]。在朱子看来，实践盲目性的克服，与工夫进路的引导一样，都离不开格物致知。这在如下的对话中可以得到明确的体现：

> 问："陆先生不取伊川格物之说。若以为随事讨论，则精神易弊，不若但求之心，心明则无所不照，其说亦似省力。"曰："不去随事讨论后，听他胡做，话便信口说，脚便信步行，冥冥地去，都不管他。"[②]

如前所论，在工夫进路上，陆九渊主张"发明本心"，因此，他对程颐所主张的格物致知之说表示反感[③]。然而，从前文的分析看，"发明本心"这一工夫进路不仅对德性的成就而言不是一条恰当的道路；而且对于一个实践主体而言，当面临日常实践中的众多事务时，仅仅通过"发明本心"不能为实践行为提供恰当的指引，反而必然导致实践活动陷入盲目性。因此，格物致知对于实践活动的意义就在于，通过知以导行，来克服实践的盲目性。正是在这一层意义上，朱子说："徒明不行，则明无所用，空明而已。徒行不明，则行无所向，冥行而已。"[④] 这里的"明"以"知"为实质内涵，从知行关系的角度说，知而不行固然是徒有其知，即"空明"；然而，虽然知道实践的重要性，但没有知识的引导，

[①] 杨国荣老师曾经指出："政治不仅面临'为何治'，而且无法回避'如何治'。'为何治'以政治系统的存在目的为关切之点，'如何治'则关乎政治实践的具体展开过程，后者同样渗入了有效性的问题。"杨老师进一步指出："宽泛而言，有效性首先涉及目的与手段的关系，在这一层面，有效即在于以适当的方式达到相关的目的。"（见杨国荣《政治哲学论纲》，《学术月刊》2015 年第 1 期）。就本书而言，以家国天下为己任的政治理想与关怀，涉及这里所说的"为何治"或"目的"层面的问题，而如何有效地实现上述目的，则涉及"如何治"或"手段"层面的问题，后者也就是实现目的的有效性问题。

[②]（宋）朱熹：《语类》卷 18，《全书》第 14 册，第 600 页。

[③] 陆九渊曾经对人说："闻人诵伊川语，自觉若伤我者"，对伊川之学表示出极大的不满。见（宋）陆九渊《陆九渊集》卷 6，第 84 页。

[④]（宋）朱熹：《语类》卷 64，《全书》第 16 册，第 2121 页。

实践活动也就会陷入盲目性，即"冥行"①。正因如此，朱子又说："儒者之学，大要以穷理为先。盖凡一物有一理，须先明此，然后心之所发，轻重长短，各有准则。"②这里的"穷理"实际上不过是"格物致知"的另一种称呼③，而穷理的意义正在于为主体的实践活动提供"准则"，从而防止主体的实践活动陷入盲目性之中，由此就不难理解，格物致知的功能不仅仅在于上一节所论的工夫进路的指引，它的另外一个重要意义就在于实践盲目性的克服④。

需要追问的是，格物穷理对实践盲目性的克服究竟是如何达成的呢？对这一问题的回答不可避免地涉及朱子哲学中的"物理"这一概念。在著名的《格物致知补传》中，朱子曾经说，"人心之灵莫不有知，而天下之物莫不有理"⑤，这一表述有两个要点：一方面，主体内在地具有认知能力⑥，另一方面，"天下之物"都内在地具有"理"。这里值得注意的是"天下之物莫不有理"这一表述。在本书第一章论述朱子对性空论的克服时曾引述了朱子所说的"无一物不具此理"之说，这一论述的核心是要指出，天地间的万物都内在地具有从气中带来的生理，因此不是性空的。这里的"物"是在存在论意义上说的，指的是天地间的具体存在者，这里所说的"物理"的核心内涵即存在者内在的性理。不过，在"人心之灵莫不有知，而天下之物莫不有理"这里所说的"物理"则不再

---

① 正如蒙培元先生所指出的：朱子认为："知识对于实现德性有重要作用，又能提高人的实践能力。"（见蒙培元《朱子哲学十论》，中国人民大学出版社2010年版，第123页）这里所说的"提高人的实践能力"正可以从实践盲目性的克服的意义上加以理解。
② （宋）朱熹：《文集》卷30，《全书》第15册，第1314页。
③ 在朱子看来，"格物致知"与"穷理"的差异只是名言层面的，就其实质内涵则是一致的，朱子就曾经明确说"格物致知只是穷理"［（宋）朱熹：《答黄子耕五》，《文集》卷51，《全书》第22册，第2378页］。不过，朱子更多地喜欢说格物而不说穷理，因为在他看来："不说穷理，却言格物。盖言理，则无可捉摸，物有时而离；言物，则理自在，自是离不得。"［（宋）朱熹：《语类》卷15，《全书》第14册，第469页］
④ 当然，如果从广义上将工夫也看作主体的修为实践，那么格物致知对工夫进路的指引正是克服实践盲目性的一种特殊形态。事实上，也正因如此，在朱子那里并没有对这两者做明确的区分。
⑤ （宋）朱熹：《四书章句集注》，《全书》第6册，第20页。
⑥ 当然"人心之灵莫不有知"的"知"也具有良知的内涵（关于这一点可以参见赵峰《论朱熹的格物致知之旨》，《孔子研究》1998年第4期），但主要是在认识能力的意义上说的。

第五章　格物致知：工夫进路的引导与实践盲目性的克服

是从"性理"的意义上说的①。当然，这首先涉及儒学中"物"的多重内涵。事实上，在儒学的传统中，"物"虽然具有存在论意义上的物体、自然物等内涵，但其内涵更多地不是在存在论的意义上说的。事实上，即便是自然界的存在物，当其构成了主体认知、实践的对象时，也已经由自在的存在转化为主体所面临的实践事务的一部分②，在这一层意义上，没有真正意义上的自在之"物"，正因如此，儒学的传统中，"物"这一概念更多地是以"事"为其基本内涵，无论是郑玄，还是王阳明、王船山在注释《大学》中的"格物"之"物"时都说"物，犹事也"，就这一点而言，朱子也不例外③。在上述背景下，不难发现，所谓的"物"所涉及的核心问题就在于日常实践中所涉及的众多事务。事实上，对朱子而言，"《大学》之教"的目的在于培养以家国天下为己任的实践主体，因此这类实践主体不可避免地需要处理家国天下的众多事务。从理论上说，主体日常的实践活动即涉及"做什么"的问题，也涉及"怎么做"的问题④。对于以家国天下为己任的实践主体而言，应该"做什么"对他们而言并不是多大的问题，因此上文所说的实践盲目性，主要涉及的是"怎么做"的问题。在朱子看来，格物穷理对实践盲目性的克服，虽然也涉及"做什么"的问题，但主要是以"怎么做"为关注点的。正如朱子所言："夫天下之事莫不有理，为君臣者有君臣之理，为父子者有父子之理，为夫妇、为兄弟、为朋友，以至于出入、起居、应事接物之际，亦莫不各有理焉。"⑤ 从这里论述中，可以非常明确地看到，所谓的"物理"主要涉及的是大到君臣父子，小到出入起居等日常实践中的众多事务。而这里的"莫不各有理"不难使人联想到朱子对"理"所作

---

① 这涉及朱子哲学乃至整个理学中"理"这一概念所包含的多重内涵。概言之，不仅主体内在的仁义礼智之性可以称之为理，而且那种具有普遍必然性的自然规律、社会历史规律等都可以称之为理。理之为理的基本内涵就在于它具有普遍必然性，因此朱子一再说"理有必然"或"必然之理"。

② 这在后文关于"一草一木亦皆有理"的相关论述中也可以看到。

③ 见（宋）朱熹《四书章句集注》，《全书》第6册，第17页。

④ "做什么"与"怎么做"涉及实践活动的不同层面。关于这一点可以参看杨国荣老师：《行动的意义》，《成己与成物·附录》，北京大学出版社2011年版，第332页。

⑤ （宋）朱熹：《行宫便殿奏札二》，《文集》卷14，《全书》第20册，第668—669页。

的如下定义:"至于天下之物,则必各有所以然之故,与其所当然之则,所谓理也。"① 在这一定义中,"理"涉及两个不同的层面,即"所以然之故"与"所当然之则"。关于"所以然之故"的内涵及其与"所当然之则"之间的关系留待后文再作具体的分析。就日常实践的众多事务而言,"所当然之则"涉及主体在面临一个具体的事务时应该"如何做"的问题。换言之,"所当然之则"所涉及的实际问题,即主体处理具体事务时所应遵循的准则、规范的问题,这正是"天下之物莫不有理"这一论述中"物理"的基本内涵②。

物理以实践活动中所应遵循的规范为基本内涵,但这些实践活动中的规范对于主体而言并不是自明的,因此,认知活动也就显得尤其必要。而穷理,或者说,格物致知的基本内涵正是对实践规范的认识③,因此,朱子说"穷理工夫亦是且要识得事物当然之理"④。逻辑地看,对每一个具体的实践活动而言,对其规范性的认知相对于该实践活动本身而言,总是具有优先性,倘若没有对该实践活动所应遵循的规范的认知,那么实际活动往往会不可避免地陷入盲目性之中,而导致实践目标无法达成。因此,对实践规范的认知准备性的工作就构成了实践活动得以顺利进行的基本前提,这也是朱子主张"知先行后"的另一个重要原因⑤。正因如此,朱子说:"夫泛论知行之理而就一事之中以观之,则知之为先,行之为后,无可疑者。"⑥ "就一事之中以观之",实质上也就是针对某个具体的实践事务而言,在朱子看来,如果没有对其相应规范的认知,行动也

---

① (宋)朱熹:《大学或问》,《全书》第 6 册,第 512 页。
② 在这里可以看到,朱子哲学中的"理"具有不同的内涵。不仅前文所论及的以仁义礼智为具体内容的性理是理,而且它还包含着这里所说的"物理"——当然这一意义上的物理与现代自然科学意义上的物理一词在具体内涵上有所不同,虽然它也包含着自然规律等自然科学意义上的物理的核心内涵。需要进一步指出的是,无论是前文所论的性理还是这里所说的物理,之所以都可以称为理,其根本原因就在于,它们都不是主体主观建构的结果,而是"出于天,不系于人"的,并且具有普遍必然性。
③ 在"能知"即认知能力意义上的"人心之灵莫不有知"意在表明主体具有认知实践规范的能力或可能性。
④ (宋)朱熹:《答向伯元六》,《朱文公别集》卷 4,《全书》第 25 册,第 4096 页。
⑤ 关于"知先行后""知轻行重"的问题本章上一节已经有所涉及,不过这里主要涉及的是道德认知与道德实践的关系。
⑥ (宋)朱熹:《答吴晦叔九》,《文集》卷 42,《全书》第 22 册,第 1914 页。

就无法展开,因此"知之为先,行之为后"也就是必须如此的:这里的"无可疑者",意在表明,如果不如此,实践行动就无法展开。因此,格物致知作为对实践规范的认知性活动,是为实践活动的顺利展开进行必要的知识储备,以便在遇到相应的实践事务时,处理起来有所依据。正因如此,他对陆九渊提出了如下批评:"陆子静说良知良能、扩充四端之类,不可谓之不是,然求本而遗末,其弊至于合理会底事都理会不得,遇事无所依据。"①

值得注意的是,上文所说的如果没有对相应实践规范的认知,实践行动就无法展开,并不能理解为主体无法有所行动。从理论上看,实践规范只是主体在实践过程中所应遵循的准则,它的意义在于引导主体正确而有效地展开实践活动,但并不意味着缺乏对实践规范的认知,主体就无所作为——由于每一个主体都内在地具有意志自由,因此,即便没有对实践规范的先行认知,他仍然可以有所行动。但在朱子看来,问题的关键是,如果缺乏实践规范的认知与引导,那么实践行为的展开就只能建立在主体自身的个体性意志之上,这既无法担保实践目标的实现,甚至可能导致"恃其聪明,率意妄作"的局面。正因如此,朱子对子路所谓的"何必读书,然后为学"展开了批判:

> 或问:子路所谓何必读书,然后为学,夫子不之许也。而谢、杨、尹氏皆以为不然,何哉?曰:杨氏之说高矣。夫三代以上,《六经》虽未具,然以《书》、《礼》考之,则舜之教胄子,敷五典,与夫成周乡官乐正之法,其所以优游涵养,而诱掖夫未成之才者,盖有道矣。岂遽使之从事于人民社稷之间,以试其未能操刀之手,而不虑夫美锦之伤乎?范氏盖得此意,然犹必以读书为言,则似不足以解诸说之疑者。然三代而下,既有书矣,则事物始终,古今得失,修己治人之术,皆具于此,好学者岂可以不之读而遽自用乎?以此而论,则范氏之说正谓不过。但读者乐闻诸说之高,故以其说为卑,而不之察耳。殊不知好高之弊,将使学者恃其聪明,率意妄作,而

---

① (宋)朱熹:《朱子佚文辑录·杨与立记语录》,《全书》第16册,第543页。

无所忌惮，则其失不但卑陋而已也。①

前文所言，在朱子看来，读书（讲明义理）是格物致知的最为基本也是最为重要的方式。正如他曾经指出的："至论天下之理，则要妙精微，各有攸当，亘古亘今，不可移易。唯古之圣人为能尽之，而其所行所言，无不可为天下后世不易之大法。其余则顺之者为君子而吉，背之者为小人而凶。吉之大者，则能保四海而可以为法；凶之甚者，则不能保其身而可以为戒。是其粲然之迹，必然之效，盖莫不具于经训史册之中。欲穷天下之理而不即是而求之，则是正墙面而立尔。此穷理所以必在乎读书也。"② 读书穷理的根本性意义，就在于弄清"事物始终，古今得失，修己治人之术"，因为这对以家国天下为己任的实践主体而言必不可少。缺乏相关的知识储备，则齐家、治国、平天下的实践活动必然"遇事无所依据"，从而相关的实践活动也必然陷入盲目性。正因如此，朱子与孔子一样都非常重视学习的重要性，在他看来孔子之所以强调"学而时习之"，就在于："人而不学，则无以知其所当知之理，无以能其所当能之事，固若冥行而已。"③ 由此可见，所谓学习、所谓穷理、所谓格物致知最根本的意义，就在于通过对实践规范的认知以克服实践活动的盲目性。正是在上述意义上，朱子说："穷理不深，则无所准则。"④

---

① （宋）朱熹：《论语或问》，《全书》第 6 册，第 795 页。
② （宋）朱熹：《行宫便殿奏札二》，《文集》卷 14，《全书》第 20 册，第 669 页。余英时先生指出，朱子"坚持要向古圣贤学习，并非出于他没有批评精神或盲目崇拜，也不是纯粹好古的结果，而是因为他相信，古代圣人给我们遗留下来许多他们通过'格物'而发现的客观之'理'"（余英时：《朱熹哲学体系中的道德与知识》，第 77 页）。这也正是朱子特别强调读书的重要性的原因。因为在他看来古今治乱兴衰的"粲然之迹，必然之效，盖莫不具于经训史册之中"，通过读书穷理，了解古今治乱兴衰的原因，也正是为了更好地为齐家、治国、平天下的实践活动提供指引。正因如此，朱子也特别重视历史，正如余英时发现的"朱熹充分意识到历史作为一项问学科目在儒学的重要性"（余英时：《朱熹哲学体系中的道德与知识》，第 66—67 页），他之所以耗费大量精力编撰《资治通鉴纲目》正是根源于此。值得一提的是，朱子的这一观念，也正是其评判精神的表现，因为对于现世的政治主体而言，如果不能够接受古代圣贤的教诲，就必然师心自用。因此，朱子强调古代圣贤的教诲，正是对现实的政治主体提出的批判与要求，具有明显的政治立法意义。关于这一点，本书第六章会有更为详尽的分析。
③ （宋）朱熹：《论语或问》，《全书》第 6 册，第 607 页。
④ （宋）朱熹：《答程允夫一》，《文集》卷 41，《全书》第 22 册，第 1860 页。

第五章　格物致知：工夫进路的引导与实践盲目性的克服

通过以上论述，不难发现，以对实践盲目性的克服为核心关注之点，对当然之则，即实践规范的认知构成了格物穷理的最为重要的内容，正因如此，当学生问到与"所当然之则"相对的"所以然之故"时，朱子说："后来看得，且要见得'所当然'是要切处。"① "所当然"之所以更为"切要"，在于它与主体的实践活动直接相关，没有它的指引，实践活动很难顺利展开。但这并不意味着，格物穷理不必涉及"所以然"的层面。实际上，朱子曾明确指出："穷理者，欲知事物之所以然，与其所当然者而已。知其所以然，故志不惑；知其所当然，故行不谬。"② 这一论述表明，一方面，对"所以然"与"所当然"的认知构成了格物穷理的两个基本内容；另一方面，"知其所当然，故行不谬"，其实质内涵即在于前文所论的通过对实践规范的认知以引导实践活动的展开，从而克服其盲目性。那么，"知其所以然，故志不惑"到底意味着什么呢？为了更好地理解这一问题，可以先看看朱子对程颐所说的一草一木"皆有其理"的分析：

> 问："所谓'一草一木亦皆有理'，不知当如何格？"曰："此推而言之，虽草木亦有理存焉。一草一木，岂不可以格。如麻麦稻粱，甚时种，甚时收，地之肥，地之硗，厚薄不同，此宜植某物，亦皆有理。"③

哲学地看，自然界的存在物一旦成为主体的认知、实践的对象时，也就不再是物本身了。在这一层意义上，凡是进入主体认知、实践活动中的"物"也就转化为主体认知或处理的"事"。那么这些事务该如何处理就不可避免地涉及一定的实践规范："甚时种""甚时收"等显然以实践规范为基本内涵④。但这些实践规范并不是随意地、盲目地确定的，它

---

① （宋）朱熹：《语类》卷17，《全书》第14册，第586页。
② （宋）朱熹：《答或人七》，《文集》卷64，《全书》第23册，第3136—3137页。
③ （宋）朱熹：《语类》卷18，《全书》第14册，第633页。
④ 在此值得一提的是，对这类实践规范的认知固然根源于具体的实践经验的总结，但这些前人的经验也往往会以文字的形式记录下来，因此对后人而言，读书也同样是获得这类实践规范的基本途径之一。因此，一方面一草一木皆有其理，是说主体在处理一草一木时也同样有其应当遵循的规范；另一方面"格"草木之理显然不可能通过王阳明"格竹子"那样对着草木静坐冥想来达成。由此可见，王阳明"格竹子"的失败显然是由于他误解了朱子格物致知论的基本内涵。

背后涉及天时与地理等自然规律:"甚时种""甚时收"显然是由天时、地理等方面的自然规律所规定的。在这一层意义上,正是天时、地理等自然规律构成了"甚时种""甚时收"这一当然之则的所以然之故。这可以通过如下的论述得到进一步的理解:

> 盖天下之事,皆谓之物,而物之所在,莫不有理。且如草木禽兽,虽是至微至贱,亦皆有理。如所谓"仲夏斩阳木,仲冬斩阴木",自家知得这个道理,处之而各得其当便是。①

"仲夏斩阳木"与"仲冬斩阴木"显然属于实践活动中所应遵循的规范,即当然之则,但这种当然之则并不是随意制定的,也不是可以随意改变的,因为它根源于"阳木""阴木"等事物自身的自然属性。由于自然规律、自然属性是不以主体自身的意志为转移的,从而具有普遍必然性,因此,由其所规定的当然之则也就构成了主体在实践活动中所不得不遵循的实践准则②。在这一层意义上,不难理解,格物穷理中的"知其所当然"正是对实践规范的认知,与之相应,"知其所以然"则是对当然之为当然的认知,只有通过这一更深层次的认知,主体才能够明确实践过程何以必须如此展开,从而才会自觉地遵循相应的规范,并在理智上不再怀疑这类规范的正确性,正因如此,朱子才会说"知其所以然,故志不惑"。

如前所述,朱子所关注的实践事务更多地涉及家国天下等社会政治层面。就社会政治层面的事务而言,毋庸置疑,不仅同样存在着"所当然之则",而且这些当然之则背后也同样有其"所以然之故"。换言之,社会政治层面的事务也同样有其规律性,这种规律性作为普遍必然的法则,规定着主体在面临具体的实践活动时应该采取怎样的行动。这在如下的论述中可以体现出来:"盖自古君子小人,杂居并用,非此胜彼,即

---

① (宋)朱熹:《语类》卷15,《全书》第14册,第477页。
② 在这里也可以看到,朱子哲学中确实存在着类似于现代科学的成分,正因如此,有学者认为朱子哲学的"格物致知论"与现代自然科学具有很大的相通之处。参见乐爱国、高令印《朱子格物致知论研究》(岳麓书社2010年版)一书的相关分析。

第五章 格物致知：工夫进路的引导与实践盲目性的克服

彼胜此，无有两相疑而终不决者，此必然之理也。"① 这一论述很容易使人想到王安石在变法时所采用的"君子小人并用"的策略，但历史事实表明，这一策略也最终导致了王安石变法的失败。然而，这一历史事实并不是偶然的，因为其背后存在着君子小人"非此胜彼，即彼胜此"这一必然性的历史规律，这也就是朱子所说的"必然之理"。其实质内涵就在于，上述这种君子小人不能并用，虽然是一种政治实践中的规律性，也有其普遍必然性。因而也就规定着主体在处理相应的事务时要避免"君子小人并用"。因此"君子小人不可并用"作为一种当然之则，其背后是存在着具有普遍必然性的"所以然之故"的。正因如此，朱子才称之为"必然之理"②。关于"所以然"与"所当然"之间的关系还可以通过如下的论述加以印证：

> 曰："自天子以至于庶人，壹是皆以修身为本，其本乱而末治者否矣；其所厚者薄而所薄者厚，未之有也。"何也？曰：此结上文两节之意。以修身对天下国家而言，则身为本而天下国家为末。以家对国与天下而言，则其理亦未尝不一，然其厚薄之分亦不容无差等矣。故不能格物致知，以诚意正心修其身，则本必乱而末不可治。不亲其亲、不长其长，则所厚者薄而无以及人之亲长，此必然之理也。孟子所谓"于所厚者薄，无所不薄"，其言亦本于此云。③

上述引文中的"发问者"试图追问为什么"以修身为本"和"亲其亲为先"是人之所当然的。而在朱子的分析中可以看到，这里存在着本末先后的必然性规律，如果违背了这一规律，那么必然导致"本必乱而末不可治""所厚者薄而无以及人之亲长"的结果，因此，"以修身为本"和"亲其亲为先"是必须遵循的当然之则，因为它背后存在

---

① （宋）朱熹：《与留丞相书》，《文集》卷28，《全书》第21册，第1250页。
② "所以然"与"必然"之间的关系，从"自其一物之中，莫不有以见其所当然而不容已，与其所以然而不可易者"[（宋）朱熹：《大学或问》，《全书》第6册，第528页]这一表述中不难发现："所以然而不可易"中"不可易"正是以"必然"为基本内涵的。
③ （宋）朱熹：《大学或问》，《全书》第6册，第513页。

着"本乱而末治者否""所厚者薄而所薄者厚,未之有也"这类"必然之理"。

实际上,现代政治科学、社会科学等学科都表明,政治、社会的运作并不是杂乱无章的,而是有自身的规律性。这种规律性就社会政治层面的事务自身而言是一种必然性的规律,而对主体的实践而言,这种必然性规律也就进一步规定了主体的实践活动所不得不遵循的"当然之则"。当然之则之所以构成了主体的实践活动不得不遵循的规范①,因为它并不是任何权利主体可以随意地、偶然地制定的,而是由那种具有普遍必然性的规律所规定的。因此作为实践规范的"所当然之则"实际上是由作为必然规律的"所以然之故"规定的。因此"所以然"总是"所当然"之为当然的所以然,二者属于不同的层面,更为具体地说,"所以然"构成了"所当然"的根据,因此朱子说"所以然之故,即是更上面一层"②,又说"天下万物当然之则,便是理;所以然,是其源头处"③。由此可见,在朱子那里,"所以然"与"所当然"的关系,也并非如一些研究者所理解的,"所以然"涉及的是自然规律,而"所当然"涉及的则是社会规范。事实上,这种理解实际上是建立在由康德所开启,而后经由新康德学派,再到马克思·韦伯所进一步确立的自然界与自由界、事实界与价值界的两分这一哲学"前见"之下的。但这一理解不仅忽略了朱子说"所以然之故,与其所当然之则"这一表述中的"其"字:这一"其"字表明,这里的"所当然"实际上根源于"所以然",换言之,"所当然"是由"所以然"所规定的;更为重要的是,上述理解也忽略了一个基本的理论事实,即任何规范都不是偶然的、随意的,其背后总是有着必然性规律作为支撑,否则这种规范也不可能成其为规范,因为任何偶然的、随意的规范都不足以对主体的实践活动起到真正的规范意义——规范之为规范虽然不具有必然性,因此,主体具有违背它的自由与可能,但以必然性规律为基础的规范又具有不

---

① 这并不意味着对主体意志自由的消解,而是说,主体如果不遵循这种规律所规定的规范,则必然导致实践活动无法顺利展开,实践目标无法顺利达成。
② (宋)朱熹:《语类》卷17,《全书》第14册,第585页。
③ (宋)朱熹:《语类》卷117,《全书》第18册,第3698页。

第五章　格物致知：工夫进路的引导与实践盲目性的克服

可违背的性质，因为一旦违背它，主体的实践活动就必然遭受失败。在这一意义上也可以说，知其所以然为实践盲目性的克服提供了更具根本性的担保！

最后需要指出的是，在朱子看来，实践能力本身就是德性的重要组成部分，或者说，不具备实践能力的德性，其实并不是儒家理想人格所需要具备的德性，这在如下的对话中得以体现出来：

> 蔡行夫问"仁者不忧"一章。曰："知不惑，勇不惧，却易理会。'仁者不忧'，须思量仁者如何会不忧。"蔡云："莫只是无私否？"曰："固是无私。然所以不忧者，须看得透，方得。"杨至之云："是人欲净尽，自然乐否？"曰："此亦只是貌说。"洪庆问："先生说是如何？"曰："仁者心便是理，看有甚事来，便有道理应他，所以不忧。人所以忧者，只是卒然遇事，未有一个道理应他，便不免有忧。"①

一般而言，"仁者"之"仁"主要是指主体的德性，因此"仁者"通常被理解为德性主体，但对于朱子而言，这种德性主体并非是抽象意义上的品德高尚，真正意义上的"仁者"总是内在地具有经纶家国天下诸多事务的能力，仁者之所以"不忧"正是因为他具有这种能力，才能够恰当地处理其所面临的事务。不过，需要进一步指出的是，对朱子而言，如同德性是主体先天内在的潜能一样，实践能力也是主体内在的潜能，这在他对孔子所说的"君子不器"的注释中可以清楚地看到，在那里朱子指出"成德之士，体无不具，用无不周，非特为一才一艺而已"②。这里的"一才一艺"中的"才"的实质内涵即是前文所论的实践能力，而对朱子而言，既然主体是"体无不具"的，那么，作为实践能力的"才"也是主体先天能力。不过，正如主体先天的德性是被抑制的，需要通过后天的工夫才能够使其重新发挥其本有的功能一样；实践能力虽然

---

① （宋）朱熹：《语类》卷37，《全书》第15册，第1372页。
② （宋）朱熹：《论语集注》，《全书》第6册，第78页。

也是主体的先天能力，但它同样是以潜能的形式存在的，从而也需要通过后天的工夫才能够实现其功能。在这一层意义上，在朱子看来，格物致知，作为广义的工夫进路的一个重要层面，本身也构成了"复性"的重要方式。

第六章 修身以立政：修养工夫与政治立法

从前文的论述，不难发现，无论是以涵养、察识为主要内容的尊德性工夫还是以格物致知为主要内容的道问学工夫，都属于个体层面的修养工夫，借用儒家的固有术语来说，即属于内圣之学。众所周知，在儒家传统之中，内圣总是关联着外王。就朱子哲学而言，作为儒学的新形态，它是在新的历史条件下对先秦儒学的继承和发扬，因此先秦儒学的基本精神和内在品格都对朱子哲学具有根本性的影响，而其中的一个重要方面就是先秦儒学的"内圣外王"思想。"内圣"主要涉及前文所论的广义上的德性主体的成就，但对朱子而言，不以"外王"为指向的"内圣"，更进一步而言，不能实现"外王"的"内圣"都不是真正意义上的"内圣"。正如余英时先生指出："宋代理学家仍然自视为儒家（'吾儒'），他们所发展的'内圣'之学也仍然是为了'外王'的实现。"① 从这一层意义上不难发现，朱子的内圣之学实质上寄托着他的政治理想②。

第一节 历史评价与修养工夫的必要性

正如余英时所指出的，"'内圣外王'为一连续体而归宿于秩序重

---

① 余英时：《从政治生态看朱熹学与王阳明学之间的异同》，载余英时《宋明理学与政治文化》，第347页。

② 蒋庆曾指出："心性儒学标出的是儒家的道德理想，政治儒学标出的是儒家的政治理想。"不过，蒋庆这里所说的"心性儒学"指的是以牟宗三为代表的港台新儒家，但无论是牟宗三等港台新儒家，还是蒋庆等大陆新儒家实际上都将以朱子、阳明为代表的宋明理学理解为一种心性之学、内圣之学，从而所注重的是道德层面的理想，而在政治理想层面却相对欠缺。参见蒋庆《从心性儒学走向政治儒学》，《深圳大学学报》（人文社会科学版）1991年第8期。

建"①，构成了"儒家的整体规划"②，换言之，以外王的实现为政治理想之所在，又将这一政治理想的实现根植于内圣的基础之上，这是儒家的固有观念或思想传统的重要内容③。然而，对儒家而言，外王的政治理想的实现，其基本前提是有其位的同时要有其德。有其德无其位固然无法实现外王的理想抱负；但有其位而无其德，外王的实现也就失去了其内在的基础。正如朱子《戊申封事》中所言："臣之辄以陛下之心为天下之大本者，何也？天下之事千变万化，其端无穷而无一不本于人主之心者，此自然之理也。"④ 之所以说，君主的一人之心构成了千变万化的天下之事的"大本"，其根本原因在于，在君主制的历史背景下，君主掌握着"最大的权源"('ultimate power')⑤，构成了政治运作的最终的权力根据，从而对天下事务具有根本性的影响，正如朱子所言："天下事，须是人主晓得通透了，自要去做，方得。如一事八分是人主要做，只有一二分是为宰相了做，亦做不得。"⑥ 更重要的是，当君主构成了政治运作的最终的权力根据时，君主自身的意志、情感、欲望等心理因素也必然成为影响政治运作的最大的不稳定因素。正因如此，在《戊申封事》中，朱子进一步指出："故人主之心正，则天下之事无一不出于正；人主之心不正，则天下之事无一得由于正。盖不惟其赏之所劝、刑之所威，各随所向，势有不能已者，而其观感之间，风动神速，又有甚焉。"⑦ "赏之所劝""刑之所威"属于具体的政治操作，但这些具体的政治操作都受到

---

① 参见余英时《试说儒家的整体规划》，载余英时《朱熹的历史世界》附录三，生活·读书·新知三联书店2011年版，第912页。

② 同上书，第911页。

③ 值得注意的是，正如余英时所指出的："在宋代一般士大夫的心目中，儒学作为一完整的思想系统是具有全面安排人间秩序的潜力的，这是'内圣外王'的构想在当时具有普遍号召力的基础所在。"（余英时：《试说儒家的整体规划》，《朱熹的历史世界》附录三，第911页）换言之，上述所言的"儒家的整体规划"并不仅仅是儒家的思想传统，在朱子本人所生活的宋代，它也是为众多学者所分享的鲜活的理想信念，包括朱子本人在内。

④ （宋）朱熹：《戊申封事》，《文集》卷11，《全书》第20册，第590页。

⑤ 余英时：《朱熹的历史世界》，第178页。如前文所论，在朱子看来，理的基本内涵之一是事物的必然性，当朱子说君主之心构成了天下之大本是"自然之理"时，正是对君主是天下"最大的权源"这一基本事实在理论层面上加以确认。

⑥ （宋）朱熹：《语类》卷108，《全书》第17册，第3512页。

⑦ （宋）朱熹：《戊申封事》，《文集》卷11，《全书》第20册，第590—591页。

"人主之心"的影响,换言之,君主自身的情感、意志、欲望构成了左右具体政治的根本性因素。更进一步而言,按照朱子的理解,君主之心本身是否"正"则是其中最为关键的方面。这里的"正"以公正为基本内涵。正如张汝伦先生所言:"政治是事关天下的公共事业,它的基本原则就是公。统治者任何私利的考虑都是违背政治的这个根本原则的,都不能产生好的政治。"① 当代政治哲学表明,任何具体的政治操作都必须以公正为最终标准构成了政治的根本原则,尤其在君主制的背景下,由于君主对于政治运作具有根本的支配地位,其自身是否能够做到公正对整个政治运作的公正与否就具有根本性的影响。而在朱子看来,(一方面)"天下者,天下之天下,非一人之私有"②,"圣人不以天下为一家之私作主意"③ 等相关的表述都清楚地表明朱子对这一点有清醒的认知。另一方面,在君主为最大权源的君主制度下,君主如果以天下为一家之私,则会走向独断专行;更有甚者,则会将政治活动作为满足一己之欲望的工具。只有君主能秉持大公至正之心,不是把天下作为满足自身欲望与利益的工具,公正这一根本的政治原则才能够得到保证,因此,他强调"必人主之心术公平正大,无偏党反侧之私,然后纲纪有所系而立"④。

在上述意义上,不难发现,君主能否做到"心术公平正大,无偏党反侧之私"构成了外王的政治理想能否实现的根本所在。但问题的关键在于,就事实层面而言,君主能否做到这一点呢?在朱子看来,对这一问题的回答显然是否定的。这一点非常清楚地体现在他与陈亮之间的"王霸之辩"⑤ 中。众所周知,"王霸之辩"的核心问题之一是如何评价三代与汉唐的君主的问题。正如陈亮所概括的,以朱子为代表的理学传统对三代与汉唐之间所作出的评价是,"三代以道治天下,汉唐以智力把

---

① 张汝伦:《朱陈之辩再思考》,《复旦学报》(社会科学版)2012年第3期。
② (宋)朱熹:《孟子集注》,《全书》第6册,第374页。
③ (宋)朱熹:《答孙季和》,《文集》卷54,《全书》第23册,第2537页。
④ (宋)朱熹:《庚子应诏封事》,《文集》卷11,《全书》第20册,第586页。
⑤ 关于"王霸"之辩的问题,本书并不打算进行全面的分析,而就与本章主题相关的问题加以阐发。关于这一问题的相关分析参考田浩的《功利主义儒家——陈亮对朱熹的挑战》(江苏人民出版社1997年版)、董平与刘宏章的《陈亮评传》(南京大学出版社1996年版)等著作,尤其是前文所引的张汝伦《朱陈之辩再思考》一文值得特别关注。

持天下","三代专以天理行,汉唐专以人欲行",从而三代所行是王道,而汉唐则是霸道①。但陈亮认为:"诸儒之论,为曹孟德以下主人设可也,以断汉唐,岂不冤哉。"② 出于对理学家的不满,陈亮试图给予汉唐之君以新的评价:"汉唐之君本领非不洪大开阔,故能以其国与天地并立,而人物赖以生息。"③ 不过陈亮之所以不满意朱子等理学家对汉唐的评价,是因为评价要建立在一定的理论基础之上,这就是他对"道"的理解。在他看来,如果"三代专以天理行,汉唐专以人欲行"这一判断是成立的,将会产生一个巨大的理论后果:"信斯言也,千五百年之间,天地亦是驾漏过时,而人心亦是牵补度日,万物何以阜蕃,而道何以常存乎?"④在陈亮看来,道是万古常存的,它是天地、万物,包括人类社会的最终存在根据。如果说"三代专以天理行,汉唐专以人欲行"意味着三代之后是一个无"道"的历史,而这一结论从逻辑上可以非常简单地推导出如下结论:道是时有时无的,其存在不具有普遍必然性。但如果道是时有时无的,就不是道了。因为道之为道的基本特点就是万古常存。由此可见,正如张汝伦所指出的,"这已经不是个别历史人物的评价问题,而是一个历史形上学和道论的问题"⑤。实际上,陈亮本人也非常清楚地指出,他之所以要对汉唐作出新的评价,"非专为汉唐分梳也,正欲明天地常运而人为常不息"⑥,是因为在他看来,既然汉唐之君能够"以其国与天地并立,而人物赖以生息",这就表明汉唐时代,道仍然是存在的,而汉唐之君也是有道之君,其行为也是合于天理之正的,而非仅仅是出于人欲之私的。

涉及道论这一根本的理论问题,朱子自然非常重视。针对陈亮对道

---

① 见(宋)陈亮《甲辰答朱元晦秘书》,《陈亮集》(载邓广铭《邓广铭全集》第5卷,河北教育出版社2008年版,第269页。以下所引《陈亮集》均出自这一版本)。陈亮将这一判断归之于"伊洛诸公"以及"近世诸儒",实际上是从程颢《论王霸札子》之后,所形成的理学传统对三代与汉唐的一贯判断。程颢的相关理解参见程颢的《论王霸札子》,《河南程氏文集》卷1,《二程集》上册,第450—451页。
② (宋)陈亮:《甲辰答朱元晦秘书》,《陈亮集》,第269页。
③ 同上。
④ 同上。
⑤ 张汝伦:《朱陈之辩再思考》,《复旦学报》(社会科学版)2012年第3期。
⑥ (宋)陈亮:《乙巳答朱元晦秘书之二》,《陈亮集》,第275页。

第六章　修身以立政：修养工夫与政治立法

的理解，朱子作了如下回应：

> 若以其能建立国家、传世久远，便谓其得天理之正，此正是以成败论英雄，但取其获禽之多而不羞其诡遇之不出于正也。千五百年之间，正坐如此，所以只是架漏牵补，过了时日。其间虽或不无小康，而尧、舜、三王、周公、孔子所传之道，未尝一日得行于天地之间也。若论道之常存，却又初非人所能预。只是此个自是亘古亘今常在不灭之物，虽千五百年被人作坏，终殄灭他不得耳！汉、唐所谓贤君，何尝有一分气力扶助得他耶？①

朱子明确反对以成败论英雄，因此，他并不认可以建功立业作为评价汉唐之君"得天理之正"的标准。实际上，朱子对汉唐、三代的不同评价也同样是建立在他对"道"这一基本理论问题的理解之上的。在他看来，"道之常存，却又初非人所能预"，汉唐之君虽然有陈亮所说的"以其国与天地并立，而人物赖以生息"的功业，但人类社会的功业、行为对道的存亡与道自身的存亡之间并不能形成影响。换言之，朱子可以同意"天地常运"，但对朱子而言，天运常在并不意味着现实的历史就是天道的落实与体现。当然，朱子的这一回应并没有说服陈亮。陈亮进一步指出，朱子的这一理解则意味着"道之存亡非人之所能与"②"道非赖人以存"③。不过陈亮的这一看法，与朱子对道的一贯理解有巨大的差异，朱子显然不能同意。对此，他作了进一步回应：

> 夫三才之所以为三才者，固未尝有二道也。然天地无心而人有欲，是以天地之运行无穷，而在人者有时而不相似。盖义理之心顷刻不存则人道息，人道息则天地之用虽未尝已，而其在我者则固即此而不行矣。不可但见其穹然者常运乎上，颓然者常在乎下，便以

---

① （宋）朱熹：《答陈同甫六》，《文集》卷36，《全书》第21册，第1583页。
② （宋）陈亮：《乙巳答朱元晦秘书之一》，《陈亮集》，第273页。
③ 同上书，第274页。

> 为人道无时不立而天地赖之以存之验也。夫谓道之存亡在人而不可舍人以为道者，正以道未尝亡而人之所以体之者有至有不至耳，非谓苟有是身则道自存，必无是身然后道乃亡也。①

朱子在这里区分了两种意义上的道，即天道与人道。就天道而言，它如同陈亮所说，"天地常运"，天道常存。就人道而言，虽然在存在论的意义上，天道与人道并无实质的区别（固未尝有二道），但对主体而言，必须对人道的存在论意义上的存在与人道的功能论意义的存在做出区分。就人道的存在论意义上的存在而言，只要有主体存在，人道就必然存在。但就其功能论意义上的存在而言，由于现实的主体都是充满情欲利害的，因此其内在的人道（人性）必然是受到抑制的，而人道一旦受到抑制，其功能就无法实现，从而从功能的角度说也就如同不存在。不难发现，朱子这里所论的，与其自身的一贯理论主张是一致的。正如本书第一章所论，朱子言道是从理气论上说的，气是天地间最本源的存在，而这种气内在地具有生机、生理，这种生机、生理在朱子那里正是天道的具体内涵。天地间的具体存在物（包括人在内）都有生灭变化，但从气的角度说，这种生灭变化不过是气的不同存在状态。气虽然有不同的存在状态，但气本身没有生灭，而是万古常存的。因此，作为气中内在生理的道也自然是万古常存的。而就人这种特殊的存在而言，道固然以人性的形式内在于人之中（即性与天道的贯通），但这只是道的一种存在形态，就道本身而言，它的存在与否，与人的作为并不相关。更为具体地说，在存在论的意义上，道具有自在的性质，它并不依赖于人的行为以及人所创造的历史、文化、思想等而存在。但另一方面，就内在于主体的道（人性、人道）而言，虽然它是"非人之所能与"的；然而，正如本书第三章所言，在主体那里，人性（人道）就其功能而言是受到气禀、人欲抑制的。由于人性在主体自身那里受到抑制，因此，就其功能性而言，也可以说，天道在主体那里不再具有现实性，也可以说是不存在。朱子强调"非谓苟有是身则道自存，必无是身然后道乃亡也"，其

---

① （宋）朱熹：《答陈同甫第八书》，《文集》卷36，《全书》第21册，第1587页。

实就道的功能性而言，它会因主体自身的因素而不存在，换言之，在主体自身那里，并不意味着"有是身则道自存"；另一方面，就其实在性而言，道具有自在的性质，并不因主体自身的存在与否而受到影响，因此，也不意味着"无是身然后道乃亡"。

不过，需要特别注意的是，正如本书第三章所论，气禀与人欲虽然同是抑制人性功能的因素，但相对于气禀这种先天因素而言，由于人欲是抑制人性功能的人为因素，它是主体自身对天理良知的有意反动，因此，朱子等理学家认定"三代专以天理行，汉唐专以人欲行"，无非是说，汉唐之君虽然在历史上建功立业，取得很大的成就，但他们的功业、行为本身都是出于人欲之私的。正因如此，朱子要求陈亮对汉唐之君建功立业背后的实际用心加以考察：

> 老兄视汉高帝、唐太宗之所为，而察其心果出于义耶，出于利耶？出于邪耶，正耶？若高帝，则私意分数犹未甚炽，然已不可谓之无。太宗之心，则吾恐其无一念之不出于人欲也。直以其能假仁借义以行其私，而当时与之争者才能知术既出其下，又不知有仁义可借，是以彼善于此而得以成其功耳。①

众所周知，孟子在谈到王霸之辩时，曾经说"五霸假之"②，霸道与王道的根本区别不在于是否能够建立功业，实际上霸之为霸首先在于其已经在历史上建功立业，否者则连霸者都算不上了。但霸者与王者的根本区别在于，王者是自觉地出于仁民爱物、救民于水火，而霸者是"假仁借义以行其私"，以满足一己的欲望、利益等。在朱子看来，汉高祖、唐太宗等君主虽然能够建功立业，但这一功业是出于自身的私欲、私利。而他们之所以能够有所成就，在于他们尚且懂得"假仁借义以行其私"，而其竞争对手却由于自己的智谋不足，连假借仁义也不会。

然而，朱子的上述论断的核心着眼点是王者与霸者在建功立业背后

---

① （宋）朱熹：《答陈同甫第八书》，《文集》卷36，《全书》第21册，第1583页。
② 转引自（宋）朱熹《四书章句集注》，《全书》第6册，第436页。

用心如何的问题，实际上也就是行为背后的动机问题。但问题的关键是，动机属于主体的心理层面，即便是主体当下的行为，旁观者也难以真正了解其内心的动机，何况无论是汉高祖、唐太宗还是三代的圣王们，都已经成为历史，后人如何能够知晓他们的动机呢？事实上，朱子之所以做出这样的判断也是建立在一定的理论基础之上的①。

正如前文所论，一方面朱子从气化的角度来理解万物的生成，从本源上说，天地间的所有存在者都是气化的产物，而天地间的每一个存在物都内在地禀有气化过程中所带来的仁义礼智信之性作为自己的本性。另一方面，主体内在的本性就其现实功能而言，又是受到气禀、人欲的抑制的。从本然的状况来说，主体内在地具有仁义礼智信之性，自然能够做到父子有亲、君臣有义等，但就其现实状况而言，由于气禀、人欲（物欲）对主体的内在本性的抑制，导致现实生活中父不父、子不子、君不君、臣不臣的现象比比皆是。朱子的上述观念虽然是在一个普遍理论的层面阐发的，但实际上又有其特别的针对性。这从如下论述中可以得到理解：

> 天道流行，发育万物，而人物之生，莫不得其所以生者，以为一身之主。但其所以为此身者，则又不能无所资乎阴阳五行之气。而气之为物，有偏有正，有通有塞，有清有浊，有纯有驳。以生之类言之，则得其正且通者为人，得其偏塞者为物。以人之类言之，则得其清且纯者为圣、为贤，得其浊且驳者为愚、为不肖。其得乎气之偏且塞而为物者，固无以全其得以生之全体矣，惟得其正且通

---

① 将某种理论作为进行历史判断的理论前提，不可避免地会给人以先验论的印象。实际上张汝伦先生业已指出，朱子"对三代以后历史的判断是一个先验的价值判断，而不是后天的事实判断"。张先生指出朱子的这一先验的价值判断，是以其人心、道心二元学说为基础的。他也进一步对此作了充分的分析。本书总体上接受张先生的这一结论，不过，本书是基于对朱子哲学体系的总体性考察而得出上述结论的，具体的论证过程与张先生有较大的不同。另外之所以说，本书只是总体上接受张先生的这一结论，是因为在本书看来，朱子并没将三代理想化，他对三代之所以做出与汉唐完全不同的评价，是基于工夫论，而不是张先生所说的，对"道"的不同理解上的。因为实际上，朱子对尧舜、三代和汉唐三个不同历史阶段有着不同的评价。张先生的相关分析，参见张汝伦《朱陈之辩再思考》。

第六章 修身以立政：修养工夫与政治立法

而为人，则其所以生之全体无不备于我，而其方寸之间，虚灵洞彻，万理灿然，有以应乎事物之变而不昧，是所谓明德也。人之所以为人而异于禽兽者以此，而其所以为尧舜而参天地、赞化育者亦不外此也。然又以其所得之气有清浊纯驳之不齐也，是以极清且纯者，气与理一，而自无物语之蔽，自其次而下，则皆已不能无气禀之拘矣。又以拘于气禀之心，接于事物无穷之变，则其目之欲色，耳之欲声，口之欲味、鼻之欲臭、四肢之欲安佚，所以害乎其德者，又岂可胜言也哉！二者相因，反复深固，是以此德之明日益昏昧，而此心之灵，其所知者不过情欲利害之私而已。是则虽有人之形，而其实何以远于禽兽？虽曰可以为尧舜而参乎天地，然亦不能有以自知矣。①

这段话的主体内容，与前文所论的气化万物、主体先天地就具有气中仁义礼智信之性（明德），以及气禀、人欲（物欲）对主体内在本性的抑制等内容是一致的，仍然属于一种普遍理论层面的阐发。但需要注意的是，这段文字出自《经筵讲义》这一文本，换言之，这是朱子给君主上课用的教材。这一教材虽然从表面上看，讨论的是一些普遍的理论问题，但由于其立言对象的特殊性，就需要从特殊的角度加以理解。首先，正如本书第一章所论，朱子从气化角度来阐发万物的本源性生成，包含着对具有权能、意志的神学目的论色彩的天的转化。既然没有神学目的论意义上的天的存在，那么在现实中也就不存在君权神授、真龙天子②。正如有学者指出，相对于汉代儒家的天人感应学说，宋代理学中君主神圣化的色彩显得较为淡薄③。这一点在朱子那里表现得尤为明显，而其中的关键就在于对朱子而言，并不存在神学目的论意义上的天。而当朱子

---

① （宋）朱熹：《经筵讲义》，《文集》卷15，《全书》第20册，第693—694页。
② 汪希也指出在朱子那里不存在"真龙天子"这一问题，不过他是从气禀的角度说的。在本书看来，这里还需要注意在朱子那里并没有神学目的论意义上的天，从而也就不会承认"真龙天子"的存在。参见汪希《朱熹具有反君主专制意义言行初考》，《湖南师范大学学报》2002年第3期。
③ 参见汪希《朱熹具有反君主专制意义言行初考》。

在给君主上课之时讲授这一内容，实际上也就是在告诉他，虽然你贵为君主，但并不具有任何神圣性可言。其次，朱子在上述引文中一再提到尧舜这一圣人形象。虽然朱子认为没有君权神授、真龙天子，但从气化的角度，朱子仍然没有否定尧舜等人生来就是圣人。不过，需要注意的是，即便尧舜等人生来就是圣人，但绝不意味着后世的君主也可能生来就是圣人。这从以下的对话中可以得到进一步的说明：

> 问："一阴一阳，宜若停匀，则贤不肖宜均。何故君子常少，而小人常多？"曰："自是他那物事驳杂，如何得齐！且以扑钱譬之：纯者常少，不纯者常多，自是他那气驳杂，或前或后，所以不能得他恰好，如何得均平！且以一日言之：或阴或晴，或风或雨，或寒或热，或清爽，或鹘突，一日之间自有许多变，便可见矣。"又问："虽是驳杂，然毕竟不过只是一阴一阳二气而已，如何会恁地不齐？"曰："便是不如此。若只是两个单底阴阳，则无不齐。缘是他那物事错揉万变，所以不能得他恰好。"又问："如此，则天地生圣贤，又只是偶然，不是有意矣。"曰："天地那里说我特地要生个圣贤出来！也只是气数到那里，恰相凑著，所以生出圣贤。及至生出，则若天之有意焉耳。"①

天不曾有意生出个圣贤，因为实际上并不存在这种具有权能、意志的天，而圣贤的出现不过是"气数到那里，恰相凑著"，因此完全是"偶然"的。而更为关键的问题是，这种偶然性也只存在于上古时期：

> 上古天地之气，其极清者，生为圣人，君临天下，安享富贵，又皆享上寿。及至后世，多反其常。衰周生一孔子，终身不遇，寿止七十有馀。其禀得清明者，多夭折；暴横者，多得志。②

---

① （宋）朱熹：《语类》卷4，《全书》第14册，第211页。
② 同上书，第210页。

第六章 修身以立政：修养工夫与政治立法

"上古天地之气，其极清者"才会出现尧舜这样的圣人，这种圣人不仅是有德者，同时也是有位者，可以"君临天下"。而孔子虽然与尧舜同为圣人，同有其德，但"终身不遇"，连得君行道的机会都没有，更不要说"君临天下"。朱子一再指出"后世气运渐乖"①。因此，上古时期还具有偶然出现尧舜这样的圣人，更为确切地说，是圣王的可能性。但在后世，这种可能性已经不再具有。既然尧舜之后再无出现有德有位的圣王的可能，那么，后世的君主即使有其位，也一定不会生来有其德。因此，虽然从理论上说，每一位君主都"可以为尧舜而参乎天地"，但实际情况是，尧舜之后的君主与每一个平凡的人一样，其内在的本性都是受到气禀、物欲（人欲）的抑制的，他们往往"所知者不过情欲利害之私而已"。不难看到，在《经筵讲义》这一本向君主讲课的教材中，一方面，朱子通过理论层面上的阐发明确地对君主的神圣性加以祛魅②；另一方面，也在理论层面上表明，尧舜之后的君主们都是汩没于自己的"情欲利害之私"之中，而不可能做到大公无私。既然从理论上看，除了尧舜，后世的君主，就其现实性而言，没有任何神圣性可言，与普通人并没有实质的区别，那么理学传统中对汉唐之君的评价便是可以成立的。事实上，朱子之所以坚决赞同理学传统中对汉唐之君的评价，正是基于他的这一理论前提的。正因如此，朱子强调："'天理''人欲'二字，不必求之于古今王伯之迹，但反之于吾心义利邪正之间。"③ 他之所以要求陈亮在考察汉祖、唐宗"察其心果出于义耶，出于利耶？出于邪耶，正耶？"之前，要先行"反之于吾心义利邪正之间"，其根本原因在于，对朱子而言，后世的君主，既然与普通人一样，并无任何神圣性可言，那么他们也必然是与普通人一样内心充满了情欲利害之私。

不过，由于陈亮仍然坚持认为，"天地常运而人为常不息"，"天地之

---

① （宋）朱熹：《语类》卷4，《全书》第14册，第212页。
② 汪希也曾经指出，朱子"摘下了历来加诸君主头上的种种神圣光环"，"避免了对君主个人的神化与圣化"（参见汪希《朱熹具有反君主专制意义言行初考》）。不过，他的分析过程与本书有较大的差异。
③ （宋）朱熹：《答陈同甫六》，《文集》卷36，《全书》第21册，第1583页。

间,何物非道?赫日当空,处处光明"。① 因此,在他看来,汉唐的历史虽然不能如三代那样,但也并非如朱子等人所理解的那样,完全是一个无道的世界。实际上,按照陈亮对道的理解,既然"天地常运",那么一切历史过程中都必然有道的展现,而不可能是一个完全无道的世界。历史上的那些英雄豪杰之所以能够建功立业,正是因为道假手于他们而展现自身,而他们所建立的功业本身也可以看作道的现实化,这一点在如下的论述中可以得到明确的体现:

> 某大概以为三代做得尽者也,汉唐做得不到尽者也。故曰:"心之用,有不尽而无常泯;法之文,有不备而无常废。"惟其做得尽,故当其盛时,三光全而寒暑平,无一物之不得其生,无一人之不遂其性。惟其做不到尽,故虽其盛时,三光明矣,而不保其常全;寒暑运矣,而不保其常平。物得其生,而亦有时而夭阏者;人遂其性,而亦有时而乖戾者。本末感应,只是一理。使其田地根本,无有是处。安得有来谕之所谓小康者乎?②

在陈亮看来,人心是道展现于这个世界的一个中介,通过人心对人的行为的影响,道得以以更为具体的形式展现在世界之中,而汉祖、唐宗既然能够建功立业,达到所谓的"小康",这本身就表明,道在他们那里没有完全泯灭。更进一步而言,陈亮认为所有的历史主体的行为都是一个天理、人欲交杂并行的过程③。这从他对朱子的如下批评中可以看出:

> 秘书以为三代以前都无利欲,都无要富贵底人,今《诗》、《书》

---

① (宋)陈亮:《乙巳秋答朱元晦秘书》,《陈亮集》,第279页。
② (宋)陈亮:《乙巳春答朱元晦秘书二》,《陈亮集》,第276页。
③ 虽然陈亮在另外的地方也给予尧舜以特殊的位置:"夫子之道即尧舜之道,尧舜之道即天地之道。天地以健顺育万物,故生生化化而不穷;尧舜以孝悌导万民,故日用饮食而不知;夫子以天地、尧舜之道诏天下,故天下以仁义孝悌为常行。"[见(宋)陈亮《汉论》,《陈亮集》,第168页]但在这里他实际上却又以非明言的方式否认会有尧舜这样的"专以天理行"的人存在。

载得如此净洁，只此是正大本子。亮则以为才有人心便有许多不净洁，革道止于革面，亦有不尽概圣人之心者。圣贤建立于前，后嗣承庇于后，又经孔子一洗，故得如此净洁。①

按照陈亮的理解，"才有人心便有许多不净洁"，人总是在追求利欲与富贵。因此，历史人物的行为都不可能完全是"专以天理行"。而这一观点的后面隐含着他的更为真实的想法：汉祖、唐宗也并非都是"专以人欲行"。正是在这一背景下，他曾经试图从具体的历史事实层面来对汉祖、唐宗加以新的评价，他说：

> 君子不必于得禽也，而非恶于得禽也。范我驰驱，而能发必命中者，君子之射也。岂有持弓矢审固，而甘心于空返者乎？御者以正，而射者以手亲眼便为能，则两不相值，而终日不获一矣。射者以手亲眼便为能，而御者委曲驰骤以从之，则一朝而获十矣。非正御之不获一，射者之不正也。以正御逢正射，则不失其驰而舍矢如破，何往而不中哉？孟子之论不明久矣，往往反用为迂阔不切事情者之地。亮非喜汉唐获禽之多也，正欲论当时御者之有罪耳。高祖、太宗，本君子之射也。惟御之者不纯乎正，故其射一出一入。而终归于禁暴戢乱，爱人利物而不可掩者，其本领宏大开廓故也。故亮尝有言：三章之约，非萧曹之所能教，而定天下之乱，又岂刘文靖之所能发哉？此儒者之所谓见赤子入井之心也。②

在他看来，汉祖、唐宗在历史上之所以能够建功立业，乃是出于"禁暴戢乱、爱人利物"，这完全是出于天理之正，而不是人欲之私。因此，他把高祖、太宗看作"君主之射"，而把在具体的历史过程中所发生的不合理之事看作其他具体执行的大臣的错误。他的这一做法，实际上是在坚持他的天理人欲交杂并行的理论前提下，试图让汉祖、唐宗的行

---

① （宋）陈亮：《乙巳秋答朱元晦秘书》，《陈亮集》，第279页。
② （宋）陈亮：《乙巳春答朱元晦秘书一》，《陈亮集》，第274页。

为中所包含的人欲的成分"如浮翳尽洗而去"①。但陈亮的这一重新建构历史的过程的做法,并不能说服朱子,他反驳道:"'约法三章'固善矣,而卒不能除三族之令,一时功臣,无不夷灭;除乱之志固善矣,而不免窃取宫人私侍其父,其它乱伦逆理之事往往皆身犯之。"② 在这里,朱子以更为具体的史实指出,并不能将高祖、太宗看作"君主之射",因为诸多"乱伦逆理之事"都是他们亲身所为。朱子也曾经在别处指出:"三代而下,必义为之,只有一个诸葛孔明……汉高祖见始皇出,谓:'丈夫当如此耳!'项羽谓:'彼可取而代也!'其利心一也。"③ 这里朱子再次以具体的史实表明汉祖、唐宗虽然在历史上能够建立国家、传之久远,但其所行、所为却恰恰出于"情欲之私"的。正如张汝伦指出的,朱子眼中的汉唐之君,"恐怕比陈亮笔下'君子之射'的刘邦、李世民,更接近历史的真实"④。

由此可见,陈亮试图对汉祖、唐宗做出新的评价并不成功。而之所以会有这样的结果,是因为陈亮的历史观本身所存在的问题。首先,陈亮的历史观表现为一种现成化的历史观,他将历史过程看作道的外化,只要"天地常运",则"人为"就"自然不息"。在这样一种历史观中,历史过程的真正主体,即人自身的活动、行为及其所产生的影响无法得到实质性的安顿,天道假手历史人物以实现自身的运行,但历史主体自身却没有能动性⑤,从而历史按照天道自身的规律在发展,一切历史过程都不过是一个自然的、现成的过程。另一方面,陈亮的历史观还表现出一种对历史人物的同质化理解。实际上,历史过程之所以不是现成的,在于历史过程中的主体具有能动性。而当陈亮将历史过程理解为一个现成的、道的外化的过程时,他就消解了主体的能动性,也就消解了主体

---

① (宋)陈亮:《乙巳秋答朱元晦秘书》,《陈亮集》,第279页。
② (宋)朱熹:《答陈同甫八》,《文集》卷36,《全书》第21册,第1589页。
③ 见(宋)朱熹《语类》卷136,《全书》第18册,第4223页。
④ 张汝伦也进一步指出陈亮的历史观是"一种理想化的历史观",表现为"把历史经验理想化"。参见张汝伦《朱陈之辩再思考》。
⑤ 这一点与黑格尔的历史观非常相似。当黑格尔将整个历史过程理解为一个绝对精神的自我展开的过程,将每一个历史阶段理解为绝对精神自我展开的环节时,绝对精神就被理解为真正的历史主体。而在这一理解中,人这一历史的真实的主体则是完全被动的、无能为力的。

第六章 修身以立政：修养工夫与政治立法

的差异性。那么历史上所有的人物之间都不会有实质的区别。实际上他之所以不能同意理学家所作出的"三代专以天理行，汉唐专以人欲行"的历史判断，是因为在他看来，既然历史过程都是天理人欲交杂并行的，三代和汉唐之间何以会有如此巨大的差异呢！而他之所以不能理解这种差异，是因为他将历史现成化的同时，也将历史人物均质化，从而正视与确认他们之间的差异性①。

需要进一步指出的是，陈亮将历史过程看成是天理人欲交杂并行的过程，并基于此而对历史过程与历史人物做出现成化的理解，是建立在他所主张的"夫心之用有不尽而无常泯，法之文有不备而无常废"② 这一理论前提之上的。这一理论认为，人心作为道展现于世界的中介，虽然不一定完全合于道，但也不总是处于泯灭之中的。他以此试图表明汉唐之君虽然不能够做到"专以天理行"，但却也不是"专以人欲行"。朱子虽然对他的这一说法表示了部分的同意，但还是对其进行了激烈的批判，他说：

> 来书"心无常泯，法无常废"一段，乃一书之关键。鄙意所同，未有多于此段者也。而其所异，亦未有甚于此段者也。盖有是人则有是心，有是心则有是法，固无常泯常废之理。但谓之无常泯，即是有时而泯矣；谓之无常废，即是有时而废矣。盖天理、人欲之并行，其或断或续，固宜如此。若论其本然之妙，则惟有天理而无人欲，是以圣人之教必欲其尽去人欲而复全天理也。若心，则欲其常不泯而不恃其不常泯也，法则欲其常不废而不恃其不常废也。③

"盖有是人则有是心，有是心则有是法，固无常泯常废之理"，这是朱子对陈亮观点的同意之处。但朱子提醒陈亮注意一个问题，即：既然"谓之无常泯，即是有时而泯矣；谓之无常废，即是有时而废矣"。概言

---

① 陈亮曾经自诩自己对历史的理解是"直上直下，只有一个头颅"，这正可以被看作对历史的同质化理解的表现。见（宋）陈亮《甲辰秋答朱元晦秘书》，《陈亮集》，第270页。
② （宋）陈亮：《乙巳春答朱元晦秘书一》，《陈亮集》，第273页。
③ （宋）朱熹：《答陈同甫第八书》，《文集》卷36，《全书》第21册，第1586页。

之,"无常泯""无常废"内在地、逻辑地包含着"有时而泯""有时而废",也就意味着主体的行为是天理人欲交杂并行的。实际上,这一点与前文所论的朱子的相关理论是一致的:除了尧舜这类天生的圣王之外,后世的君主其内在的天理(仁义礼智之性)生来就是受到气禀的抑制,固然不能完全发用,因此,必然表现为"有时而泯""有时而废"。因此,朱子说"盖天理人欲之并行,其或断或续,固宜如此至"——就主体的现实状况而言,这是非常正常的状况。对朱子而言,这种现实状况虽然是一种非常正常的状况,但在这种状况下,无论主体的行为出于天理还是出于人欲变动不居的状况,都无法保证主体的行为完全出于天理之正。对于作为政治主体的君主而言,如果仅仅依赖这种"或断或续"的现成状况,则无法保证其行为完全出于爱人利物之心而不是情欲利害之私,因此这种状况是不可依靠的,它无法为政治的正当性提供有效的担保。

而朱子之所以坚持理学传统中"三代专以天理行,汉唐专以人欲行"这一历史判断,一方面,因为他深切地认识到历史过程不是一个现成化的过程,历史的真正主体不是道本身,而是具有能动性的人。这在前文所引的"天地无心而有人欲"这一观点中已经可以看到。从哲学的角度说,作为主体的人,总是具有自由意志,从而能够在历史过程中有所作为,而不仅仅是天道假手历史进行运作的工具。正是在这一层意义上,朱子指出,"盖道未尝息而人自息之,所谓'非道亡也,幽厉不由也'"[①],幽厉之所以不由,在于作为具有自由意志的主体,他们既可以选择从道而行,也可以违背道而自行其是。另一方面,主体的自由意志又与情感、欲望等一起以不同的形式发生作用,使主体自身表现出众多的差异性,而非如陈亮所理解的,是一种同质化的存在。实际上,从前文的分析可以看到,"三代专以天理行,汉唐专以人欲行"这一历史判断,并非对汉唐与三代两个历史阶段的抽象概括,而正是对尧、舜、禹等三代圣王与汉高祖、唐太宗等汉唐君主这些具体的历史人物、历史主体自身的评价,因此,对朱子等理学家而言,三代与汉唐的差异,实质上是不同的历史主体之间的差异。孟子曾经做出过类似的判断:"尧、

[①] (宋)朱熹:《答陈同甫第八书》,《文集》卷36,《全书》第21册,第1588页。

舜，性之也；汤、武，身之也；五霸，假之也。"① 这里的尧、舜、汤、武、五霸都是历史的主体，是历史上具体的人物，对孟子而言，由于这些主体自身存在着"性之""身之""假之"的差异性，故而孟子才会相应地对他们做出不同的判断。事实上，朱子等人判定"汉唐专以人欲行"的依据在于汉祖、唐宗的行为"合于义理者常少，而其不合者常多；合于义理者常小，而其不合者常大"②，"虽或不能无暗合之时，而其全体却只在利欲上"③。而如前所论，对朱子而言，虽然尧舜之后，再无出现那种"性之"的圣王的可能性，相对于尧舜而言，汤、武生来的现成性与汉祖、唐宗并不会有根本的差异，但问题的关键在于，汤、武有"反之之工夫"④，能够"修身体道，以复其性"⑤；而汉祖、唐祖却如同五霸一样"假借仁义之名，以求济其贪欲之私"⑥。由此可见，三代与汉唐之间的真正区别在于汤、武与汉祖、唐宗自身是否具有"工夫"，正是通过工夫，汤、武超越了其自身的现成性，即能够通过自身的"修身"工夫而实现"体道"；而汉祖、唐宗由于缺乏工夫，因此还停留于自身的现成性之中，为自身的情欲利害所左右。正如前文所引，朱子强调"若心，则欲其常不泯而不恃其不常泯也，法则欲其常不废而不恃其不常废也"，他试图指出，对于尧舜之后的君主而言，由于其内在的本性（天理）生来只是处于潜能的状态，而要想超越这种现成状况，使其得以重新发用，就必须依靠后天的工夫，只有通过主体自觉地做工夫，才能够做到"尽去人欲而复全天理"。

第二节　现实批判与修养工夫的政治立法

通过以上的论述，不难发现，在朱子看来，是否具有修养工夫，是

---

① 引自（宋）朱熹《孟子集注》，《朱子全书》第6册，第436页。
② （宋）朱熹：《答陈同甫第八书》，《文集》卷36，《全书》第21册，第1589页。
③ 同上。
④ 同上书，第1588页。
⑤ （宋）朱熹：《孟子集注》，《朱子全书》第6册，第436页。
⑥ 同上。

三代与汉唐之间差异的根本所在。事实上，一旦将三代与汉唐之辨落实到是否具有修养工夫这一问题上，陈亮也不得不承认，汉祖、唐宗在修养工夫上是有所欠缺的。正因如此，在面对朱子指责他试图"推尊汉唐以为与三代不异，贬抑三代以为与汉唐不殊"①时，陈亮也不得不正视汉唐与三代之间的某种差异："某大概以为三代做得尽者也，汉唐做不到尽者也。"②而在后一封给朱子的信中，陈亮对他自己的这一观点又做了进一步的阐发："亮大意以为本领宏阔，工夫至到，便做得三代；有本领无工夫，只做得汉唐。"③在这里可以看到，陈亮明确承认汉祖、唐宗是"有本领"但"无工夫"。不过对陈亮而言，虽然汉祖、唐宗没有工夫，但因为这些英雄豪杰之士"有本领"，所以"有时闭眼胡做，遂为圣门之罪人。及其开眼运用，无往而非赫日之光明"④。他进一步指出："赫日光明，未尝不与有眼者共之。利欲汩之则闭。心平气定，虽平平眼光，亦会开得。况夫光如黑漆者，开则其正也，闭则霎时浮翳耳。仰首信眉，何处不是光明？"⑤事实上，经过与朱子往复辩论，陈亮已经不再坚持汉祖、唐宗的行为是完全出于"爱人利物"之心，而是将他们在历史上的行为看作天理人欲交杂并行的过程⑥。不过，在他看来，既然道就如同太阳一样赫赫光明，当那些英雄豪杰闭眼胡做之时，固然是出于利欲之私，但一旦其开眼运用，则利欲就如同浮云一样一扫而去。陈亮这里所谓的"有本领"，无非是说，汉祖、唐宗这样的英雄豪杰具有聪明才智，因此，即使没有工夫，也同样可以分享道的光明，能够体道。但在陈亮的这一理解中，体道是非常简单的事情，只要"开眼""心平气定"就能够实现。既然体道是如此简单的事情，那么就意味着修养工夫并非那么重要。

---

① （宋）朱熹：《答陈同甫八》，《文集》卷36，《全书》第21册，第1585页。
② （宋）陈亮：《乙巳春答朱元晦秘书二》，《陈亮集》，第276页。
③ （宋）陈亮：《乙巳秋答朱元晦秘书》，《陈亮集》，第279页。
④ 同上。
⑤ 同上。
⑥ 正如牟宗三先生所指出的，陈亮这段话"涵义乃在表示全副生命健旺者之原始直觉"，然而"仰首信眉，何处不是光明？亦可'何处不是利欲？'"（见牟宗三《政道与治道》，吉林出版集团有限公司2010年版，第218页）。因此，是天理人欲交杂并行，虽非"专以天理行"，但也不是"专以人欲行"。

然而，正如张汝伦所言："对儒家思想家来说，三代既是历史的，又是规范的。儒家必须坚持三代的历史真实性，即三代的此岸性，这样三代才能成为一个现实政治应该尽力效法的榜样，而儒家对现实政治的批判才具有现实意义，而不是只有乌托邦的意义。"① 事实上，朱子对历史的评价本身正是着眼于对现实的评价与批判，换言之，他的真正用心之所在，是通过对历史人物的评价，为现实中的政治人物提供一个可以效法的榜样，而这个榜样不是尧、舜，而是汤、武。正如前文所言，对朱子而言，三代之为三代的核心在于"汤武反之之工夫"，因为与后世的以及现实中的君主一样，汤、武也不像尧、舜那样是天生的圣王，但他们通过后天的工夫，实现了"修身体道"，而这是现实中的君主也完全可以做到的。不难发现，在朱子的这一观念中，明显地包含着对现实政治的批判维度，他意在表明，现实中的君主，之所以还未能成为理想的君主，是因为他们不能够进行修身体道的工夫修养，仍然依据自己的现成性作为行事的准则，但由于其现成性都是出于情欲利害之私的，因此也就无法做到爱人利物、大公无私。但在陈亮对历史的相关理解中，正如陈傅良所指出的："功到成处，便是有德，事到济处，便是有理……如此，则三代圣贤枉做工夫。"② 陈傅良在此意在指出，如果按照陈亮的理解，既然汉祖、唐宗天生具有聪明才智，能够建功立业，这就表明他们所行是合乎道义，而他们自己也就是体道之君、有德之主，那么又何必如三代圣贤那样辛辛苦苦地做修养工夫呢！但正如陈傅良进一步指出的："以三代圣贤枉做工夫，则是人力可以独运……谓人力可以独运，其弊，上无兢畏之君。"③ 由此可见，陈傅良明确地发现，如果按照陈亮对于历史的理解，必然丧失对现实政治批判的可能性。

因为他将三代的历史理解为一个人为建构的历史。这突出地表现在如下的论述中：

---

① 张汝伦：《朱陈之辩再思考》，复旦学报（社会科学版）2012年第3期。
② （宋）陈傅良：《致陈同甫书》，转引自《陈亮集》，第311页。
③ 同上。

昔者三皇五帝与一世共安于无事，至尧而法度始定，为万世法程。禹、启始以天下为一家，而自为之。有扈氏不以为是也，启大战而后胜之。汤放桀于南巢而为商，武王伐纣，取之而为周。武庚挟管蔡之隙，求复故业，诸尝与武王共事者，欲修德以待其自定，而周公违众议，举兵而后胜之。夏、商、周之制度定为三家，虽相因而不尽同也。五霸之纷纷，岂无所因而然哉？老、庄氏思天下之乱无有已时，而归其罪于三王，而尧舜仅免耳。使若三皇五帝相与共安于无事，则安得有是纷纷乎？其思非不审，而孔子独以为不然。三皇之化，不可复行，而祖述止于尧舜。而三王之礼，古今之所不可易，万世之所当宪章也。芟夷史籍之繁词，刊削流传之讹谬，参酌事体之轻重，明白是非之疑似。而后三代之文，灿然大明，三王之心迹，皎然不可诬矣。后世之君徒知尊慕之，而学者徒知诵习之，而不知孔氏之劳，盖如此也。当其是非未大明之时，老、庄氏之至心，岂能遽废而不用哉？亮深恐儒者之视汉唐，不免如老、庄当时之视三代也。儒者之说未可废者，汉唐之心迹未明也。故亮常有区区之意焉，而非其任耳。①

对陈亮而言，夏禹变公天下为家天下、商汤放桀、武王伐纣这些行为能否看作"专以天理行"是需要重新加以省察的。因为这在历史上本身就是有争议的，他搬出道家对儒家的相关批评作为依据："老、庄氏思天下之乱无有已时，而归其罪于三王。"如前文所引，在他看来，"才有人心便有许多不净洁"，那么，三王是不可能"专以天理行"的。然而，三王的历史经过了孔子"芟夷史籍之繁词，刊削流传之讹谬，参酌事体之轻重，明白是非之疑似"的历史建构工作，从而被建构成了一个理想化的历史。而另一方面，汉唐之君之所以被看作"专以人欲行"，那是因为汉唐之后没有孔子，因此他甚至呼吁朱子与他一起"点铁成金……相与洗净两千年世界"②，而这一呼吁的背后的实质则是他自己试图重新建构

---

① （宋）陈亮：《乙巳春答朱元晦秘书之一》，《陈亮集》，第273页。
② （宋）陈亮：《乙巳秋答朱元晦秘书》，《陈亮集》，第280页。

汉唐的历史。不过，需要进一步指出的是，陈亮对汉唐历史的重新建构，实质上是对汉唐历史的理想化。然而，正如朱子所言："古人已往之迹则，其为金为铁固有定形，而非后人口舌议论所能改易。"① 两千年历史已为陈迹，历史人物的行为之是非对错，也无法再改变，因此，对历史的理想化并不具有现实的可行性，而不过是"坐谈既往之迹，追饰已然之非"②罢了。不过，在陈亮那里，对历史的理想化背后实际上包含着其对现实进行理想化的设想，换言之，陈亮试图为现实的君主进行辩护。然而，正如陈傅良所发现的，在陈亮对汉唐的理解中存在着导致"上无竞畏之君"的理论后果，而余英时则更为敏锐地洞察到陈亮的真实意图正在于"为君权张目""为骄君助威"③。而朱子实际上对陈亮的思想非常清楚，他明确地指出，陈亮试图对汉唐进行理想化的做法，"不惟费却闲心力，无补于既往；正恐碍却正知见，有害于方来"④。尤其是鉴于南宋以来高宗刻意提高君权的历史背景⑤，朱子对陈亮的这种缺乏批判性的思想主张是具有极高的警惕的。

正如余英时先生所发现的"向往三代，轻视汉、唐，这本是宋儒的共同意见"⑥，而朱子本人也指出："国初人便已崇礼义，尊经术，欲复二帝三代。"⑦ 因此，包括朱子在内的两宋理学家对三代、汉唐的评价并不完全是一种历史考古学意义上的知识化兴趣，它构成了余英时所说理学家"重建一个合理的人间秩序"的总体诉求的一部分⑧。而正如前文所言，由于君主是现实政治中最大的权源，他是否能够做到大公无私，关系到公正这一政治根本原则能否得到保障。因此这种对合理的人间秩序的重建，必须通过君主本人的修养工夫，超越其本人的情欲利害，从而

---

① （宋）朱熹：《答陈同甫第九书》，《文集》卷36，《全书》第21册，第1591页。
② 同上书，第1589页。
③ 余英时：《朱熹的历史世界》，第20、22页。
④ （宋）朱熹：《答陈同甫第九书》，《文集》卷36，《全书》第21册，第1591页。
⑤ 参见余英时《朱熹的历史世界》，第20页。
⑥ 同上书，第187页。
⑦ （宋）朱熹：《语类》129卷，《全书》第18册，第4020页。
⑧ 余英时先生对宋代理学与秩序重建之间的关系有非常深入的论述，参见余英时《朱熹的历史世界》第6章。

做到大公无私、爱人利物，才能够实现。而要实现这一点，必须对君主的不合理行为有所批判，而不能像陈亮那样为其辩护。因此，朱子的历史评价本身与他的现实批判密不可分。关于朱子对现实中的君主所进行的批判，在其给宋孝宗等人所上的封事中有明确的内容，如在《戊申封事》中，朱子非常明确地指出当时社会的种种弊端，在于孝宗的心术不正，不能像"古之圣王"那样做到大公无私，并概括性地指出："今以不能胜其一念之邪，而至于有私心，以不能正其家人近习之故，而至于有私人。以私心用私人，则不能无私费，于是内损经费之入，外纳羡余之献，而至于有私财……使天下万事之弊，莫不由此而出，是岂不可惜也哉。"① 不难发现这一批判是非常尖锐的，以致有学者认为《戊申封事》"全文有似于一篇批评、否定宋孝宗27年统治的现代专题论文"②。

如果说，批判的过程属于发现问题的过程，那么更为关键的问题则在于如何解决问题。而如果君主自身能够做到大公无私，那么更为关键的问题则必然在于如何能够克服君主的私心，对朱子而言，这就离不开修养工夫。值得注意的是，在朱子所处的时代，无论是一般的士大夫还是君主都已经意识到修养工夫的重要性。实际上，宋孝宗本人就撰写过《原道辨》一文，提出了"以佛修心，以道养生，以儒治世"的主张。正如余英时指出的"皇帝崇信释氏，士大夫好禅，这是宋代政治文化的一个基本特征"③。无论是崇信释氏还是好禅都与某种形式的修养工夫密不可分。在这一背景下，不难发现，在朱子的时代，不是要不要进行修养工夫的问题，而是要什么样的修养工夫的问题。这在朱子对孝宗的如下批判中可以清楚地看到：

> 论者又或以为陛下深于老佛之学而得其识心见性之妙，于古先圣王之道盖有不约而自合者，是以不悦于世儒之常谈死法，而于当世之务则宁以管商一切功利之说为可取。今乃以其所厌饫鄙薄者陈

---

① （宋）朱熹：《戊申封事》，《文集》卷11，《全书》第20册，第595页。
② 祝总斌：《略论朱熹〈戊申封事〉的特色和宋孝宗的度量》，《北京联合大学学报》（人文社会科学版）2011年第2期。
③ 余英时：《朱熹的历史世界》，第67页。

于其前，亦见其言愈多而愈不合也。臣以为此亦似是而非之论，非所以进盛德于日新也。彼老子、浮屠之说固有疑于圣贤者矣，然其实不同者，则此以性命为真实，而彼以性命为空虚也。此以为实，故所谓寂然不动者，万理粲然于其中，而民彝物则，无一之不具。所谓感而遂通天下之故，则必顺其事，必循其法，而无一事之或差。彼以为空，则徒知寂灭为乐，而不知其为实理之原，徒知应物见形，而不知其有真妄之别也。是以自吾之说而修之，则体用一原，显微无间，而治心、修身、齐家、治国，无一事之非理。由彼之说，则其本末横分，中外断绝，虽有所谓朗澈灵通、虚静明妙者，而无所救于灭理乱伦之罪、颠倒运用之失也。故自古为其学者，其初无不似有可喜，考其终则诐淫邪遁之见鲜有不作而害于政事者。是以程颢常辟之曰："自谓穷神知化，而不足以开物成务；言为无不周徧，而实外于伦理；穷深极微，而不可以入尧舜之道。天下之学，自非浅陋固滞，则必入于此，是谓正路之榛芜、圣门之蔽塞，辟之而后可与入道。"呜呼！此真可谓理到之言，惜乎其未有以闻于陛下者。使陛下过听髡徒诳妄之说，而以为真有合于圣人之道，至分治心、治身、治人以为三术，而以儒者之学为最下，则臣窃为陛下忧此心之害于政事，而惜此说之布于来今也。如或未以臣言为然，则圣质不为不高、学之不为不久，而所以正心修身以及天下者，其效果安在也？是岂可不思其所以然者而亟反之哉！①

在宋孝宗那里，"分治心、治身、治人以为三术"实际上是以为佛、道、儒各有分工，而这一分工实质上是建立在如下观念基础上的：儒学虽然可以用以治世，但无法像佛教那样治心。但正如前文所言，《戊申封事》包含着朱子对孝宗27年执政经历的总结，通过这一总结，朱子指出孝宗这27年的执政存在的最根本的问题是无法做到大公无私，而这里的公与私都是从君主的心术上说的。因此，朱子在这里明确地指出，如果佛学果然能够治心，何以未能实现"正心修身以及天下"的现实效果呢？

---

① （宋）朱熹：《戊申封事》，《文集》卷11，《全书》第20册，第611—622页。

这一反问的实质在于，指出孝宗所主张的修养工夫在根本上是错误的。事实上，早在孝宗继位之初，朱子就对孝宗的修养工夫进路进行了批评：

> 陛下圣德纯茂，同符古圣，生而知之，臣所不得而窥也。然窃闻之道路，陛下毓德之初，亲御简策，衡石之程，不过讽诵文辞、吟咏性情而已。比年以来，圣心独诣，欲求大道之要，又颇留意于老子、释氏之书。疏远传闻，未知信否？然窃独以为若果如此，则非所以奉承天赐神圣之资而跻之尧舜之盛者也。①

"欲求大道之要"显然与对修养工夫的关注密不可分，但在朱子看来，大道之要却并不能通过老子、释氏之书而求得。那么，关键的问题在于，倘若要想"跻之尧舜之盛"，实现内圣外王的政治理想，应该采取怎样的修养工夫呢？

上述问题实际上涉及一个核心问题，即何为道学的问题。众所周知，以朱子学为集大成的理学有一个另外的称号叫作道学，即此一点就可见道学的重要性。在著名的《中庸章句序》（以下简称《中庸序》）中朱子曾经对何为道学进行了详细的论述。《中庸序》的一大核心内容是阐发道统与道学的关系，概言之，道统是道学的传承谱系，道学是道统的传承内容②。就道学的内涵而言，《中庸序》的第三句指出：

> 其见于经，则"允执厥中"者，尧之所以授舜也；"人心惟危，道心惟微。惟精惟一，允执厥中"者，舜之所以授禹也。③

这一论述交代了尧、舜、禹三圣之间授受的具体内容，尧传授给舜

---

① （宋）朱熹：《壬午应招封事》，《文集》卷11，《全书》第20册，第571—572页。《壬午应诏封事》是1162年宋孝宗继位之初"诏求直言"，朱子于是年8月所上的封事；《戊申封事》是1188年孝宗继位27年后朱子所上封事。关于这两封封事具体内容的详细讨论，可以参看李存山先生《程朱的"格君心之非"思想》，《中国社会科学院研究生院学报》2006年第1期。
② 相关的分析可以参见拙文《道统、道学与政治立法》，《中国哲学史》2017年第2期。
③ （宋）朱熹：《中庸章句序》，《朱子全书》第6册，第29页。

第六章 修身以立政：修养工夫与政治立法

的是"允执厥中"一句话，而舜传授给禹的是"人心惟危，道心惟微。惟精惟一，允执厥中"，这也就是通常人们所说的"十六字心传"的具体内容。按照朱子的说法，子思作《中庸》是"忧道学之失其传"①，这表明"十六字心传"即是道学的具体内容。以"十六字心传"为具体内容的道学的实质内容是一套理论体系，这套理论体系的核心内容涉及修养工夫的必要性以及具体的工夫进路。就"十六字心传"而言，"人心惟危，道心惟微"涉及的是修养工夫的必要性问题，而"惟精惟一，允执厥中"则涉及修养工夫的具体进路。在《中庸序》中朱子曾经对这一理论体系做了更进一步的阐发，通过这一阐发，可以更明确地理解这套理论体系的具体内涵：

> 盖尝论之，心之虚灵知觉，一而已矣。而以为有人心、道心之异者，则以其或生于形气之私，或原于性命之正，而所以为知觉者不同，是以或危殆而不安，或微妙而难见耳。然人莫不有是形，故虽上智不能无人心；亦莫不有是性，故虽下愚不能无道心。二者杂于方寸之间，而不知所以治之，则危者愈危，微者愈微，而天理之公卒无以胜夫人欲之私矣。精则察夫二者之间而不杂也，一则守其本心之正而不离也。从事于斯，无少间断，必使道心常为一身之主，而人心每听命焉，则危者安，微者著，而动静云为自无过不及之差矣。②

简略地看，"二者杂于方寸之间，而不知所以治之，则危者愈危，微者愈微，而天理之公卒无以胜夫人欲之私矣"点明的是修养工夫的必要性，而"精则察夫二者之闲而不杂也，一则守其本心之正而不离也。从事于斯，无少间断，必使道心常为一身之主，而人心每听命焉"则是指出如何进行修养，即修养工夫的具体进路，当然，最后的"则危者安，微者著，而动静云为自无过不及之差矣"则是对修养工夫所能达到的效验的说明。概言之，按照朱子的理解，道学是一个以修养工夫的必要性、

---

① （宋）朱熹：《中庸章句序》，《朱子全书》第6册，第29页。
② 同上。

具体进路与现实效验等为一体的理论体系——道学既然被称之为"学",正是一套理论体系。而它的核心则是修养工夫的具体进路,因为必要性是说为何要进行修养,而效验则是通过修养工夫达成的。

按照朱子的理解,尧、舜、禹等圣王治理天下是依据以"十六字心传"为内容的道学进行的,在前文一再引用的《答陈同甫》第八书,朱子曾经对此进行过详细的论述。他说:

> 所谓"人心惟危,道心惟微;惟精惟一,允执厥中"者,尧、舜、禹相传之密旨也。夫人自有生而梏于形体之私,则固不能无人心矣。然而必有得于天地之正,则又不能无道心矣。日用之间,二者并行,迭为胜负,而一身之是非得失、天下之治乱安危,莫不系焉。是以欲其择之精而不使人心得以杂乎道心,欲其守之一而不使天理得以流于人欲,则凡其所行,无一事之不得其中,而于天下国家无所处而不当……夫尧、舜、禹之所以相传者既如此矣,至于汤、武,则闻而知之,而又反之以至于此者也。夫子之所以传之颜渊、曾参者此也,曾子之所以传之子思、孟轲者亦此也。……此其相传之妙,儒者相与谨守而共学焉,以为天下虽大,而所以治之者不外乎此。①

通观本段内容,不难发现其中"夫人自有生而梏于形体之私,则固不能无人心矣。然而必有得于天地之正,则又不能无道心矣。日用之间,二者并行,迭为胜负,而一身之是非得失、天下之治乱安危,莫不系焉。是以欲其择之精而不使人心得以杂乎道心,欲其守之一而不使天理得以流于人欲"与前文所引朱子对作为道学具体内容的"十六字心传"的阐发非常相近②,这实际上是一套以修养工夫为核心内容的理论③。而在朱

---

① (宋)朱熹:《答陈同甫第八书》,《朱文公文集》卷36,《朱子全书》第21册,第1586—1587页。
② 余英时也认为,"《中庸序》的'道统'论述是以此书谓底本"(见余英时《朱熹的历史世界》,第22页),不过,他的解读与本书对这一问题的理解存在很大的不同。参见拙文《道统、道学与政治立法》。
③ 余英时曾经将这段内容看作"关于尧、舜、禹对'道体'掌握的一种描写"(余英时:《朱熹的历史世界》,第24页),这一理解显然是错误的。

子看来，这正是尧、舜、禹"治天下"的"密旨"，因为按照这套理论，"则凡其所行，无一事之不得其中，而于天下国家无所处而不当"。正因这套修养工夫对于治理天下如此重要，所以不仅被尧、舜、禹等有"治天下"之责的有位君主世代相传，即便孔子以降的儒者们没有"治天下"之责的儒者们，也世代"相与谨守而共学焉"，因为"天下虽大，而所以治之者不外乎此"也。

从以上的分析，不难看到，以修养工夫为核心的道学实质上一种内圣修养之学。正如余英时曾经指出的，"'外王'必自'内圣'始"是朱子等南宋理学家的"一个根深蒂固的中心信念"①，对他们而言，"只有在'内圣'之学大明以后，'外王'之道才有充分实现的可能"②。而对朱子等理学家而言，这一内圣之学必须是道学，而不是其他——既不是辞章之学，也不是管商功利之术，更不是佛、老之学。朱子曾经明确指出：

> 夫尧、舜、禹皆大圣人也，生而知之，宜无事乎学矣。而犹曰精，犹曰一，犹曰执者，明虽生而知之，亦资学以成之也。③

这里的"学"正是以"十六字心传"为内容的道学，既然连尧、舜、禹这些生而知之的大圣人都将道学作为实现外王的根本基础，那么对于后世的君主而言，舍此何求？换言之，既然道学构成了尧舜等圣王们治理天下的心法、密旨，那么，后世的君主如果想"跻之尧舜之盛"，只要按照尧舜所传授的这套修养工夫进行即可，而不必借助于其他学说。正因如此，朱子在给宋孝宗所上的《封事》《奏札》中，一再提到道学的内容，并将其称之为"帝王之学"④。在《延和奏札五》中，朱子更是对这

---

① 余英时：《朱熹的历史世界》，第421页。
② 同上书，第408—409页。
③ （宋）朱熹：《壬午应诏封事》，《朱文公文集》卷11，《朱子全书》第20册，第571页。
④ 同上。日本学者土田健次郎先生新近撰写了《朱熹的帝王学》一文（见《复旦学报》（社会科学版）2019年第1期），虽然其中具体的分析还有可以讨论的地方，如他对"道统"的理解，但就其对朱熹思想中的"帝王之学"的重视而言，这篇文章无疑是非常值得关注的。在以往的朱子学研究中，"帝王学"的面向尚未得到应有的关注。

朱子哲学的结构与义理

一"帝王之学"的内容作了详细的阐发：

> 闻之道路，比来士大夫之进说者多矣。然不探其本而徒指其末，不先其难而姑就其易，毛举天下之细故，而不本于陛下之身，营营驰骋乎事为利害之末流，臣恐其未足以端出治之本、清应物之源，以赞陛下正大宏远之图，而使天下之事悉如圣志之所欲也。昔者舜、禹、孔、颜之间，盖尝病此而讲之矣。舜之戒禹曰："人心惟危，道心惟微。惟精惟一，允执厥中。"而必继之曰："无稽之言勿听，弗询之谋勿庸，谨乃有位，敬修其可愿，四海困穷，天禄永终。"孔子之告颜渊既曰："克己复礼为仁，一日克己复礼天下归仁焉。为仁由己，而由人乎哉？"而又申之曰："非礼勿视，非礼勿听，非礼勿言，非礼勿动。"既告之以损益四代之礼乐，而又申之曰："放郑声，远佞人。郑声淫，佞人殆。"呜呼！此千圣相传心法之要，其所以极夫天理之全而察乎人欲之尽者，可谓兼其本末巨细而举之矣。两汉以来，非无愿治之主，而莫克有志于此，是以虽或随世以就功名，而终不得以与乎帝王之盛。①

从这一奏札中可以看到，朱子首先强调了"出治之本、清应物之源"在于人君"之身"而不是"天下之细故""利害之末流"，从而导出了人君的自我修养的必要性，然后列举了"十六字心传"（当然这里还加上了孔子告颜回的"克己复礼"②），指出这是"千圣相传心法之要"，只有按照这一"心法"进行自我修养，才能够"极夫天理之全而察乎人欲之尽"。不难理解，所谓"极夫天理之全而察乎人欲之尽"也就是内圣的实现，而正如前文所言，内圣是外王的根本基础。因此，他最后指出，"两

---

① （宋）朱熹：《延和奏札五》，《朱文公文集》卷14，《朱子全书》第20册，第663—664页。
② 许家星发现，在朱子那里，孔颜授受的"克己复礼为仁"这一"克复心法"构成了"十六字心传"的必要补充，而这也"彰显了儒家道统以工夫论为核心"（参见许家星《朱子道统说新论：以孔颜"克复心法"说为中心》）。这一发现是具有洞见的。不过按照本书的理解，"儒家道统以工夫论为核心"这样的说法并不恰当，准确地说，道学是以"工夫论为核心"，而孔颜"克复心法"正是道学工夫论的另一个重要内容。

汉以来,非无愿治之主,而莫克有志于此,是以虽或随世以就功名,而终不得以与乎帝王之盛",换言之,两汉以来的人君并非不想实现天下大治的外王理想,只是因为没有按照这一千圣相传的"心法"进行自我修养,这种愿望也不可能得以实现。毋庸置疑,朱子在这里对两汉以来的君主所进行的历史评价,其所传达的更为实质的内涵则是对现实中的君主所进行的现实批判,他意在表明,现实中的君主如果真的想要实现外王的政治理想,就绝不能如两汉以来的君主们那样,而必须按照道学进行自我修养。不难发现,朱子在这里实际上是用这一千圣相传的"心法"为"现实"中的人君进行立法,而这一政治立法正是以修养工夫为核心的道学对现实中的君主进行的政治立法。

通过道学对君主所进行的政治立法,实际上是将"修德"作为政治运作的根本担保。正如前文所言,在君主制度背景下,君主作为最大的权源,自身的欲望、爱好甚至精神状态等因素无不对政治原则的落实以及政治的具体运作具有根本性的影响。反过来,君主自身的修德,对于政治运作的影响力也同样是直接而重大的,正因如此,他在《戊申封事》中对宋孝宗如此说道:

> 伏愿陛下自今以往一念之萌,则必谨而察之,此为天理耶,为人欲耶?果天理也,则敬以扩之而不使其少有壅阏;果人欲也,则敬以克之而不使其少有凝滞。推而至于言语动作之间,用人处事之际,无不以是裁之,知其为是而行之,则行之惟恐其不力,而不当忧其力之过也;知其为非而去之,则去之惟恐其不果,而不当忧其果之甚也。知其为贤而用之,则任之惟恐其不专,聚之惟恐其不众,而不当忧其为党也;知其为不肖而退之,则退之惟恐其不速,去之惟恐其不尽,而不当忧其有偏也。如此则圣心洞然,中外融彻,无一毫之私欲得以介乎其间,而天下之事将惟陛下之所为无不如志矣。[①]

从这一论述可以清楚地看到,君主自身的修德构成了政治运作的基

---

① (宋)朱熹:《戊申封事》,《文集》卷11,《全书》第20册,第597页。

础，只有通过君主自身"存天理、去人欲"的修德行为①，"用人处事"等具体的政治运作才能够顺利进行。反过来说，君主如果想实现用人处事等政治运作的"无不如志"，则必须自觉地进行存天理、灭人欲的自我修养。朱子曾经将他的这一观念概括为"修身以立政"②。

事实上，正是基于"修身以立政"的观念，朱子坚决反对以"大中"训"皇极"。众所周知，"皇极"是《尚书·洪范》中的一个概念，而《洪范》相传是箕子回答周武王关于如何治理天下之问的记载，因箕子的回答共有九条，史称"九畴"，而因"皇极"为第五条，具于第五位，在《洪范》中具有核心的地位。关于"皇极"之意，汉代的孔安国解释为"大中"，成为朱子之前权威的、主流的解释。其核心意思是：

> 皇极乃是人君建立起来的、教导平民百姓必须服从的"大中之道"。质言之，"皇"为"大"之义，而"极"为"中正"之义。于是，"皇极"便是"大为中正"之义。因此，皇极乃是人君"施教于民"的一种政治策略，教导百姓安于中正之道而行。③

但朱子对这一解释深为不满，在其晚年，正当"庆元党禁"发生之际，他发表了《皇极辨》，对上述这种正统解释进行了全面批判。他首先指出这种解释不符合"《经》之文义语脉"，因为"但即经文而读'皇'为'大'，读'极'为'中'，则夫所谓'惟大作中''大则受之'为何等语乎？"④ 而他所给出的解释则是："盖皇者，君之称也；极者，至极之义、标准之名，常在物之中央，而四外望之以取正焉者也。"⑤ 在后文中，朱子对他的这一新解作了进一步的阐发："今以余说推之，则人君以眇然

---

① 从这里也可以看到，"存天理、去（灭）人欲"的修养工夫，实际上是以朱子为代表的理学家对以君主为代表的政治主体提出的要求，而不是对一般民众提出的要求。近代以来，那种将理学家乃至儒家学者看作封建统治的帮凶的观点，并没有弄清上述情况。
② （宋）朱熹：《皇极辨》，《文集》卷72，《全书》第24册，第3457页。
③ 吴震：《宋代政治思想史上的"皇极"解释》，《复旦学报》（社会科学版）2012年第6期。吴震先生在这篇文章中，围绕"皇极"概念的传统解释、朱子自己的"皇极"解释及其政治文化背景做了详细的考辨、分析。
④ （宋）朱熹：《皇极辨》，《文集》卷72，《全书》第24册，第3454页。
⑤ 同上。

第六章 修身以立政：修养工夫与政治立法

之身履至尊之位，四方辐辏，面内而环观之，自东而望者，不过此而西也，自南而望者不过此而北也，此天下之至中也。既居天下之至中，则必有天下之纯德，而后可以立至极之标准。"① 很明显，朱子的这一解释与前文所论的，他通过道学对君主所进行的政治立法是一致的，他所要强调的是君主自己的修养工夫的必要性。因为现实中的君主都不是天生的圣王，只有通过后天的修养工夫才能够具备"天下的纯德"，从而为天下"立至极之标准"。通观《皇极辨》，可以看到，朱子对《洪范》"九畴"中"皇极"的具体内容的解释都是围绕着君子自身的修养工夫的重要性与必要性展开的，这突出地体现在他对"天子作民父母，以为天下王"的解释之中。他指出："夫人君能立至极之标准，所以能作亿兆之父母而为天下之王也。不然，则有其位，无其德，不足以首出庶物、统御人群，而履天下之极尊矣。"② 通过这一解释，可以看到，对于朱子而言，对于"有其位"的君主而言，外王的实现关键就在于"有其德"，君主通过自修其德，从而为天下的民众建立起一个"至极之标准"，则"天下之人，皆不敢徇其己之私以从乎上之化，而会归乎至极之标准也"③。事实上，对朱子而言，外王的政治理想的实现，实质上是一个"使民观感而化焉"④，也就是一个化民成俗的过程，民俗既为王者所化，则民皆为有德之民，能够做到父子有亲、君臣有义、夫妇有别、长幼有序、朋友有信，则一个合理的人间秩序也就建立起来了。而要实现这一点，君主就必须自身通过修养工夫而具备"天下的纯德"。而在他看来，对"皇极"的传统解释，最大的问题就在于，它忽略了修养工夫对于君主的重要性，因此他说，"先儒未尝深求其意，而不察乎人君所以修身立道之本，是以误训'皇极'为'大中'"，"其弊将使人君不知修身以立政，而堕于汉元帝之优游，唐代宗之姑息，卒至于是非颠倒、贤否贸乱，而祸败随之"。⑤ 正是在这一背景下，朱子在《皇极辨》文末的跋语对一位叫作冯

---

① （宋）朱熹：《皇极辨》，《文集》卷72，《全书》第24册，第3454页。
② 同上书，第3456页。
③ 同上。
④ 同上书，第3455页。
⑤ 同上书，第3457页。

当可的人表示赞赏，因为冯当可在一封《封事》中写道："愿陛下远便佞，疏近习，清心寡欲，以临事变，此兴事造业之根本，《洪范》所谓'皇建其有极'者也。"① 很明显，朱子之所以将冯当可引为唯一的知音，就在于冯当可要求君主"远便佞，疏近习，清心寡欲"正是强调了修养工夫的必要性，并具有通过修养工夫对君主进行政治立法的内在动机，而这与朱子自身的思想倾向都是一致的。

最后可以进一步指出的是，牟宗三曾经指出，包括朱子在内的宋明儒家"所讲习者特重'内圣'一面"②，而对先秦儒家所重视的"外王"一面"贡献甚少"③，因为他们"只以尧、舜、三代寄托其外王之理想"，"以尧、舜、三代为外王之定型"，从而"其政治思想不如内圣面之完整与清晰"④。从这一理解，不难发现，对牟宗三而言，朱子等宋明儒家将主要精力专注于内圣领域，并无积极的"外王"理想。不过，通过前文的分析不难发现，朱子通过修养工夫对现实中的君主所进行的政治立法，具有非常积极的外王政治理想的倾向。所不同的是，牟宗三所谓的外王理想是以近代意义上的民主制度为标准的，对他而言，任何不能开出民主制度的政治理想都不能够算作积极的外王理想。因此，在他看来，朱子的上述相关思想并不具有理论与现实的意义。如果将民主制度作为当代政治制度的唯一可能性，那么，朱子等理学家并没有积极地将这一点作为其努力的方向，是无可否认的⑤。不过，通过以上论述可以看出，一方面，朱子等理学家认为，外王的政治理想及其实现的可能性构成了其思想深处的重要关注之点；另一方面，正如杨国荣老师所指出的，"政治

---

① （宋）朱熹：《皇极辨》，《文集》卷72，《全书》第24册，第3457页。
② 牟宗三：《心体与性体》第1册，第4页。
③ 同上书，第5页。
④ 同上。
⑤ 美国学者田浩先生最新发表的《宋代思想史的再思考》一文强调，相对于朱子对皇帝的自我修养的强调，吕祖谦则对为皇帝的权力设置制度性约束给予了更多的关注。田浩指出，吕祖谦不仅是黄宗羲及其《明夷待访录》的先生，而且如果他的思想得到更多的关注，中国的政治文化可能会有不同的发展方向［参见田浩《宋代思想史的再思考》，徐波译，《复旦学报》（社会科学版）2019年第1期］。田浩的这一观念实质上是以现代政治哲学对政治制度建构的关注为前提的。虽然有其合理性，但并不因此就表明朱子的相关思考就没有价值。详见后文的分析。

实践的展开，与实践主体的内在品格具有内在关联，后者同时体现了伦理对于政治的制约作用"，而"在儒家看来，政治的运作与个人的修养无法分离。治国应先治人，治人则须先修身，亦即使统治者自身达到人格的完善"，其中就蕴含着"对政治实践主体内在人格的注重"①，因此政治主体的内在品格也"在不同层面制约着政治领域的活动，并从一个方面为体制的运作提供担保"②。这表明，朱子通过修养工夫的政治立法达成的外王政治理想不仅具有理论意义，对当代的政治实践而言，无论对民主制度，还是对其他制度形式而言，也无疑具有重要的实践价值。

事实上，就政治领域而言，儒学的真正功能在于教化潜在的和显在的政治主体，而不是构建政治制度。历史地看，儒学的成功之处与独特意义正在于此③。虽然儒学的这一教化功能的实现同样离不开一定的制度保障，如科举、书院等，但这类制度形式与港台新儒家所要求儒学开出的民主制度或大陆新儒家所努力建构的王道制度具有本质的不同。不难发现，儒学如果能够通过一定的途径，如体制内的学校教育以及民间的自由讲学等形式，使得潜在的以及显在的政治主体得到教化，那么，儒学就可以在一切制度形式下发挥其功能、传承其理想。另一方面，立足于当代中国的现实，民主制度或王道政治等意义上制度构建，在现代社会已经是一个系统的、复杂的工程，它需要更为专业的政治理论研究，

---

① 杨国荣：《政治哲学论纲》，《学术月刊》2015 年第 1 期。
② 杨国荣：《贤能政治：意义与限度》，《天津社会科学》2013 年第 2 期。
③ 陈赟老师曾指出："当儒学不再以培养儒者或士君子为使命，不再是以生命为第一作品、以文本为第二作品，而是将理论或话语性的文本视为唯一的作品，那么，理论的建构与体系的追求就成为儒学发展的目标，但这种取向是否也同时意味着儒家传统的名存实亡？"（见陈赟《"文明论"视野中的大陆儒学复兴及其问题》，《天府新论》2015 年第 5 期）而在另外的场合，陈老师也曾经指出："与其通过制度与风俗提供肉身，不如说通过培养君子、圣贤提供主体。主体的培养，尤其是士大夫的培养，是儒家无论在有根还是在无根的情况下皆能持存的根本……主体的培养问题远远比制度与风俗的问题更为重要。"（陈赟：《儒家思想与中国政教结构的重建》，《天府新论》2015 年第 1 期）事实上，钱穆曾经指出，"孔子在中国历史文化上之主要贡献，厥在其为自学与其教育事业之两项"，而宋代儒学的复兴乃是接续了"孔子平身最重要之自学与教人之精神"（见钱穆《孔子传》，生活·读书·新知三联书店 2005 年版，序言部分第 2—3 页）。可以看到，除了自修之外，培养儒者构成了儒学兴起与复兴的最为重要的前提。就当代中国的政治文明建设而言，培养德才兼备的儒者型政治主体同样是非常重要的。相关的讨论也可以参加拙文《大陆儒学的开展方向及其承担主体问题》，《天涯》2016 年第 1 期。

同时也离不开政治、社会领域的利益博弈与妥协。在这一背景下，儒学在当下社会仍然可以对立法等制度领域的某些具体方面发挥某种程度与形式的影响，但或许只有"让儒学的归儒学，让政治的归政治"，儒学才能更为专注地发挥其特长、承担其使命。

参考文献

一 古籍

1. （唐）李翱：《李翱集》，甘肃人民出版社1992年版。
2. （唐）韩愈：《韩愈全集》，上海古籍出版社1997年版。
3. （宋）周敦颐：《周敦颐集》，中华书局1990年版。
4. （宋）张载：《张载集》，中华书局1987年版。
5. （宋）程颢、程颐：《二程集》，中华书局2004年版。
6. （宋）邵雍：《邵雍集》，中华书局2010年版。
7. （宋）吕大临：《蓝田吕氏遗著辑校》，中华书局1993年版。
8. （宋）谢良佐：《上蔡语录》，载朱杰人、严佐之、刘永翔主编《朱子全书外编》（第3册），华东师范大学出版社2010年版。
9. （宋）胡宏：《胡宏集》，中华书局2009年版。
10. （宋）张栻：《南轩先生文集》，载朱杰人、严佐之、刘永翔主编《朱子全书外编》（第4册），华东师范大学出版社2010年版。
11. （宋）朱熹：《朱子全书》，上海古籍出版社、安徽教育出版社2002年版。
12. （宋）陆九渊：《陆九渊集》，中华书局1980年版。
13. （宋）陈亮：《陈亮集》，中华书局1974年版。
14. （宋）陈淳：《北溪字义》，中华书局1983年版。
15. （宋）蔡沈：《书集传》，凤凰出版社2010年版。
16. （明）陈确：《陈确集》，中华书局1979年版。
17. （清）吕留良：《吕晚村先生四书讲义》，载《续修四库全书》（第165册），上海古籍出版社2002年版。

18. （清）黄宗羲原著、（清）全祖望补修：《宋元学案》（全 4 册），中华书局 1986 年版。

19. （清）黄宗羲：《明儒学案》（全 2 册），中华书局 2008 年版。

20. （清）黄宗羲：《孟子师说》，载黄宗羲《黄宗羲全集》（第 1 册），浙江古籍出版社 2005 年版。

21. （清）王夫之：《礼记章句》，载王船山《船山全书》（第 4 册），岳麓书社 1988 年版。

22. （清）王夫之：《读四书大全说》（全 2 册），中华书局 1975 年版。

23. （清）王夫之：《张子正蒙注》，中华书局 1975 年版。

24. （清）戴震：《孟子字义疏证》（全 2 册），中华书局 1961 年版。

25. （清）王先谦：《荀子集解》（全 3 册），中华书局 1988 年版。

二 中国学者专著

1. 陈来：《朱子哲学研究》，华东师范大学出版社 2000 年版

2. 陈来：《宋明理学》，华东师范大学出版社 2004 年版。

3. 陈来：《有无之境：王阳明哲学的精神》，北京大学出版社 2006 年版。

4. 陈来：《朱子书信编年考证》，生活·读书·新知三联书店 2007 年版。

5. 陈来：《中国近世思想史研究》，生活·读书·新知三联书店 2010 年版。

6. 陈来：《仁学本体论》，生活·读书·新知三联书店 2014 年版。

7. 陈荣捷：《近思录详注集评》，华东师范大学出版社 2007 年版。

8. 陈荣捷：《朱学论集》，华东师范大学出版社 2007 年版。

9. 陈荣捷：《朱学新探索》，华东师范大学出版社 2007 年版。

10. 陈荣捷：《王阳明传习详注集评》，华东师范大学出版社 2009 年版。

11. 陈荣捷：《朱熹》，生活·读书·新知三联书店 2012 年版。

12. 陈少明：《经典世界中的人·事·物》，上海交通大学出版社

2008 年版。

13. 陈卫平：《第一页与胚胎：明清之际的中西文化比较》，上海人民出版社 1992 年版。

14. 陈立胜：《王阳明万物一体论：从身—体的立场看》，华东师范大学出版社 2008 年版。

15. 陈赟：《回归真实的存在》，复旦大学出版社 2002 年版。

16. 陈赟：《天下或天地之间》，上海书店出版社 2007 年版。

17. 陈赟：《中庸的思想》，生活·读书·新知三联书店 2007 年版。

18. 陈乔见：《公私辨：历史衍化与现代诠释》，生活·读书·新知三联书店 2013 年版。

19. 蔡方鹿：《宋明理学心性论》，巴蜀书社 2009 年版。

20. 蔡振丰、黄俊杰：《东亚朱子学的诠释与发展》，华东师范大学出版社 2012 年版。

21. 邓晓芒：《〈纯粹理性批判〉句读》，人民出版社 2010 年版。

22. 丁为祥：《学术性格与思想谱系》，人民出版社 2012 年版。

23. 冯友兰：《中国哲学史》，华东师范大学出版社 2000 年版。

24. 冯友兰：《泛论中国哲学》，载冯友兰《三松堂全集》（第 11 册），河南人民出版社 2001 年版。

25. 冯契：《中国古代哲学的逻辑发展》，华东师范大学出版社 2015 年版。

26. 冯契：《认识世界和认识自己》，华东师范大学出版社 2015 年版

27. 方旭东：《尊德性与道问学》，人民出版社 2005 年版。

28. 郭齐勇：《中国儒学之精神》，复旦大学出版社 2009 年版。

29. 乐爱国、高令印：《朱子格物致知论研究》，岳麓书社 2010 年版。

30. 高瑞泉：《天命的没落：中国近代唯意志论思潮研究》，上海人民出版社 1991 年版。

31. 高瑞泉：《中国现代精神传统：中国的现代性观念谱系》，上海古籍出版社 2005 年版。

32. 贡华南：《味与味道》，上海人民出版社 2008 年版。

33. 郭晓东：《识仁与定性：工夫论视域下的程明道哲学研究》，复旦

大学出版社 2006 年版。

34. 金春峰：《朱熹哲学思想》，东大图书股份有限公司 2000 年版。
35. 何俊：《南宋儒学建构》，上海人民出版社 2004 年版。
36. 韩潮：《海德格尔与伦理学问题》，同济大学出版社 2007 年版。
37. 蒙培元：《理学范畴系统》，人民出版社 1989 年版。
38. 蒙培元：《理学的演变：从朱熹到王夫之戴震》，方志出版社 2007 年版。
39. 蒙培元：《朱熹哲学十论》，中国人民大学出版社 2010 年版。
40. 牟宗三：《四因说讲演录》，上海古籍出版社 1998 年版。
41. 牟宗三：《心体与性体》（全 3 册），上海古籍出版社 1999 年版。
42. 李存山：《气论与仁学》，中州古籍出版社 2009 年版。
43. 李明辉：《四端与七情：关于道德情感的比较哲学探讨》，"国立台湾大学"出版中心 2012 年版。
44. 李明辉：《儒家与康德》，台北：联经出版公司 1990 年版。
45. 李承贵：《儒士视域中的佛教》，宗教文化出版社 2007 年版。
46. 刘学智：《中国哲学的历程》，广西师范大学出版社 2011 年版。
47. 刘学智：《儒道哲学阐释》，中华书局 2002 年版。
48. 刘述先：《朱子哲学思想的发生与完成》，台湾学生书局 1982 年版。
49. 刘梁剑：《天·人·际：对王船山的形而上学阐明》，上海人民出版社 2007 年版。
50. 倪梁康：《胡塞尔现象学概念通释》，生活·读书·新知三联书店 2007 年版。
51. 倪梁康：《心的现象：一种现象学心学研究的可能性》，江苏人民出版社 2010 年版。
52. 卜道成：《朱熹和他的前辈们：朱熹与宋代新儒学导论》，厦门大学出版社 2010 年版。
53. 彭永捷：《朱陆之辩：朱熹陆九渊哲学比较研究》，人民出版社 2002 年版。
54. 钱穆：《宋明理学概述》，九州出版社 2010 年版。

55. 钱穆：《朱子新学案》（全5册），九州出版社 2011 年版。

56. 钱穆：《中国近三百年学术史》，九州出版社 2011 年版。

57. 秦家懿：《朱熹的宗教思想》，厦门大学出版社 2010 年版。

58. 束景南：《朱熹年谱长编》，华东师范大学出版社 2001 年版。

59. 束景南：《朱熹研究》，人民出版社 2008 年版。

60. 束景南：《朱子大传》，商务印书馆 2003 年版。

61. 田浩：《功利主义儒家：陈亮对朱熹的挑战》，江苏人民出版社 2012 年版。

62. 田浩：《朱熹的思维世界》，江苏人民出版社 2011 年版。

63. 唐文治：《紫阳学术发微》，华东师范大学出版社 2014 年版。

64. 唐君毅：《中国哲学原论（原教篇）》，中国社会科学出版社 2006 年版。

65. 唐君毅：《中国哲学原论（原性篇）》，中国社会科学出版社 2006 年版。

66. 唐文明：《隐秘的颠覆：牟宗三、康德与原始儒家》，生活·读书·新知三联书店 2012 年版。

67. 吴震：《朱子思想再读》，生活·读书·新知三联书店 2018 年版。

68. 王健：《在历史真实与价值真实之间》，华东师范大学出版社 2007 年版。

69. 吴根友：《比较哲学视野里的中国哲学》，中国社会科学出版社 2012 年版。

70. 伍晓明：《文本之"间"：从孔子到鲁迅》，北京大学出版社 2012 年版。

71. 许宁：《理学与现代新儒学》，长春出版社 2011 年版。

72. 杨国荣：《心学之思：王阳明哲学的阐释》，华东师范大学出版社 2009 年版。

73. 杨国荣：《善的历程：儒家价值体系研究》，华东师范大学出版社 2009 年版。

74. 杨国荣：《历史中的哲学》，华东师范大学出版社 2009 年版。

75. 杨国荣：《认识与价值》，华东师范大学出版社 2009 年版。

76. 杨国荣：《成己与成物》，北京大学出版社 2011 年版。

77. 杨国荣：《道论》，北京大学出版社 2011 年版。

78. 杨国荣：《伦理与存在》，北京大学出版社 2011 年版。

79. 杨国荣：《人类行动与实践智慧》，生活·读书·新知三联书店 2013 年版。

80. 杨国荣：《哲学的视域》，生活·读书·新知三联书店 2014 年版。

81. 杨儒宾：《异议的意义》，"国立台湾大学"出版中心 2012 年版。

82. 杨儒宾：《从〈五经〉到〈新五经〉》，"国立台湾大学"出版中心 2013 年版。

83. 杨泽波：《孟子性善论研究（修订版）》，中国人民大学出版社 2010 年版。

84. 杨立华：《气本与神化：张载哲学述论》，北京大学出版社 2008 年版。

85. 余英时：《朱熹的历史世界》，生活·读书·新知三联书店 2011 年版。

86. 余英时：《宋明理学与政治文化》，广西师范大学出版社 2006 年版。

87. 徐洪兴：《旷世大儒：二程》，河北人民出版社 2000 年版。

88. 徐洪兴：《思想的转型：理学发生过程研究》，上海人民出版社 1996 年年版。

89. 向世陵：《理、气、性、心之间：宋明理学的分系与四系》，湖南大学出版社 2006 年版。

90. 张岱年：《中国哲学大纲》，江苏教育出版社 2005 年版。

91. 张立文：《朱熹思想研究》，中国社会科学出版社 1981 年版。

92. 张立文：《朱熹评传》，长春出版社 2008 年版。

93. 周山：《中国哲学精神》，学林出版社 2009 年版。

94. 张祥龙：《拒秦兴汉与应对佛教的儒家哲学》，广西师范大学出版社 2012 年版。

95. 张学智：《明代哲学史》，中国人民大学出版社 2012 年版。

96. 张文江：《古典学术讲要》，上海古籍出版社 2010 年版。

97. 赵峰：《朱熹的终极关怀》，华东师范大学出版社 2004 年版。

三 译著

1. ［美］杰拉尔德·埃德尔曼：《第二自然》，唐璐译，湖南科学技术出版社 2010 年版。

2. ［瑞士］毕来德：《庄子四讲》，宋刚译，中华书局 2009 年版。

3. ［法］亨利·柏格森：《创造的进化》，肖聿译，译林出版社 2011 年版。

4. ［法］亨利·柏格森：《道德和宗教的两个来源》，王作虹、成穷译，译林出版社 2011 年版。

5. ［德］汉斯·布鲁门伯格：《神话研究》，胡继华译，上海人民出版社 2012 年版。

6. ［美］杜维明：《现代精神与儒家传统》，胡军、丁民雄译，生活·读书·新知三联书店 2013 年版。

7. ［美］赫伯特·芬格莱特：《孔子：即凡而圣》，彭国祥、张华译，江苏人民出版社 2002 年版。

8. ［德］汉斯 – 格奥尔格·伽达默尔：《真理与方法》，洪汉鼎译，上海译文出版社 2004 年版。

9. ［德］海德格尔：《存在与时间》，陈嘉映等译，生活·读书·新知三联书店 2006 年版。

10. ［德］海德格尔：《海德格尔选集》，孙周兴译，上海三联书店 1996 年版。

11. ［德］黑格尔：《精神现象学》，贺麟、王玖兴译，商务印书馆 1979 年版。

12. ［德］黑格尔：《小逻辑》，贺麟译，商务印书馆 1986 年版。

13. ［德］黑格尔：《法哲学原理》，范扬、张企泰译，商务印书馆 1961 年版。

14. ［德］胡塞尔：《哲学作为严格的科学》，倪梁康译，商务印书馆 1999 年版。

15. ［美］阿弗烈·诺夫·怀特海：《过程与实在：宇宙论研究》，李步楼译，商务印书馆 2011 年版。

16. ［韩］金永植：《朱熹的自然哲学》，潘文国译，华东师范大学出版社 2003 年版。

17. ［德］康德：《纯粹理性批判》，邓晓芒译，杨祖陶校，人民出版社 2004 年版。

18. ［德］康德：《判断力批判》，邓晓芒译，杨祖陶校，人民出版社 2002 年版。

19. ［德］康德：《实践理性批判》，韩水法译，商务印书馆 1999 年版。

20. ［德］康德：《道德形而上学奠基》，杨云飞译，邓晓芒校，人民出版社 2013 年版。

21. ［德］恩斯特·卡西尔：《人论》，甘阳译，上海译文出版社 2003 年版。

22. ［美］克里斯提娜·科斯戈尔德：《规范性的来源》，译文出版社 2010 年版。

23. ［美］吉尔伯特·赖尔：《心的概念》，商务印书馆 2009 年版。

24. ［法］保罗·利科：《活的隐喻》，汪家堂译，上海译文出版社 2004 年版。

25. ［美］约翰·罗尔斯：《正义论》，何怀宏等译，中国社会科学出版社 1988 年版。

26. ［美］迈克尔·鲁斯：《达尔文主义者可以是基督徒吗?》，董素华译，山东人民出版社 2011 年版。

27. ［美］阿拉斯代尔·麦金泰尔：《伦理学简史》，龚群译，商务印书馆 2010 年版。

28. ［法］莫里斯·梅洛－庞蒂：《哲学赞词》，杨大春译，商务印书馆 2000 年版。

29. ［美］乔治·赫伯特·米德：《心灵、自我与社会》，霍桂恒译，华夏出版社 1999 年版。

30. ［德］马克斯·舍勒：《人在宇宙中的位置》，李伯杰译，刘小枫校，贵州人民出版社 1989 年版。

31. [德] 叔本华：《伦理学的两个基本问题》，任立、孟庆时译，商务印书馆1996年版。

32. [日] 土田健次郎：《道学之形成》，朱刚译，上海古籍出版社2010年版。

33. [奥地利] 弗里德里希·希尔：《欧洲思想史》，赵复三译，广西师范大学出版社2007年版。

34. [古希腊] 亚里士多德：《形而上学》，苗力田译，中国人民大学出版社2003年版。

35. [古希腊] 亚里士多德：《尼各马可伦理学》，邓安庆译，人民出版社2010年版。

四　期刊论文

1. 陈卫平：《人道与理学：先秦儒学的基本特征》，《学术月刊》2010年第1期。

2. 陈来：《宋代理学话语的形成》，《河北学刊》2008年第1期。

3. 陈来：《朱子思想中的四德论》，《哲学研究》2011年第1期。

4. 陈来：《宋明儒学的仁体观念》，《北京大学学报》（哲学社会科学版）2014年第3期。

5. 陈少明：《六经注我：经学的解释学转折》，《哲学研究》1993年第8期。

6. 陈少明：《仁义之间》，《哲学研究》2012年第11期。

7. 陈振昆：《论朱子"心统性情"的"心"是"本心"还是"气心"?》，《华梵人文学报》2012年第18期。

8. 陈赟：《道—教—经与孔子"斯文"的结构》，《江苏社会科学》2011年第5期。

9. 陈赟：《孔子的"述"、"作"与〈六经〉的成立》，《哲学分析》2012第1期。

10. 陈赟：《仁的思想与轴心时代中国的政教典范》，《学海》2012年第2期。

11. 陈赟：《朱熹与中国思想的道统论问题》，《齐鲁学刊》2012年第

2 期。

12. 陈赟：《由人而天的"机制转换"与新主体观：论毕来德的〈庄子四讲〉》，《社会科学》2013 年第 7 期。

13. 陈代湘：《朱熹与胡宏门人及子弟的学术论辩》，《船山学刊》2012 年第 3 期。

14. 丁为祥：《从生存基础到动力之源：朱子哲学中"气"论思想》，《北京大学学报》（哲学社会科学版）2012 年第 2 期。

15. 丁纪：《〈大学〉在〈四书〉序列中的位置》，《四川大学学报》（哲学社会科学版）2014 第 1 期。

16. 东方朔：《德性论与儒家伦理》，《天津社会科学》2004 年第 5 期。

17. 方旭东：《朱熹太极思想发微》，《湖南大学学报》（社会科学版）2014 年第 3 期。

18. 方旭东：《道学的无鬼神论：以朱熹为中心的研究》，《哲学研究》2006 年第 8 期。

19. 高瑞泉：《秩序的重建：现代新儒学的历史方位》，《武汉大学学报》（人文科学版）2014 年第 4 期。

20. 高瑞泉：《论平等观念的儒家资源》，《社会科学》2009 年第 4 期。

21. 贡华南：《从"感"看中国哲学的特征》，《学术月刊》2006 年第 11 期。

22. 贡华南：《羞何以必要？——以孟子为中心的考察》，《孔子研究》2009 年第 1 期。

23. 贡华南：《理、天理与理会：论"理"在中国古代思想世界中的演进》，《复旦学报》（社会科学版）2014 年第 6 期。

24. 江求流：《因情以知性：朱子的性情之辨及其对人性实在性的论证》，《陕西师范大学学报》（哲学社会科学版）2018 年第 2 期。

25. 《良知与气：再论阳明学中良知的创生性问题》，《王学研究》第 1 期。

26. 李存山：《气论对于中国哲学的重要意义》，《哲学研究》2012 年第 3 期。

27. 李明辉：《朱子对"道心"、"人心"的诠释》，《湖南大学学报》

（社会科学版）2008 年第 1 期。

28. 李承贵：《朱熹视域中的佛教心性论》，《福建论坛》（人文社会科学版）2007 年第 3 期。

29. 刘学智：《关于"三教合一"与理学关系的几个问题》，《陕西师范大学学报》（哲学社会科学版）2013 年第 9 期。

30. 刘学智：《善心、本心、善性的本体同一与直觉体悟》，《哲学研究》2011 年第 5 期。

31. 林乐昌：《张载理观探微——兼论朱熹理气观与张载虚气观的关系问题》，《中国哲学史》2005 年第 8 期。

32. 刘梁剑：《戴震理学批判及其语言哲学之成立》，《思想与文化》2012 年第 1 期。

33. 刘梁剑：《人性论能为美德伦理奠基吗？——在儒家伦理与 virtue ethics 之间》，《华东师范大学学报》（哲学社会科学版）2011 年第 5 期。

34. 刘源：《浅论朱熹与中医》，《人文杂志》2014 年第 1 期。

35. 李春颖：《性善之善不与恶对——以张九成为中心讨论宋代性善论涵盖的两个问题》，《中国哲学史》2012 年第 2 期。

36. 乔清举：《朱子心性论的结构及其内在张力》，《哲学研究》2011 年第 2 期。

37. 吴震：《从政治文化角度看道学工夫论之文化特色》，《社会科学》2013 年第 8 期。

38. 吴洲：《朱熹"天人之学"的生态背景》，《江南大学学报》（人文社会科学版）2013 年第 2 期。

39. 徐洪兴：《唐宋间儒学的转型及其提供的思考》，《中华文化论坛》2005 年第 1 期。

40. 徐洪兴：《论二程思想之异同》，《复旦学报》（社会科学版）2006 年第 6 期。

41. 许宁：《现代新儒学的道统意识与文化自觉》，《孔子研究》2008 年第 5 期。

42. 许宁：《现代儒学转型的三个向度：以梁漱溟、熊十力、马一浮为例》，《安徽大学学报》（哲学社会科学版）2008 年第 5 期。

43. 许家星：《真知格物，必成圣贤——朱子"格物"解发覆》，《南昌大学学报》（人文社会科学版）2013 年第 5 期。

44. 许家星：《复性之学与教化之乐——论朱子"学而"章解之诠释及其意义》，《江汉论坛》2014 年第 4 期。

45. 许家星：《仁的工夫论诠释——以朱子"克己复礼"章解为中心》，《孔子研究》2012 年第 3 期。

46. 向世陵：《宋代理学本体论的创立——从"继善成性"和"性善"说起》，《河北学刊》2008 年第 1 期。

47. 谢晓东：《宋明理学中的道心人心问题：心学与朱熹思想的比较》，《厦门大学学报》（哲学社会科学版）2009 年第 6 期。

48. 谢晓东：《朱熹的"新民"理念——基于政治哲学视角的考察》，《厦门大学学报》2011 年第 4 期。

49. 杨国荣：《本体与工夫：从王阳明到黄宗羲》，《浙江学刊》2000 年第 5 期。

50. 杨国荣：《本体与工夫之辨："致良知"说再阐释》，《上海社会科学院学术季刊》1997 年第 1 期。

51. 杨国荣：《道德系统中的德性》，《中国社会科学》2000 年第 3 期。

52. 杨国荣：《哲学的建构与现代性的反思》，《上海师范大学学报》2003 年第 3 期。

53. 杨国荣：《化当然为必然：朱熹思想的内在倾向》，《中山大学学报》（社会科学版）2009 年第 1 期。

54. 杨国荣：《论实践智慧》，《中国社会科学》2012 年第 4 期。

55. 杨国荣：《伦理生活与道德实践》，《学术月刊》2014 年第 3 期。

56. 杨国荣：《论道德行为》，《天津社会科学》2015 年第 1 期。

57. 杨儒宾：《悟与理学的动静难题》，《国文学报》2012 年第 52 期。

58. 杨儒宾：《论"观喜怒哀乐未发前气象"》，《中国文哲研究通讯》2005 年第 3 期。

59. 杨泽波：《牟宗三道德自律学说的困境及其出路》，《中国社会科学》2003 年第 4 期。

60. 杨泽波：《朱子在儒家心性论中的地位之我见》，《朱子学刊》2000 年第 1 期。

61. 杨祖汉：《程伊川、朱子"真知"说新诠——从康德道德哲学的观点看》，《台湾东亚文明研究丛刊》2011 年第 12 期。

62. 杨立华：《论张载哲学中的感与性》，《中国哲学史》2005 年第 2 期。

63. 杨立华：《天理的内涵：朱子天理观的再思考》，《中国哲学史》2014 年第 2 期。

64. 赵峰：《论朱熹的格物致知之旨》，《孔子研究》1998 年第 4 期。

65. 张汝伦：《朱陈之辩再思考》，《复旦学报》（社会科学版）2012 年第 3 期。

66. 朱人求：《格物致知：朱子理学的理论基石》，《政协天地》2013 年第 8 期。

67. 朱人求：《下学而上达——朱子小学与大学的贯通》，《江南大学学报》（人文社会科学版）2013 年第 2 期。

68. 张子立：《再论朱子归入自律伦理学的可能性》，《鹅湖》2000 年第 11 期。

后　记

维特根斯坦曾言"哲学问题具有这样的形式：'我找不着北'"，自2009年9月我成为华东师大哲学系中国哲学专业的一名研究生至今，由于天资愚钝，在哲学理论以及中国哲学的学习和研究的道路上我尚且处在一种"找不着北"的状态中。这本小书算是对我自己过去十年来的学习、摸索的一个小结，而我还将继续在"找北"的路上踽踽前行、上下求索……

本书是在我的博士论文的基础上增订、修改而成的。我的博士论文原名为"修为以复性：朱子哲学的问题意识及其展开"。现在这部书稿，相对于博士论文而言，除了一些细节性的补充、修改外，最大的不同，是补充了在博士论文撰写期间已经计划好、但当时因为时间仓促而未能完成的第六章。在书稿修订完成后，为了使书名更加简洁，我将其更名为"朱子哲学的结构与义理"。当然，这一名称的改动，也是为了更好地体现我在写作这本书时的方法论层面的自觉：在结构性视域的观照下诠释朱子哲学的义理，以义理阐释的方式重新建构朱子哲学的结构体系，通过义理阐发与结构重建的相互结合，揭示朱子哲学的"实质上的系统"（冯友兰语）及其理论内涵。我们或许可以把这一方法称之为"结构性诠释"。在当前以范畴诠释为主导的宋明理学研究之外，"结构性诠释"的进路或许可以成为范畴诠释的一个有益的补充，从而为宋明理学的研究带来新的可能性。

作为博士论文的衍生品，这本小书的诞生离不开我在华东师大的求学经历。此刻，当我回想这一段特殊的人生历程时，心中充满感激。

感谢我硕、博期间的两位导师陈赟老师和杨国荣老师。陈师是我在中国哲学方面真正的启蒙老师。作为非哲学专业的本科生，正是由于在

后　记

2007年上半年选修了陈师所开的"中国文化与智慧"选修课，我才开始真正对中国哲学产生了兴趣，从而才决定在本科毕业后攻读研究生，以继续学习中国哲学。2009年9月，我顺利考入哲学系，成为陈师指导的硕士生。也正是在陈师的指导下，我开始真正走上了学术研究的道路。陈师开阔的学术视野、深厚的理论功底以及深沉的价值关怀都对我启迪良多。十年多年来，陈师在生活、学习、工作上都给予了我很多的关怀和帮助。此份情谊，实在难以言谢！

2011年9月，我以硕博连读的方式申请了杨国荣老师的博士生资格，并非常荣幸地被杨师接纳。而在博士论文的选题、开题、结构的确定和撰写等多个环节，杨老师都提出了诸多宝贵的意见。尤其是2014年春节前，我完成博士论文的初稿后，怀着忐忑不安的心情发给了正在美国疗养的杨师。没想到没过一个星期，杨师就发来了论文的审阅意见，大到论文结构的完善，小到标点符号的修改，都使我既感动又惭愧！跟随杨师学习这么多年来，无论在课堂上还是在著作、论文的指导过程中，杨师始终以广阔的视野、绵密的分析，向我们展现着一位哲人的风范。而在平时的交谈中，杨师又总是像长辈一样和蔼可亲、平易近人。高山仰止！杨师在为学与为人方面都是我学习的榜样！

在华东师大哲学系读书的六年里，哲学系的高瑞泉老师、李似珍老师、郁振华老师、贡华南老师、刘梁剑老师等诸位老师所开设的各类课程，既丰富了我的知识结构，也锻炼了我的思维方式，这些课程给我深深地打上了华东师大哲学系的印记，使我终生受益；复旦大学的杨泽波教授、徐洪兴教授，上海社科院的周山教授、何锡蓉教授，华东师大的方旭东教授以及三位博士论文匿名评审人在开题、答辩、评审等不同环节，提出了许多建设性的意见，使我在这一书稿的撰写与修订过程中受益良多。2015年7月我入职陕西师范大学，随后以在职身份进入陕西师大哲学博士后流动站。多年来，我的博士后合作导师刘学智教授在工作、科研和生活中都上给予了我诸多支持和帮助。在教学、科研等方面的成长过程中，陕西师大哲学系的林乐昌教授、丁为祥教授、袁祖社教授、宋宽锋教授、赵卫国教授、许宁教授、曹树明教授、石碧球教授一直给予我关心和鼓励。西安电子科技大学的陈志伟、上海大学的朱承、西北农林科技大学的王海成以及华东师大的陈乔见、苟东锋等诸位师兄一直在帮助我成长；一起攻读学位的张磊、俞跃等同门亦助我良多，在此一并表示诚挚的谢意！

最后我要感谢我的家人。在我长达十几年的求学生涯中，父母含辛茹苦地供我读书，而如今我虽已工作多年，却仍然无力照顾他们。我的哥哥、姐姐在我读书期间一直在物质和精神上支持我的学业。而这么多年来，我也未能有所回报。每念及此，心中总是充满愧疚！我的爱人苏晓冰博士，在我最为落寞的时候选择与我共度一生，多年来在学习、工作和生活中与我携手前行！她毫无保留的信任与支持一直是我前进的动力！

最后需要说明的是，这本书稿在增订的过程中曾得到陕西省社科基金项目（立项号：2016C006）的资助，书稿的出版得到了"陕西师范大学优秀著作出版基金"的资助，陕西师范大学哲学与政府管理学院亦资助了部分出版经费。陕西师大哲学系的石碧球老师在联系出版社方面给予了大力的支持，中国社会科学出版社的朱华彬先生为本书的编校付出了大量的辛劳，在此也一并表示感谢！

江求流
2019 年 10 月